사회복지조사론

서보준 · 이미영 · 신옥순 · 김삼열 · 이덕희

창지사

머리말

사회복지조사는 사회복지에 필요한 지식들을 객관적이고 과학적으로 도출하는 방법에 관한 학문이다. 즉, 인간의 욕구에 따른 여러 사회문제를 해결하고 모든 사람들이 행복한 삶을 추구하고자 하는 학문으로서 사회과학 중심의 연구 분야이다.

최근 현대 사회는 급속한 경제성장과 더불어 복잡하고 다양한 변화의 흐름 속에 사회복지사의 도움을 필요로 하는 사람들이 증가하고 있다. 이러한 현시점에서 사회복지실천현장에서는 서비스 프로그램개발과 서비스 제공 측면에서도 과학적인 접근방법을 시도하기 위하여 많은 사회복지사들이 사회복지조사의 중요성을 인식하고 있을 뿐만 아니라 그들의 경험을 객관화, 과학화하려는 노력을 기울이고 있다. 그러나 대학에서 강의 하면서 느낀 점은 학생들이 사회복지조사론 과목을 전반적으로 어려워하고 있으며, 졸업 후에 그들이 그동안 배운 사회복지조사론 내용들을 사회복지실천현장에서 Client를 상대로 적용할 수 있을지 확신하지 못한다는 것이었다. 따라서 사회복지현장에서 역할을 수행하는 사회복지사에게는 지침서의 역할을, 사회복지조사론 과목을 수강하는 학생들에게는 보다 쉽게 이해할 수 있도록 하기 위하여 사례중심으로 구성하였으며, 사회복지사 1급 국가시험을 준비하는 사회복지전공자를 위해 본 교재의 각 장마다 기출문제를 수록하여 학생들이 시험을 준비할 수 있도록 본 교재를 집필하였다.

제1부 「조사에 대한 기초」에서는 사회복지조사에 대한 기본적인 이해를 도모하고자 할 목적으로 1장 과학과 사회복지, 2장 사회복지조사의 이해, 3장 사회복지조사의 과정 및 유형으로 구성하였다.

제2부 「조사연구와 설계」에서는 사회복지조사를 하기 위한 기초적인 설계 단계를 구체적으로 소개하였다. 4장 연구문제와 가설설정, 5장 측정 및 척도, 6장 신뢰도와 타당도, 7장 표집(표본추출)으로 구성하였다.

제3부 「자료수집」에서는 사회복지조사를 하기 위한 자료들을 수집하기 위한 절차를 구체적으로 소개하였다. 8장 설문지, 9장 면접법, 10장 관찰법, 11장 내용분석법으로 구성하였다.

제4부 「조사연구의 응용」에서는 실제 연구자들과 사회복지실천현장에서 실천가들이 흔히 사용되는 조사방법들을 구체적으로 소개하였다. 12장 단일사례설계조사, 13장 실험조사 설계, 14장 질적연구, 15장 욕구조사, 16장 프로그램 평가조사로 구성하였다.

본 교재는 사회복지학을 전공하는 학생들이 보다 쉽게 이해할 수 있도록 집필하고자 최대한 노력하였지만 각 영역 간 체계성과 논리성에서 미흡한 점이 있을 수 있으리라 사료된다. 이 점은 향후 수정 · 보완해 완성도를 높일 수 있도록 노력하겠다.

본 교재가 출판되기까지 바쁜 학기 일정에도 불구하고 학생들이 사회복지조사론 과목을 쉽게 이해할 수 있도록 하기 위해 이 책에 정성을 쏟아 담았다. 따라서 본 교재를 통하여 학생들이 사회복지조사론 과목을 학습할 때 어려움이 조금이나마 해소될 수 있길 바란다.

끝으로 본 교재가 출판되기까지 많은 격려와 관심을 가져 주신 선 · 후배들과 사랑하는 가족들에게 감사를 전한다. 특히 바쁜 일정에도 기꺼이 출판을 허락하신 창지사 직원들에게 깊은 감사를 드린다.

2025년 7월

대표저자 서보준

차 례

머리말 / 4

제1부 조사에 대한 기초

제1장 과학과 사회복지

제1절 과학이란 무엇인가? 12
제2절 과학적 연구방법 23
제3절 과학철학 30
제4절 사회과학과 자연과학 34
제5절 사회복지의 개념 41

제2장 사회복지조사의 이해

제1절 사회복지조사의 필요성 및 중요성 46
제2절 사회복지사조사의 기능 및 특징 49
제3절 사회복지조사의 유용성 및 접근성 52
제4절 사회복지조사의 한계점 55

제3장 사회복지조사의 과정 및 유형

제1절 사회복지조사의 과정 59
제2절 연구계획서 작성 62
제3절 사회복지조사방법의 유형 67

제2부 조사연구와 설계

제4장 연구문제와 가설 설정

제1절 연구문제의 설정 84
제2절 개념적 정의와 조작적 정의 90
제3절 가설과 가설검증 93
제4절 변수 100

제5장 측정 및 척도

제1절 측정의 이해 111
제2절 측정수준 114
제3절 척도의 개념 및 종류 118

제6장 신뢰도와 타당도

제1절 측정의 오류 132
제2절 신뢰도의 개념과 측정방법 137
제3절 타당도의 개념과 측정방법 140
제4절 신뢰도와 타당도와의 관계 144

제7장 표집(표본추출)

제1절 표집의 기본 개념 147
제2절 표집방법의 유형 155
제3절 표본의 대표성 및 크기와 오차 161

제3부 자료수집

제8장 설문지

제1절 설문지의 기본 개념 168
제2절 설문조사의 유형 및 장 · 단점 178
제3절 설문조사방법의 선택기준 183

제9장 면접법

제1절 면접법의 의의 186
제2절 면접법의 종류 및 장 · 단점 187
제3절 면접법의 역할과 선정 및 훈련 193
제4절 면접 조사의 과정 198
제5절 면접 결과의 기록 및 종결 202

제10장 관찰법

제1절 관찰법의 의의 및 특성 205
제2절 관찰법의 장 · 단점 206
제3절 관찰법의 유형 209
제4절 관찰의 기록 214
제5절 관찰자의 신뢰도, 타당도 219

제11장 내용분석법

제1절 내용분석법의 의의 223
제2절 내용분석법의 특징 224
제3절 내용분석법의 절차 225
제4절 내용분석법의 장점 및 단점 230
제5절 내용분석법의 단위 및 카테고리 232

제4부 조사 연구의 응용

제12장 단일사례설계 조사

제1절 단일사례설계의 의의 242
제2절 단일사례설계의 과정 및 구조 245
제3절 단일사례설계의 유형 248
제4절 단일사례설계의 개입평가 254
제5절 단일사례연구의 자료기록방법 256

제13장 실험조사 설계

제1절 조사 설계의 정의 및 목적 261
제2절 조사 설계의 기준 262
제3절 실험설계 조사의 의의와 설계의 요소 274
제4절 실험조사 설계의 형태 278

제14장 질적연구

제1절 질적연구의 개념 및 특징과 장단점 289
제2절 질적연구의 종류 295
제3절 질적연구의 과정 303
제4절 질적연구의 한계점 306

제15장 욕구조사

제1절 욕구의 개념과 유형 310
제2절 욕구조사의 개념 및 목적과 필요성 315
제3절 욕구조사의 주요 내용 317
제4절 욕구조사의 종류 322
제5절 욕구조사의 자료수집방법 323

제16장 프로그램 평가 조사

제1절 프로그램 평가 331
제2절 프로그램 평가의 종류 및 모델 335
제3절 프로그램 평가의 기준 340
제4절 프로그램 평가조사 개념과 절차 및 사례 344
제5절 결과의 측정 347

참고문헌 / 353
저자소개 / 357

Research Methods for Social Welfare

제1부 조사에 대한 기초

제1장 과학과 사회복지

제1절 과학이란 무엇인가?

1. 과학의 개념

1) 과학의 정의

오늘날 우리 모두는 과학의 시대에 살고 있다. 그러나 과학의 의미는 사람에 따라 서로 다르며, 여러 학자들 간에도 서로 다른 의견에 의해 일치를 보지 못하고 있다. 즉, 과학의 의미에 대한 여러 정의들을 살펴보면 다음과 같이 3가지 견해로 분류할 수 있다(이창희 외, 2011).

① 절차(節次, Procedures) 또는 방법(方法, Methods)을 중시하는 견해: 과학은 진리, 법칙 또는 이론을 찾아내기 위한 논리적 · 체계적 방법이라고 정의하고 있다.

② 결과(結果, Results) 또는 소산(所産, Products)을 중시하는 견해: 과학은 진리, 사실, 법칙 또는 이론에 대한 설명이라고 정의하고 있다.

③ 절차와 결과를 모두 중시하는 견해: 과학은 진리, 법칙 또는 이론을 찾아내기 위한 논리적 · 체계적 방법과 그 소산인 체계적 · 이론적 지식을 의미한다고 정의하고 있다.

여기서 절차와 결과를 모두 중시하는 견해에 따라 "과학은 진리, 법칙 또는 이론을 찾아내기 위한 논리적 · 체계적 · 경험적 · 객관적인 방법과 그 소산인 합리적인 지식"으로 정의하고자 한다.

2. 과학의 목적

과학은 기술(description), 법칙의 발견(discovery of regularity), 이론과 법칙의 형성(formulation of theories and laws) 등의 활동을 통하여 우리를 둘러싸고 있는 제반 현상을 이해할 수 있도록 도와준다. 과학자는 사물의 현상을 정확성과 유용성이라는 각도에서 나아가 자신이 발견한 규칙성을 일반화시키려고 한다. 이처럼 과학의 목적은 사회현상과 자연현상에 대하여 설명할 수 있는 이론을 제시하는 것에 있다. 또한 과학은 이론을 제시함으로써 다음의 하위목적을 달성하게 된다(김기원, 2001; 권육상 외, 2008).

1) 지식의 제공

과학은 존재하는 것(what is)에만 관심을 가지며 가치관의 문제를 다루지 않는다. 다만 어떤 상태로 존재하며, 왜 그렇게 존재하며 어떻게 될 것인가에 대한 지식을 제공한다. 모든 사람이 동의할 수 있는 분명한 기준이 있을 때 어떤 상태가 존재해야 한다고 말한다. 즉, 과학은 이론을 연구의 대상으로 하는 것인지 가치관이나 철학적 주장을 연구의 대상으로 하는 것이 아니다.

2) 규칙성의 일반화

자연현상이나 사회현상 속에 존재하는 논리적이고 지속적인 패턴, 즉 규칙을 일반화한다. 과학은 발견된 규칙성을 이론과 법칙으로 일반화시킨다. 이러한 과정에서 과학은 객관성(Objectivity)을 가져야 한다. 여기서 객관성이란 동일한 과정을 밟을 경우 동일한 결과를 경험한다는 간주관성(Inter-subjectivity)에 가까운 의미이다.

3) 변수들 간의 관계 기술

연구 대상에는 다수의 변수가 있으며 과학은 이러한 변수들 사이에 관계를 설명하는 진술(Statement)이며 진술을 위해서는 변수들 사이의 인과관계(Causality)를 밝혀야 한다.

4) 이론을 바탕으로 현상을 예측

과학이란 관심의 대상이 되는 경험적 사건이나 형태를 모두 포괄하여 설명할 수 있는 일반법칙을 개발하고 개별적으로 알려진 사건들에 관한 지식을 결합하여 사건에 대해 신뢰성 있는 예측을 하는 것이다.

3. 과학적 지식

1) 과학적 지식의 특징

과학적 지식(Scientific Knowledge)이란 과학적 방법에 의해 얻어진 지식을 의미한다. 즉, 체계적 · 논리적 · 경험적 · 객관성 · 비규범적 · 재생 가능성 · 수정 가능한 절차를 통해 얻어진 지식을 의미한다. 따라서 과학적 지식의 특징을 정리하며 살펴보면 다음과 같다(김기원, 2007; 한승준, 2007; 이창희 외, 2011).

① 체계적 · 논리적

과학적 지식은 경험적 자료를 체계적으로 분류하고 정리된 지식이다. 과학적 지식은 근본적으로 합리적 사고활동에서 나온 지식으로서 논리적이어야 한다. 논리적이라는 것은 상반된 사항을 동시에 갖출 수 없다.

- 사례: 공부를 하지 않으면 공부를 잘한다고 하는 것은 논리적이지 못한 말이다.

② 경험적

지식이 우리의 감각기관에 의해 지각될 수 있어야 한다는 의미이다. 경험가능성에 대해서는 몇 가지 논란이 되는 대상이 있다. 첫째는 인간의 감각기관을 신뢰하기 어렵다는 것이고, 둘째는 사회과학의 경우 추상적 용어가 많이 사용되는데 이를 감각기관에 의해 지각하기가 곤란할 수 있다는 것이다. 인간의 감각기관을 신뢰할 수 없다는 것, 즉 객관성이 부족하다는 것에 대해서는 바로 뒤에서 설명하기로 하고, 두 번째 문제인 추상적 용어의 경험가능성 결여문제에 대해서 살펴보자.

- 사례 1: 사랑, 행복 우정, 직무만족감 등의 추상명사는 비경험적인 것 처럼 보인다. 그러나 이러한 개념들은 우리가 경험했거나 경험할 수 있는 것들이다. 사랑이라는 개념이 구체적으로 경험 가능한 사실로 나타나는 것을 보면 데이트, 이성간의 대화, 키스, 포옹, 성교 등이 있다. 이러한 경험 가능한 사실들이 사랑이라는 개념으로 이해하고 다른 개념들과 구분하는 네 도움을 주는 일종의 지표(指標, indicator)이다.
- 사례 2: 3+4=7이라는 연산에서 3이나 4라는 수도 이 세상에 존재하는 것이 아니라 3개의 사과, 4개의 사과 등으로 표현할 때 우리의 머릿속에 존재하는 것이다. 따라서 3+4=7이라는 것도 사과 3개와 사과 4개를 더하면 사과 7개가 된다는 사실을 통해 경험적으로 인지할 수 있다는 것이다.

③ 객관성

객관성이란 건전한 감각기관을 가진 여러 사람이 이 같은 대상을 인식하여 얻은 인상의 일치를 말한다. 즉 누구에게나 동일하게 인식되는 사건이나 현상은 객관성이 있다고 말할 수 있다. 과학적 지식은 모든 정상인에 대하여 객관적으로 인식되는 것이어야 한다.

- 사례: 시각에 의한 관찰에 의하면 우리는 태양이 지구를 돈다는 판단을 할 수 있다는 것이다. 그래서 코페르니쿠스(N, Copernicus) 이전 사람들은

천동설(天動說, Geocentric Theory: 지구가 우주의 가운데 멈추어 있고 모든 천체가 그 둘레를 돌고 있다고 한 고대의 학설)을 주장하였다. 하지만 오늘날은 지동설(地動說, Heliocentric Theory: 지구가 자전하면서 가만히 있는 태양의 둘레를 돌고 있다는 학설)을 믿고 있다. 이와 같이 객관성이란 과학기술의 발달과 밀접한 관련이 있으며, 현재 객관성을 가진 것이 과학기술의 발달에 의해 허구임이 드러날 가능성도 있다는 것을 인식하여야 할 것이다.

④ 비규범적

과학적 지식은 현재의 어떤 현상이 왜 일어나는가에만 주된 관심이 있다. 과학적 지식은 바람직한가, 정당한가 하는 규범적 문제는 상관하지 않는다.

⑤ 재생 가능성

같은 방법을 사용하였을 때, 누구나 같은 결과를 얻을 수 있는 가능성을 의미한다. 즉, 표준화된 방법에 의해 동일한 결과나 결론을 얻을 수 있는 가능성을 말한다. 이러한 재생가능성은 과학과 예술을 구분할 수 있는 지침이 될 수 있다.

- 사례: 사진은 재생가능성이 있는 반면, 그림은 재생가능성이 없다. 재생가능성은 과학적 조사에서 절차의 표준화를 중시하게끔 한다.

⑥ 수정 가능성

과학적 지식의 속성상 미래에 다른 연구가 현재 우리가 알고 있는 지식을 바꾸어 놓을 가능성이 있다. 궁극적으로 영원불변의 진리를 찾는 것은 불가능할 것이다. 과학적 지식도 주어진 제약 하에서 이루어지는 지식이다. 더 나은 연구방법과 도구가 개발되어 보다 나은 탐구가 이루어지면 기존의 과학적 지식을 수정하는 일이 일어난다. 따라서 과학적 지식도 잠정적인 지식이다.

2) 지식의 습득방법

지식(knowledge)이란 무엇에 대하여 아는 상태 또는 어떤 현상이나 그 현상에 대한 설명을 사실(truth)이라고 믿는 것을 말한다. 따라서 지식은 우리가 단지 사실이라고 믿는 것에 불과하며 반드시 실재(reality)를 나타내는 것은 아니다. 이러한 지식을 습득하는 방법에는 많은 사람들이 사실이라고 믿는 '합의적 지식(agreement knowledge)'과 자신의 직접적 경험에 따라 알게 되는 '경험적 지식(experiential knowledge)'이 있다. 가령 지구가 둥글다는 사실은 그렇게 배웠기 때문에 아는 것이고, 물건이 땅으로 떨어진다는 사실은 경험을 통해 알 수 있다.

합의적 지식은 대부분 전통과 권위라는 두 가지 간접적 지식형성의 방법을 통해 습득되며, 직접적 지식형성의 방법으로는 직관과 경험이 있다. 지식형성의 방법에 대해 구체적으로 살펴보면 다음과 같다(강종수, 2011).

(1) 전통(tradition)

사회적으로 이미 형성되어 있는 선례나 관습, 습관 등을 비판 없이 그대로 수용하여 자신의 지식으로 형성하는 방법이다. 주로 축적된 지식을 말하며, 그로 인해 매번 동일한 탐구를 반복해야 하는 불필요한 시행착오를 줄일 수 있다. 전통적 지혜라고도 한다. 그러나 전통은 시대에 따라 변하고 사회적 관심 역시 동일하지 않다는 단점이 있다.

(2) 권위(authority)

자기주장의 타당성과 설득력을 높이기 위해 인품이 뛰어나거나 전문기술이 있거나 사회적 지위가 높은 사람의 의견(말)을 인용하는 방법이다. 그러나 권위의 원천이 서로 다른 경우 견해의 일치를 볼 수 없다거나, 같은 원천이라고 해도 전문가 사이에 의견의 일치가 어려운 단점이 있다. 권위의 지식형성은 개인적 탐구력에 제한을 가져오며, 오히려 권위나 전통에 대한 의심이 개인적 탐구의 출발점이 되기도 한다.

(3) 직관(intuition)

의문에 대한 해답을 통찰에 의해 명백한 사실 또는 자명한 진리에 비추어 얻는 방식이다. 즉, 확고한 신념을 얻기 위해 계속적으로 시도하는 방법으로써 소위 자명한 명제에 호소하는 방식이다. 그러나 이러한 명제가 항상 자명성을 갖는 것은 아니므로 끊임없이 의심을 품고 탐구해 경험의 세계에서 검증되어야 한다.

(4) 상식(common sense)

우리는 모든 사람들이 알고 있는 일반적인 것을 신뢰한다. 누구나 알고 있는 것, 이것이 바로 상식이다. "삶은 달걀은 찬물에 담가 놓아야 껍질이 잘 벗겨진다. 여름은 따뜻한 계절을 말하는 것이고, 겨울은 추운 계절을 말한다. 비를 맞으면 감기에 걸리고, 감기에 걸렸을 때 머리를 감으면 잘 낫지 않는다. 빗길에서 자동차 운전을 빠르게 하면 미끄러진다." 등을 예로 들 수 있다.

(5) 경험(experience)

개인이 자신의 직접적인 경험을 통해 지식을 얻는 방식이다. 인간이 지닌 감각기관을 직 · 간접적으로 사용하여 경험하며, 이러한 개인적 경험은 때로는 강력하고 중요한 지식의 근거가 되기도 한다. 그러나 경험하지 않는 사실은 알 수 없고, 경험 역시 매우 주관적으로 경험자에 따라 다르게 받아들여질 수 있다.

(6) 언론매체(mass media myths)

텔레비전이나 영화, 신문, 잡지 등과 같은 언론매체는 우리가 정보를 받아들이는 중요한 자원이 된다. 그러나 언론매체는 작가나 관계자가 실제 내용과 다른 잘못된 내용을 전달할 수 있고, 우리에게 왜곡된 지식을 전달해 줄 수 있다.

(7) 과학적(science) 방법

사물을 이해하고 행동할 때 과학적 절차, 즉 현상→개념→가설→검증 등의 체계적이고 객관적인 단계를 거쳐 이론을 도출하는 방법으로 가설 검증 과정을 통해 명제의 정확성을 확보할 수 있게 한다. 사람의 수면시간이 정서적 · 인지적 면에 많은 영향을 미친다는 가설은 실험과 비교를 통해 수면과의 상관관계를 검증하고 그 영향에 대한 이론을 정립할 수 있게 된다.

〈표 1-1〉 지식을 습득하는 방법

직접적 방법	가치(values)	사람들은 자신이 갖고 있는 가치를 기준으로 사물을 이해한다.
	직관(intuition)	직관은 통찰력(insight)의 일부로서 명확한 기준보다는 개개인이 갖고 있는 경험이나 정서에 의해 느끼고 판단하는 것을 말하며, 때로는 어떤 현상을 직관적으로 이해한다.
	경험(experience)	사람들은 많은 경우 자신이 직접 경험한 사실에 기초하여 사물을 이해한다.
간접적 방법	권위(authority)	사람들이 직접 경험하거나 판단할 수 없을 때는 종종 외부의 지식 출처, 즉 전문가에 의존해서 이해할 때가 많다.
	전통(tradition)	우리는 우리 사회에 전통적으로 내려오는 어떤 관습이나 규범 및 문화에 의해 특정 현상이나 사물을 이해할 때가 종종 있다.
과학적 방법	과학(science)	사람들은 사물을 이해하고 행동할 때 과학적 절차, 즉 체계적인 관찰과 분석, 해석과 일반화의 과정을 통해 산출된 지식(과학적 지식)에 의존한다.

2) 일상적 지식의 오류

루빈과 바비(A. Rubin & E. R. Babbie, Research Methods for Social Work, 2007)는 일상적 경험을 통해 개인이 얻는 개인적 탐구의 오류 가능성을 다음과 같이 제시하고 있다(이창희 외, 2011; 사회복지연구교육센터, 2011).

(1) 부정확한 관찰

일상생활에서의 관찰은 자신의 관점에서 무의식적으로 이루어지기 때문에 부정확한 관찰이 되기 쉽다. 그러나 일상적인 관찰과 달리 과학적인 관찰은 의식적인 활동이며, 의도적으로 관찰하기 때문에 관찰에서 범하는 오류를 줄일 수 있다.

- 사례: 어제 사회복지조사론 수업시간에 교수님께서 매신 넥타이의 색깔을 기억하십니까? 아마도 대개 기억하지 못할 것이다. 이처럼 일상적인 관찰은 대부분 부정확한 경우가 많다.

(2) 과도한 일반화

소수의 사례를 가지고 일반적인 사실로 받아들일 때의 오류를 말한다. 따라서 과학적인 연구에서는 충분한 표본을 사용함으로써 과도한 일반화를 예방한다.

- 사례: 어떤 사회복지시설에서 비리가 발생하였다고 해서 마치 전국에 있는 모든 사회복지시설이 비리에 연루된 것처럼 확대 해석하는 경우이다.

(3) 선별적인 관찰

현상의 사례들을 관찰할 때 자신의 선입관에 부합하는 사례가 다른 사례보다 더 두드러지게 관찰되는 것을 말하며, 이는 과도한 일반화에서 비롯되는 경우가 많다. 그러나 과학적 연구에서는 관찰이 이뤄지기 전 조사 설계를 통해 관찰의 수와 종류를 미리 꼼꼼하게 설명함으로써 선별적인 관찰이 이뤄지지 않도록 조치하며, 연구자들 간의 피드백과 조언을 통해 오류를 바로잡아 줄 수 있다.

- 사례 1: 유대인에게 속은 적이 있는 사람이 과도한 일반화 오류로 "유대인은 모두 정직하지 않아"라는 선입관을 갖게 된 경우이다.
- 사례 2: 사회복지사 A는 탈북자 B가 게으르다는 것을 알게 되었다. A는 이를 통해 "탈북자는 일반적으로 게으르다"라고 결론짓고, 그다음부터 성실한 탈북자는 무시한 채, 다른 탈북자를 대할 때에도 그의 게으른 행동에만 특별한 관심을 기울이게 되는 경우이다.

(4) 꾸며진 지식

어떤 사실들이 자신의 일반화된 지식과 정면으로 위배되어 회피하기 어려운 경우, 자신의 일반화를 유지하기 위해 스스로 지식을 만들어냄으로써 생기는 오류를 말한다.

- 사례 1: 사회복지현장에서 아주 유명한 이론을 활용한 개입이 효과적이지 않다는 평가가 나왔을 때, 사회복지사가 보고서에 클라이언트에게 또 다른 문제가 있었기 때문에, 또는 기관에서 프로그램시행 장소가 적절하지 못해서 클라이언트가 프로그램에 집중하지 못했기 때문이라는 식의 결론을 내리는 오류를 말한다.
- 사례 2: "유대인은 모든 정직하지 않아"라는 자신의 선입관과는 다르게 어떤 유대인이 매우 정직한 모습을 보였다면, "저 사람은 스스로 유대인처럼 살기를 거부하는 것일 거야"하고 생각하면서 여전히 자신이 유대인에 대한 선입관은 잘못되지 않았다고 여기는 경우이다.

(5) 사후 발생적 가설(사후소급가설)

어떤 사실들 간의 관계를 설명하기 위해서 과학적인 방법은 사전가설설정 방법을 사용한다. 연구문제에 대해 임시적으로 가설을 만들고, 실제로 관찰을 통해 가설에 따른 연구문제를 증명한다. 그런데 간혹 가설-관찰의 순의 방식이 아니라 관찰을 먼저 한 후에 관찰 결과에 들어맞게 가설을 설정하거나 원래의 가설을 수정하는 경우가 있다. 이를 사후 발생적 가설(사후소급가설)이라고 한다.

- 사례: 어떤 자원봉사센터에서 자원봉사자를 모집하여 자원봉사에 대한 교육을 통해 자원봉사참여율을 높이고자 하였으나, 교육에 참가한 사람들이 교육을 이수한 이후에도 참여율이 그다지 높지 않았다면, 이 경우 교육 참여자들이 이타심이 약한 사람들이었을 것이라고 추정하는 경우이다.

(6) 비논리적 추론

일반적으로 추론이라 함은 논리적 근거가 있어야 하는데 논리적 근거가 명확하지 않은 추론이다.

- 사례 1: 계속 돈을 잃은 도박사가 이제껏 잃어 왔기 때문에 이번에는 딸 확률이 높다고 추론하는 경우, 이는 이전에 잃은 경험들(A)과 새로운 도박판(B) 사이에는 논리적으로 아무런 관련이 없는데 'A이므로 B이다'는 식으로

마치 인과관계가 있는 것처럼 추론하고 있기 때문에 비논리적인 추론에 해당된다.

- 사례 2: 외국인 노동자들이 많이 거주하는 지역에 사건, 사고가 많이 발생한다고 전제하고, 사고발생시 외국인 노동자들이 저지른 일일 것이라고 추론하는 경우이다.

(7) 자아개입

비록 무엇을 정확하게 설명하려고 하지만, 그러한 설명에 의해 자아의 손상을 입게 될 때, 그 설명들이 대개 객관성이 떨어짐으로써 생기는 오류를 말한다.

- 사례 1: 자신이 담당한 사회복지서비스의 효과성을 높이기 위해 클라이언트들의 변화를 관찰하는 경우, 좋지 않은 결과가 나오면 담당자인 자신의 체면에 손상이 가므로 클라이언트를 객관적으로 관찰하기보다 좀 더 긍정적으로 변화한 것처럼 관찰하는 경향을 보일 수 있다.

(8) 탐구의 성급한 종료

탐구의 결과가 주는 의미가 연구자 자신에게나, 지배 권력에게, 자신의 연구를 지원하는 조직에 부정적인 영향을 줄 수 있다고 예측되면 연구를 신중히 검토하지 않고 성급하게 결론을 내리는 경우를 말한다. 그러나 과학적 연구에서는 어떤 현상에 대해 “이미 이해됐다”라고 성급히 탐구를 종결하지 않고, 언제나 과학의 결론은 수정가능성을 위해 개방해 둔다. 즉 탐구는 종결되는 것이 아니며 ‘지금 내 연구에서의 결론’은 언제라도 뒤집힐 수 있음을 인정한다는 것이다.

- 사례 1: 사회복지사가 사회복지관 주변의 클라이언트에 대한 개입계획을 세울 때, 일반적으로 자신이 알고 있는 상황, 이미 일반화된 지식들을 바탕으로 자신이 선호하는 이론을 적용하여 프로그램을 계획하면서 욕구조사를 실시하였는데, 초기의 10여 사례 정도가 자신이 평소 믿었던 개념들을 지지하는 결과가 나오자 더 이상의 조사를 하지 않은 채 계획을 세우는 경우이다.
- 사례 2: “나는 이미 유대인이 어떤 사람들인지 알고 있으니 그 점에 대해서

는 더 탐구할 필요도 없다"라고 말하면서 해당 주제에 대해 더 이상의 탐구를 하지 않고 종료해 버리는 경우이다.

(9) 신비화

이해할 수 없는 현상을 초자연적 현상이라고 간주하거나 신비한 원인 탓으로 돌려 생기는 오류를 말한다.

- 사례 1: "어차피 그건 신의 깊은 뜻으로 일어난 일인데, 사람이 어떻게 그 깊은 뜻을 이해할 수 있겠어"
- 사례 2: 지역사회복지관에서 동일한 조건의 집단에 동일한 프로그램을 실시했는데, 어떤 집단은 도움을 받았고, 어떤 집단은 도움이 안 되는지 이해할 수 없는 경우이다.

제2절 과학적 연구방법

1. 과학적 연구방법의 의의

과학적 방법(scientific method)이란 과학적 지식을 획득하는 방법의 의미한다. Kerlinger(1999)는 과학적 방법을 "일반 현상 가운데 관계가 있을 것이라고 생각하는 가설적 명제들을 논리적 · 체계적 · 경험적 · 객관적으로 탐구하는 활동"이라고 정의하고 있다(채서일, 2002). 즉 과학적 방법은 연구절차가 논리적 · 체계적이어야 하며, 경험적으로 검증이 가능해야 하고, 다른 사람들에 의해 연구되더라도 동일한 결과를 얻을 수 있도록 객관적이어야 한다.

이처럼 과학적 방법은 연구의 과정 또는 절차가 엄밀하여야 함을 강조한다. 그리나 변수 간의 가정된 관계를 엄밀하게 체계적으로 관찰 · 검증하는 것은 쉬운 일이 아니다. 때로는 변수들을 정밀하게 관찰 · 측정하는 것이 불가능할 수도 있고, 변수 간에 영향을 미치는 통제 불가능한 외생변수가 있을 수 있으며, 관찰-검증-해석 과정에 연구자의 편견이 개입될 수도 있다. 따라서 이러한 문제를 해결하고 좀 더 엄밀한 과학적 방법을 마련하기 위해 연구가 부단히 진행되고 있으며 이러한 내용을 다루는 학문분야가 사회과학에서의 조사방법, 통계학, 철학에서의 과학철학 등이다.

2. 과학적 연구방법의 목적

과학적 연구방법의 궁극적 목적은 이론을 개발하는 데 있으며, 어떤 현상에 내재된 논리적 특성을 이론으로 구축하기 위해서는 그 현상을 기술하고, 설명하고, 예측할 수 있어야 한다. 따라서 과학적 연구방법의 목적을 살펴보면 다음과 같다(정영숙, 2009).

1) 기술(descriptive)

기술을 목적으로 한 연구에서는 어떤 현상이 있으면 왜 그런 현상이 나타나게 되었는지를 설명하기보다는 단순히 현상의 속성이나 특성을 있는 그대로 관찰하여 서술하는 데 그 주안점을 두고 있다. 예를 들어 연구목적이 빈곤가구의 생활실태를 기술하는 것이라면 이들 가구의 월평균 생활비는 어느 정도 들며, 취업하고 있는 가구는 몇 퍼센트이고, 기초생활보장을 받는 가구와 그렇지 못한 가구는 각각 몇 퍼센트인지 그리고 교육수준별 분포는 어떻게 차이가 나는지 설명할 뿐이지 왜 이들 가구가 빈곤한지, 왜 가구주의 학력이 낮을수록 빈곤계층에 편입될 확률이 큰지 등은 설명하지 않는다. 즉, 왜(why)가 아니라 무엇(what)에 대해서만 초점을 맞춘다.

어떤 현상에 대해 기술할 때에는 그 현상을 나타내는 개념이나 변수들의 값의 정도를 기술하기도 하고, 변수와 변수 간의 관계를 설명하기도 한다. 변수의 값을 나타낼 경우에는 주로 평균, 분산, 표준편차, 백분율 등과 같은 기초통계 값을 적용하고, 변수 간의 관계를 기술할 경우에는 단순히 두 변수가 관계가 있는지의 여부만을 밝히는 것이지 두 변수 중 어느 변수가 원인으로 작용하고 어느 변수가 결과인지에 대해서는 검증하지 않는다.

2) 설명(explanation)

연구의 목적이 현상을 설명하는 데 있다면 그 연구는 과학적 검증과정을 통해 특정 현상이 나타나게 된 이유를 제시하는 데 초점을 둔다. 즉, 어떤 현상이 있으면 왜(why) 그러한 현상이 나타나게 되었는지를 설명해야 한다. 따라서 설명을 목적으로 한 연구에서는 이론과 가설이 도입된다.

- 왜 학력이 낮은 사람이 빈곤계층에 편입된 가능성이 큰 것인가?
- 왜 여성가구주가 남성가구주보다 소득수준이 낮은가?
- 왜 경제적 불안정이 국가정권에 대한 불만을 초래하는가?

설명을 목적으로 한 연구에서는 이러한 '왜'에 대한 질문의 답을 제시할 수 있어야 한다. 이러한 질문들은 경험이나 직관 또는 선행연구를 고찰하는 과정에서 가지게 되며, 과학적 연구방법은 이러한 질문에 답하려고 하는 데서부터 시작된다. 연구주제가 되는 질문에 답하기 위해서는 변수와 변수 간의 관계를 분석해야 하며, 설명을 목적으로 하는 연구에서는 평균이나 백분율 등과 같은 단순기술통계를 적용하기보다는 분산분석이나 회귀분석 등과 같은 추리통계방법이 주로 적용된다.

3) 예측(prediction)

예측을 목적으로 한 연구에서는 변수 간의 인과관계를 기초로 현상에 대한 변화를 과학적 근거에 의해 제시하는 것이다. 여기서 인과관계란 현상의 원인과 결과 간의 관계를 말한다. 예를 들어 빈곤과 학력과의 관계에서 빈곤이란 현상은 결과변수이고 학력은 원인변수로 작용한다. 현상에 대한 변화를 정확히 예측하려면 변수 간의 단순한 관계가 아닌 인과관계를 알아야 한다. 유용하고 가치 있는 이론이란 미래에 나타날 수 있는 현상을 정확하게 예측할 수 있는 이론이다. 어떤 현상이 나타났을 때 왜 그런 현상이 나타났는지를 인과적으로 설명할 수 있다면 그 현상을 일으키는 조건을 강화 혹은 최소화함으로써 통제할 수 있다.

어떤 현상이 사회적으로 바람직한 경우에는 그러한 현상을 계속 유지시킬 수 있도록 조건을 강화해야 하지만 관련 현상이 사회적으로 바람직하지 못하여 여러 가지 문제를 야기할 소지가 있을 경우에는 그런 현상이 일어날 조건을 최소화하거나 제거함으로써 문제를 미연에 방지할 수 있다. 예를 들어 이혼증가현상은 청소년문제, 여성빈곤문제 등 여러 문제를 파생시키므로 사회적으로 바람직하지 못하다. 따라서 예측을 목적으로 한 연구에서는 이혼을 증가시키는 예측 가능한 변수들의 영향력을 파악하여 사전에 다양한 방법으로 통제함으로써 이혼증가율을 감소시킬 수 있다.

이와 같이 과학적 연구방법은 단순히 현상을 기술하고 설명하는 것으로 충분하지 않고 현상과 관련된 것을 예측하고 예측된 현상을 정책이나 제도, 프로그램 등을 통해 합리적 방향으로 적용될 수 있어야 연구의 궁극적 목적을 달성했다고 할 수 있다.

3. 연역법과 귀납법

과학은 수많은 현상을 관찰해서 이론을 형성하거나, 기존의 이론을 바탕으로 형성한 가설을 경험적으로 검증함으로써 기존의 이론을 발전시키면서 전개된다. 이러한 연역법과 귀납법을 명확하게 구별하기보다는 서로 연결되어 반복되면서 과학을 발전시키고 있다. 과학적 연구방법으로 가장 오래되고 널리 활용되는 기초적 방법인 연역법과 귀납법을 구체적으로 살펴보면 다음과 같다(사회복지교육연구센터, 2017).

1) 연역법(Deduction)

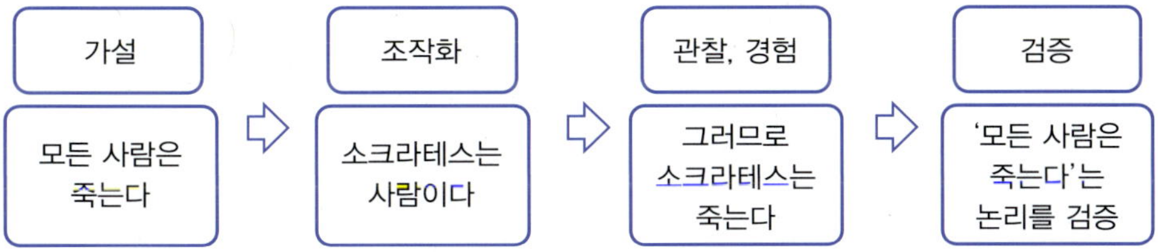

[그림 1-1] 연역법의 예

연역법(deduction)은 전통적인 과학적 조사의 접근방법으로 일반적(general) 사실이나 법칙으로부터 특수한(specific) 사실이나 법칙을 추론해 내는 접근방법이다. 예를 들어 위의 삼단논법의 경우 "모든 사람은 죽는다."라는 일반적 원리(혹은 기존의 지식체계)에서 "소크라테스는 죽는다."라는 특수한 원리(혹은 새로운 지식체계)를 추론해 내고 있다. 연역법은 연구주제를 '가설'의 형태로 만들어 실증적으로 증명할 수 있다는 가정에서 출발한다. 연역법의 대표적인 예는 삼단논법이다. 삼단논법의 논리적 전개는 이론→가설→조작화(가설의 구체화)→관찰→검증(가설의 채택 또는 기각)의 과정을 거친다.

연역법에서 범할 수 있는 오류는 구성의 오류(fallacy of composition)이다. 구성의 오류는 어떤 원리가 부분적으로 성립해도 전체적으로 성립하지 않을 수 있음에도 불구하고 전체적으로 성립한다고 추론함에 따라 발생하는 오류를 가리킨다. A 복지관에서 B 서비스를 도입해 클라이언트 수가 늘었다고 하자. B 서비스 도입이 클라이언트 증가에 영향을 미친다는 원리가 A 복지관에서 성립했다고 해서 전국의 모든 복지관이 B 서비스를 도입했을 때 전체적으로 클라이언트가 증가한다고 볼 수는 없는 데도 그럴 것이라고 추론하는 오류는 구성의 오류 예가 된다. 그러므로 부분적인 관찰을 토대로 가설 명제를 검증했다고 결론 내리는 과정에서 이러한 구성의 오류를 범할 수 있다.

2) 귀납법(Induction)

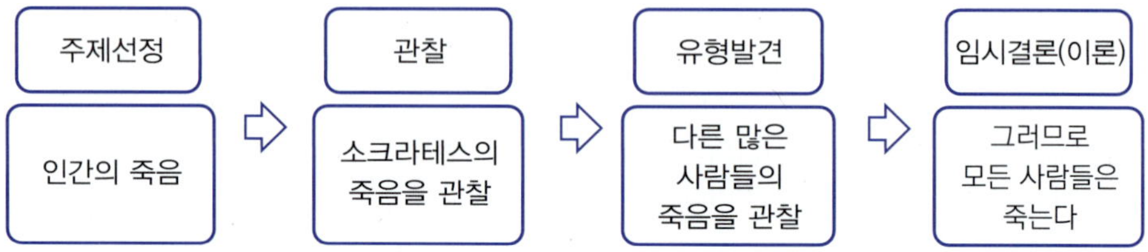

[그림 1-2] 귀납법의 예

귀납법(induction)은 개별적인 사실들로부터 일반적인 원리나 이론으로 전개해 나가는 논리적 과정이다. 즉, 경험의 세계에서 관찰된 사실들이 공통적인 유형으로 전개되는 것을 객관적인 수준에서 증명하는 것이다. 귀납법의 논리 전개 과정은 주제선정→유형발견(경험적 일반화)→이론(임시결론)의 과정을 거친다.

① 주제선정: 연구주제를 선정할 때는 가설을 가정하지 않고 관심분야나 문제를 인식하는 차원에서 출발한다.

② 관찰: 연구대상이 된 경험세계를 객관적으로 관찰하고 그 결과를 기록한다.

③ 유형발견: 기록한 결과가 어떤 규칙에 따라 일정한 유형으로 전개되는 것을 발견한다.

④ 임시결론: 일정한 유형이나 규칙성을 객관적 수준에서 설명하고 임시적인 결론을 내린다.

⑤ 귀납법에서 범할 수 있는 오류이다. 인과의 오류란 상관관계를 인과관계로 해석하거나 원인과 결과를 거꾸로 해석하는 등의 오류를 말한다. 현상을 관찰하는 과정에서 A와 B가 관련이 있는 것으로 관찰됐을 때 이것을 근거로 A가 B의 원인이라고 결론짓는 것은 경험세계에 대한 관찰을 근거로 임시결론을 내리는 귀납법의 과정에서 범하기 쉬운 인과의 오류에 해당한다.

〈표 1-2〉 연역법과 귀납법 비교

연역법	구 분	귀납법
연역적인 가정에서 출발	전 제	객관적 · 중립적인 관찰에서 출발
기존 이론 및 가정이 처음부터 설정된 것으로 가정	행위의 규칙성	행위가 대립되는 이해관계들 간의 상호작용 관찰에서 추론
획일적인 연역적 전제	강조점	연구의 복잡성, 불확실성, 목적 및 수단의 모호한 관계 강조
전제의 타당성에 달림	결론의 타당성	일정한 정도의 확률값만 가짐

출처: 강종수(2016).

3) 연역법과 귀납법의 상호관계

연역적 논리와 귀납적 별개의 과학적 접근방법이라기보다는 상호보완적 접근방법이라고 할 수 있다. 실제로 연구과정에서 연역적 논리와 귀납적 논리 중 어느 한 가지에만 의존하는 것이 아니고 연역, 귀납의 과정이 끊임없이 되풀이되면서 이론과 조사연구가 순환적으로 연결된다. 즉, 이론에서 가설을 정립하고, 이러한 가설은 관찰을 가능하게 하며, 관찰을 통하여 경험적 일반화가 이루어지고 일반화를 거쳐 이론이 수정되는데, 이러한 과정은 분명한 시발점과 종착점이 없는 끝없는 순환과정이다(박창제 외, 2010).

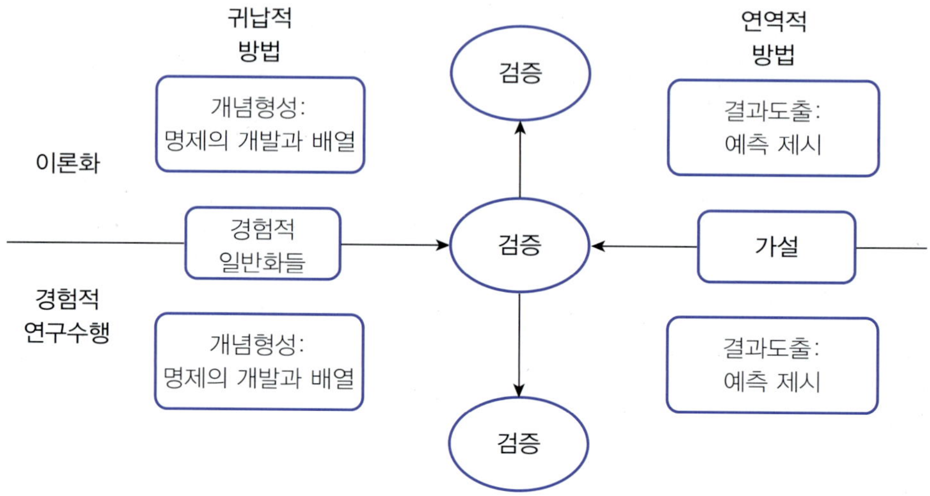

[그림 1-3] 연역법과 귀납법의 상호관계

출처: 이승현 외(2015).

제3절 과학철학

과학의 궁극적 목적은 현상의 규명과 이론정립에 있다. 과학적 연구방법에 대한 대표적 관점은 논리적 실증주의, 논리적 경험주의, 반증주의, 과학혁명을 들 수 있다. 구체적인 내용을 살펴보면 다음과 같다(김갑용 외, 2011, 재인용).

1. 논리적 실증주의(logical positivism)

논리적 실증주의는 Spencer의 고전적 실증주의와 Bacon의 경험주의를 결합한 철학이다. 논리적 실증주의에서는 일반적 진술과 명제는 경험적으로 검증될 때 의미가 있다고 주장한다. 따라서 형이상학적 명제나 진술을 배제하고 검증가능성의 원리에 적용될 수 있는 프로토콜(protocol: 직접 경험할 수 있는 일에 관한 관찰을 서술한 명제) 명제만을 추구한다.

이 철학의 한계점은 한정된 수의 경험적 증명만으로 일반적 진리라고 주장하는 귀납적 추론으로 진리를 주장하는 데 무리가 있으며 연구자의 주관이나 편견의 개입 가능성으로 인해 측정상의 오차가 수반된다는 것이다.

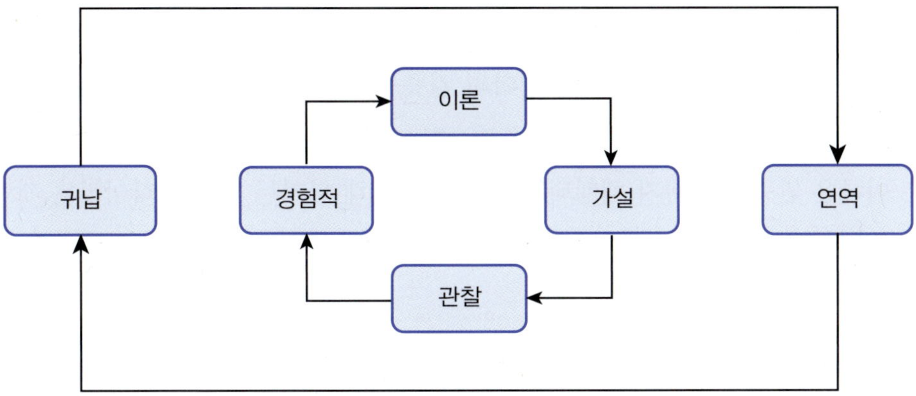

[그림 1-4] 연역법과 귀납법의 관계

출처: 정영숙(2009). 재구성.

2. 논리적 경험주의(logical empiricism)

논리적 경험주의의 형성에 가장 큰 영향을 미친 사람은 영구의 철학자 흄(Hume)이다. 논리적 경험주의에서는 과학의 이론들은 '확률적으로 검증되는 관찰'에 의해서만 정당화될 수 있으며 연속적인 경험적 검증 과정을 거쳐 진리로 발전된다고 주장한다. 논리적 실증주의의 유일한 관찰에 의해 명제나 진술을 규명하기 어려운 점을 보완하여 '진리의 검증'이 아니라 '진리의 확인'이라는 개념을 사용한다. 진리의 확인이란 경험을 바탕으로 구축된 가설이 추가적 관찰에 의해서 실증적으로 검증됨으로써 이론이 진리로 확인된다는 의미이다.

이 철학의 한계점은 논리적 실증주의와 비슷한데 소수의 관찰에 의해서 논리적 판단을 행하는 것은 문제가 있으며 관찰수행자의 주관에 의한 측정의 오류를 배제할 수 없다는 것이다.

3. 반증주의(falsification)

검증주의와 귀납주의에 기초한 논리적 실증주의의 근본적 문제점을 지적하고 그 문제점을 해결할 수 있는 방법을 제시한 Popper는 논리적 실증주의가 안고 있는 문제점을 극복하기 위해 귀납법이 아닌 연역법에 근거를 둔 반증주의가 합리적 접근방법이라고 제안했다.

여기서 중요한 점은 이론이란 명확히 검증될 수 없고, 다만 기존 이론의 예측이 실패(반증)한다면 새로운 이론이 필요한 것이며, 반증되지 않은 경우 살아남은 이론은 반증될 때까지 채택되는 과정을 반복해 나가는 것이 과학이라는 것이다. 반증주의는 논리적 실증주의의 문제점을 상당히 해결하였으나 반증주의 역시 몇 가지 문제점을 가지고 있다.

첫째, 검증을 기존 이론체계 내에서 하게 하므로 반박하는 것이 쉽지 않을 뿐만 아니라 기존 이론을 임시적으로 수정할 수 있으므로 반증은 더욱 어려워진다.

둘째, 검증의 목적을 반증에 두기 때문에 필요한 가정과 전제를 쉽게 왜곡시킬 수 있고, 관찰법에 있어서 신뢰성이나 타당성이 부족하여 검증 결과 반증될 경우에 실제 옳은 이론이 부정될 가능성도 있다.

셋째, 한 번의 반증으로 기존 이론이 거부되는 경우도 드물지만 과학의 역사를 살펴볼 때, 검증 결과 반증된 이론들이 과학의 진보에 상당히 공헌한 경우도 많다.

4. 과학혁명(Scientific Revolution)

반증주의를 주장한 Popper와 과학혁명을 주장한 Kuhn현상을 관찰할 때 기준 패러다임에 구속되면 새로운 인식체계를 추구할 수 없게 되어 과학발전을 저해하므로 그러한 구속에서 벗어나 새로운 패러다임을 제시해야 한다는 점에서 두 사람의 과학철학은 일치하였다. 그러나 과학이 발전하기 위해서는 기존 패러다임의 반증에서부터 시작해야 한다는 Popper의 주장이 실제 과학의 역사적 흐름과는 일치하지 않는다는 문제점을 극복하기 위해 Kuhn은 과학혁명을 도입했다.

Kuhn은 과학의 발전이 점진적으로 이루어지는 것이 아니라 변칙적으로 어느 한순간의 급격한 변화에 의해 이루어진다고 본다. 즉, 기존 이론에 근본적 오류가 내재되어 있음을 발견하게 되면서 과학은 위기에 봉착하게 되므로 그러한 관점에서 완전히 벗어난 새로운 인식의 틀로 이동하게 된다는 것이다. Kuhn에 대해 제기된 반론은 어느 한 관점이 각 이론에 적용되는 경우는 드물고 일반적으로 여러 개의 관점이나 인식의 틀이 공존하여 적용된다는 점이다.

Kuhn은 정상과학(normal science)과 과학혁명을 패러다임(paradigm)이라는 개념을 이용하여 설명하였다. 그의 저서 『과학혁명의 구조』에서 정상과학에 대해 다음과 같이 설명하고 있다. 과학의 어느 분야에서나 초기단계에서는 현상에 대한 논리와 그 현상을 연구하는 방법론에 대해 서로 일치하지 않는 견해를 주장하는 학파들이 존재한다. 그러나 학자 간의 혼란과 불일치도 시간의 흐름에 따라 정리가 되고 단일 패러다임으로 구축되고 받아들여지면서 점진적으로 체계화된다. 그리고 체계화된 단일 패러다임은 이론 및 가설과 응용방법에 대한 근거를 제공하여 연구 활동에 기반을 두게 된다. 정상과학은 기존의 과학지식을 효과적으로 확장시키며 새로운 사실의 발견이나 새로운 이론을 정립하는 것에는 그다지 관심을 가지지 않는다. 따라서 시간이 지남에 따라 단일화된 패러다임이 받아들여지지 않는 예외적 현상들이 하나둘 표면화되고 그러한 예외적 현상을 설명하기 위해 기존의 패러다임을 적용하려고 노력은 하지만 여러 면에서 한계에 부딪히게 된다. 결과적으로 그러한 예외적 현상은 갈등과 도전을 야기하게 되고 과학자들은 점차 예외를 인지하고 새로운 패러다임을 창출하게 되는데 이것이 바로 과학혁명이다. 과학혁명의 과정을 그림으로 제시하면 〈그림 1-5〉와 같다.

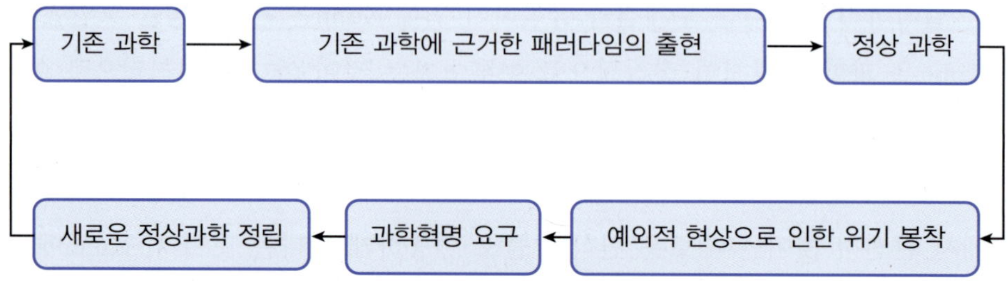

[그림 1-5] 과학혁명의 과정

출처: 정영숙(2009).

제4절 사회과학과 자연과학

과학은 크게 자연과학(natural science)과 사회과학(social science)으로 나눌 수 있다. 사회과학은 인간의 행위와 상호작용 결과로 발생한 사회현상을 연구대상으로 하여 이를 분석하고 일반 법칙을 찾아내려는 지적 활동이고, 자연과학은 자연현상과 물리적 세계를 탐구하는 지적 활동이다. 본 장에서는 버넬(Bernal)의 분류를 중심으로 사회과학과 자연과학을 살펴보고자 한다.

1. 사회과학의 의의

사회과학(social science)이란 인간의 모든 행위, 즉 개인의 독자적인 행동과 타인과 상호 관련되어 나타나는 사회적 행동을 연구대상으로 하여 사회현상이나 인간의 행위를 분석하고 종합하여 일반적 법칙을 찾아내려는 인간의 지식적 활동에 의한 지식체계이다. 사회과학은 〈그림 1-6〉과 같이 경험과학이며, 기술적 사회과학과 분석적 사회과학으로 분류할 수 있다. 기술적 사회과학은 사회구조의 상호작용 및 발전을 기술하는 학문이며, 분석적 사회과학은 사회형태를 결정하는 기저의 관계를 발견하는 학문이라고 할 수 있다.

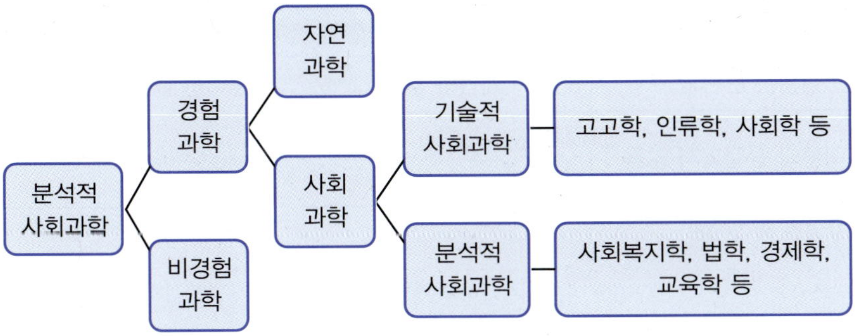

[그림 1-6] 사회과학의 분류

출처: 이창희 외(2011).

2. 사회과학과 자연과학의 차이

사회과학방법론은 자연과학방법론과는 달리 관찰대상물과 관찰자가 분명히 구별되지 아니하고 경우에 따라서는 이들 양자가 대부분 혼연일체가 되는 경우가 많다. 이를 피란델로 효과(pirandello effect)라 하며, 사회과학이 자연과학과 원천적인 차이를 보이는 이유이다. 사회과학에서는 관찰의 대상이 관찰자 자신이 되기도 하므로 사회현상을 분석하는 과정에서 객관성이 결여될 가능성이 크다.

사회과학과 자연과학의 차이점을 살펴보면 〈표 1-3〉과 같다.

〈표 1-3〉 사회과학과 자연과학의 비교

사회과학	구분의 기준	자연과학
제한	사고의 가능성 범위	무한
공식화에 관한 타당성에의 문제기	사고의 공식화	공식화 강조
중요성 없음	분석기법의 중요성	매우 중요
누적적이 아닌 독창적	연구의 누적성	누적적
양향 받음	사회문화적 요인	영향 받지 않음

사회과학	구분의 기준	자연과학
명확한 결론은 곤란함	연구자 개인의 영향	명확한 결론
기존 이론과 단절되지 않음	새로운 이론과 기존이론의 연결성	새로운 이론이 빈번히 대두

출처: 강영걸 외(2008).

3. 사회과학의 한계점

사회과학의 대상인 인간 행위의 속성 때문에 사회과학은 다음과 같은 한계점을 가지고 있다(사회복지교육연구센터, 2011).

1) 연구대상의 복잡성과 가변성

사회과학의 연구대상인 인간은 복잡하고 가변적인 행태로 인해 정확한 예측이 어렵다. 인간 행동은 연구자의 의도를 뛰어넘을 수도 있다.

2) 불완전한 방법 절차

인간 행태의 본질을 파악할 수 있는 실험과 같은 방법들이 완전하지 못하다. 특히 인간은 자기가 실험대상이 되고 있다는 것을 알게 되면 평소와는 다른 행동을 보일 수 있기 때문에 자연과학과 같이 엄밀한 조작 연구가 어렵다.

3) 불확실한 객관적 예측

연구대상인 인간 행동은 항상 연구자의 의도를 뛰어넘을 수 있기 때문에 연구자의 객관적 예측이 늘 맞는 것은 아니다.

4) 연구대상의 규범적인 특성

인간을 대상으로 한 연구이기 때문에 연구대상이 도덕적이고 규범적이며 따라서 이를 과학적으로 분석하고 기술하는 데 어려움이 있다.

5) 윤리성: 비인간화를 초래할 가능성

연구대상이 인간이기 때문에 연구과정에서 인간을 목적으로만 사용해야 하고 수단으로는 사용할 수 없는데, 이를 소홀히 할 경우 비인간화, 윤리성의 문제가 발생할 수 있다.

6) 가치개입의 불가분성

연구를 위한 문제를 선정할 경우 가치가 개입되고 수집된 자료와 이들의 관계를 형성하는 명제나 이론의 전개와 관련 있는 개념 및 그 구성과정에서 가치가 개입된다. 그리고 연구자 자신의 가치관과 그 연구가 준거하고 있는 학문세계의 지배적인 가치가 은연중에 작용할 수 있다.

4. 사회과학에서의 윤리

사회과학 연구를 위해서는 인간을 대상으로 한 조사(research)를 수행해야 하는데 이 과정에서 윤리적인 문제가 발생하기 쉽다. 특히 엄밀한 연구를 수행하기 위해 실험조사와 같은 과학적 방법을 사용하고자 할 때 윤리적 문제가 발생할 가능성이 더 높다. 따라서 사회조사 수행 시 유의해야 할 사항을 살펴보면 다음과 같다(황동성, 2015; 사회복지교육연구센터, 2017).

1) 연구 주제와 내용

사회적 윤리를 고려하여 연구 주제와 내용을 선정해야 한다.

ex) '인종에 따른 지능 차이', '마약 효과 실험연구', '안락사의 가족에 대한 영향', '사회복지 기관 수익사업평가 조사' 등→조사 결과를 수용하는데 논란의 여지가 많을 수 있다.

2) 연구 대상의 선택

연구 주제에 따라서는 특정한 사람들만 연구 대상이 될 수도 있겠지만, 보편적 사람들을 대상으로 하는 연구에서 특정한 사람들만 집중적으로 표본에 포함시키는 것은 연구 결과의 일반화를 저해하고 윤리적으로도 문제가 된다.

3) 연구 대상자에게 미치는 피해

사회과학은 연구 대상이 인간이기 때문에 연구 과정이나 결과가 대상자에게 피해를 끼칠 가능성이 있는지를 따지는 것이 더욱 중요하다. 즉, 연구 대상자들이 연구에 참여하게 됨으로써 이미 많은 정보가 노출되기 때문에 참여자 개인에게 실제적인 피해를 줄 수 있는 가능성에 대해 민감하게 대처할 수 있도록 주의해야 한다. 우리나라와 미국의 사회복지사 윤리강령에서도 클라이언트에 대해서 지켜야 할 일반적 윤리기준과는 별도로 사회복지관련 연구 조사에서 연구 대상자는 신체적 정신적 불편이나 위험, 위해로부터 보호되어야 한다고 규정하고 있다.

4) 자발적 참여와 고지된 동의

자발적 참여는 일단 참여자가 연구에 참여하기로 동의한 이후에도 상황이나 의사의 변화에 따라 언제라도 아무런 불이익 없이 참여를 철회할 권리도 포함된다. 예를 들면, 부모가 아동이 조사연구에 참여하는 데 동의한 경우라도 아동은 참여를 거부할 수 있다.

고지된 동의(informed consent)란 연구의 목적과 내용 소요시간, 참여자에게 주어지는 혜택 및 연구에 수반될 가능성이 있는 위험과 피해, 연구참여가 가져올 수 있는 결과를 이해하도록 도와주거나 의사결정에 영향을 미칠 수 있는 사실을 미리 잠정적 조사 대상자에게 알려준 후에 잠정적 조사 대상자로 하여금 조사에 참여할 것인가 아닌가를 결정하게 하는 절차를 말한다. 따라서 사회조사에서는 반드시 조사 대상자에게 사전에 조사에 대해서 알리고 조사 대상자로부터 조사참여 동의를 얻어내는 것을 기본적 원칙으로 해야 한다. 그러나 자발적으로 참여하는 사람만 연구에 포함시킬 경우 연구 결과를 일반화하는데 문제가 있을 수 있다. 즉, 외적 타당도에 문제가 발생할 수 있다.

ex) 양성평등이나 환경문제에 관한 국민들의 관심사에 대해 조사한다고 할 때, 이러한 문제에 많은 관심을 갖고 있는 사람들이 주로 연구에 참여할 가능성이 높다. 이러한 경우 조사 결과는 일반적인 국민들의 관심사와는 다르게 나타날 가능성이 높을 수도 있다.

5) 익명성 및 비밀보장

익명성(anonymity)이란 조사대상자들이 자신의 신원을 밝히지 않고 응답할 수 있도록 하는 것을 의미한다. 익명성 확보를 위해서 조사대상자가 개인적으로 누구인가 확인되지 않도록 조사대상자가 제공한 정보와 조사대상자를 분리할 수 있다. 비밀보장(confidentiality)이란 조사연구자가 응답자의 신원을 알고 있어도 이를 공개하지 않는 것을 의미한다. 수집된 정보가 개인적으로 공개되지 않고 또한 다른 목적으로 사용되지 않으며, 다만 통계적으로 처리하여 집합적으로 공개되도록 해야 한다. 연구대상자에 대한 비밀보장이라는 원칙은 다른 사회적 가치 또는 법률과 상충되기도 하며, 경우에 따라서는 비밀보장을 준수하지 못할 수도 있다. 예를 들어 조사과정에서 대상자가 학교폭력 피해학생임을 발견하게 된 경우 적절한 기관에 알리는 등의 조치가 필요하다.

6) 연구 대상자를 속이는 것

연구 대상자를 속이는 행위가 도덕적으로 바람직하지 않다는 것은 반론의 여지가 없지만 연구 목적상 연구의 자세한 내용을 모두 밝히지 않고 숨길 필요가 있는 경우도 있다. 특히 실험의 경우 연구 대상자가 연구 목적, 내용 등을 자세히 알게 되면 반응성 문제가 나타날 수 있어 어느 정도 대상자를 속이는 것이 불가피할 때가 많다. 관찰의 경우도 누군가가 자신을 관찰하고 있다는 사실을 알면 평소와 다른 행동을 보일 가능성이 있다.

또한 대상자의 반응성 문제가 심각하게 나타날 수 있는 연구 주제에서 대상자를 일시적으로 어느 정도 속이는 것이 불가피할 때는 연구를 통해 얻을 수 있는 이익 과 대상자를 속이는데 대한 윤리적 책임을 잘 비교하고 다른 대안은 없는지를 충실히 고려한 다음 연구의 여부와 방법을 선택해야 한다.

7) 연구 결과

연구자는 연구의 결과를 연구공동체의 동료들에게 보고할 의무가 있다. 연구 결과는 객관적으로 해석되어야 하며 연구자가 미리 생각하고 있던 결론에 맞추어 자료를 가감 조작한다거나 연구자의 의도와 다른 결과가 나왔다고 해서 이 부분을 고의적으로 제외하고 결과를 발표해서는 안 된다. 연구 결과의 긍정적인 결과뿐만 아니라 부정적인 결과나 예상치 못한 결과도 보고해야 한다. 또한 다른 연구를 표절해서는 안 되며, 인용한 부분에 대해서는 내용과 절차를 반드시 명시해야 한다.

제5절 사회복지의 개념

사회복지의 개념은 일반적 개념, 광의의 개념, 협의의 개념, 시대적 개념, 실천적 개념 등으로 분류할 수 있다. 구체적으로 살펴보면 다음과 같다(이영철 외, 2007).

1. 사회복지의 개념

1) 일반적 개념

- 인간의 욕구와 사회문제를 해결하기 위한 사회적 노력이다.
- 기존 사회구조에 대한 적응을 목적으로 하며, 갈등관계를 조화관계로 변화시켜 주는 것이다.
- 인간의 평등과 사회적 보장을 의미한다.
- 사회복지는 모든 국민의 인간다운 생활을 보장하고, 건강과 번영을 증진시키기 위하여 인간과 사회제도 및 사회체계 간의 상호작용에서 파생되는 제반 문제나 사회적 욕구에 보다 효과적으로 대처해 나가도록 계획적 사회정책과 사회적 서비스를 마련하여 제공하려는 공공 및 민간기관의 조직적 노력이며 체계적 실천 활동이다.

2) 광의의 개념

광의의 사회복지는 사회구성원 일반을 대상으로 생활의 각 측면에서 나타나는 비복지를 다루거나 해결하고자 하는 것을 말한다. 즉, 모든 국민을 대상으로 인간다운 생활 영위를 위한 사회적 노력이다. 따라서 인간의 욕구, 소득, 보건, 교육, 주택, 비행, 자살, 약물중독, 사회 환경 등 복지제도의 결함 또는 미비로 제반 사회문제를 다루는 정부와 민간의 노력을 말한다.

3) 협의의 개념

사회복지를 소극적이고 한정된 개념으로 받아들이는 견해이다. 정상적 사회생활을 영위하지 못하는 개인을 대상으로 경제적 · 정신적으로 도와주는 사회적 노력이다. 따라서 아동, 노인, 장애인, 여성과 같이 요보호자와 빈민을 예방, 보호 조치하는 등의 서비스를 말한다.

4) 시대적 개념

사회복지의 개념이 고정불변 된 개념이 아니고 시대에 따라 다르고 항상 변화되고 있다는 관점에서 구별한 견해이다. 전통적 사회복지의 개념으로는 상호부조, 자선사업, 인보사업을 의미하며, 현대적 개념으로는 사회보장, 사회계획, 사회정책으로서의 개념을 의미한다.

5) 실천적 개념

사회복지는 목적 달성을 위한 현실적 수단으로 존재하는 것을 의미한다. 아동, 장애인, 노인 또는 개인, 가족, 집단 및 지역사회를 대상으로 생활상의 곤란과 장애를 사회적 책임으로 해결 내지 완화하여 인간의 삶의 향상을 목표로 하는 정책적 · 전문적 · 통합적 활동의 총칭이다. 여기에서 사회복지의 특징은 4가지로 요약된다.

첫째, 공공적 목적을 위하여 사회적 책임을 가지고 행해져야 한다.
둘째, 공식적 조직에 기초한 조직적 활동이다.
셋째, 인간의 소비욕구에 직접 관계된다.
넷째, 인간의 복지를 제일의 직접목적으로 하는 일이다.

이러한 기준에 맞는 사회적 · 조직적 활동이 바로 사회복지라는 것이다.

실천적 개념으로서 사회복지 개념은 현실적으로 존재하는 사회적 제반 시책을 근거로 사회복지를 파악함으로써 사회복지의 형태 파악을 한층 쉽게 접근할 수 있다는 측면도 있다.

2. 사회과학과 사회복지학의 관계

사회과학은 사회현상과 인간관계를 연구대상으로 삼고 있는 이론이며, 사회복지학은 어떠한 사회현상에 내재하는 사회문제에 대처해 나가기 위한 사회학적 시책의 체계이며, 어떠한 현상상태나 표현방식을 취하든 학문적 연구방법은 사회학적이어야 하며, 실천과학이다. 그러므로 사회문제에 대한 연구방법은 사회과학적이어야 하며, 그 실천은 문제해결과 복지발전을 목적으로 해야 하고, 이러한 목적에서 사회과학과 사회복지학은 상호 밀접한 관련성이 있는데, 그 이유는 다음과 같다.

첫째, 사회과학이 발전시킨 인간에 관한 지식과 인간의 사회적 행동에 관한 지식을 충분히 이용한다면 사회복지실천에 새로운 통찰을 얻을 수 있다.

둘째, 사회복지의 목적, 기능, 전제, 방법 등에 대해 평가 · 검증 · 수정이 많으면 많을수록 사회복지는 인류에게 더욱더 공헌할 수 있게 된다.

셋째, 사회복지는 사회과학이 필요로 하는 인간의 생활 경험에 관한 풍부한 자료를 갖고 있기 때문이다.

따라서 사회과학이 사회복지에 기여할 수 있는 분야는 실제 지식의 제공, 이론적 공헌, 조사방법의 제공에 있다. 한편 사회복지가 사회과학에 공헌할 수 있는 내용은 다음과 같다.

첫째, 사회복지의 중요성을 갖는 문제를 확인할 수 있다.

둘째, 사회복지의 실제 경험을 통해 얻은 사회과학적 가설을 제시할 수 있다.

셋째, 사회과학에 의하여 발전된 개념들의 활용 · 검증할 수 있다.

넷째, 사회복지의 실제 경험에서 얻은 원초적 자료를 사회과학의 조사목록에 이용할 수 있게 한다.

이러한 상호기여와 공헌을 보면, 사회과학과 사회복지학은 연구 대상과 영역을 달리하더라도 결국 인간의 생존 과정상의 상호관계에서 기인되는 인간문제와 사회문제를 해결하고 완화하는 데 초점을 둔다.

특히 사회복지가 사회과학적 연구 방법을 채용함으로써 얻어지는 효과는 과학성이라 볼 수 있다. 과학성이란 객관성을 생명으로 하고 있으며, 사실에 근거한다는 것과 보편타당성에 대한 충실함을 의미하고 있다. 그래서 사회복지는 과학화를 위해 이론과 실천에서 객관적 사실과 보편타당성을 탐구하여 전개한다. 이러한 학문의 과학화에는 사회과학과 사회복지학의 상호보완적 관계가 있는 것이다. 또한 사회복지의 과학화는 인간 전체와 통일적으로 파악하여 살아있는 인간의 생존상의 모든 문제를 해결하려 하는 것이다. 이러한 노력에서 상호보완관계를 갖게 한다.

연습문제

1. 사회과학의 패러다임에 관한 설명으로 옳지 않은 것은? (21회 기출)

① 실증주의는 연구결과를 해석할 때 정치적 가치나 이데올로기의 영향을 적극적으로 고려한다.
② 해석주의는 삶에 관한 심층적이고 주관적인 이해를 얻고자 한다.
③ 비판주의는 사회변화를 목적으로 사회의 본질적이고 구조적 측면의 파악에 주목한다.
④ 후기실증주의는 객관적인 지식에 대한 직접적 확증은 불가능하다고 본다.
⑤ 포스트모더니즘은 객관적 실재와 진리의 보편적 기준을 거부한다.

✍ 해설: 실증주의는 객관성과 가치중립성을 강조한다. 따라서 연구결과를 해석할 때 정치적 가치나 이데올로기의 영향을 철저히 배제하고자 한다.

2. 과학적 지식의 특징으로 적합하지 않은 것은?

① 체계적이고 논리적이다 ② 재생 가능하다 ③ 구체적이다
④ 비규범적이다 ⑤ 절대적이다

✍ 해설: 과학은 절대적이지 않고 수정 가능하다.

3. 다음 중 귀납법을 추론해 내는 접근방법의 순서가 바르게 연결된 것은?
① 주제 선정→관찰→유형 발견→임시 결론(이론)
② 주제 선정→유형 발견→관찰→임시 결론(이론)
③ 가설→조작화→관찰→검증
④ 가설→관찰→조작화→검증
⑤ 가설→검증→관찰→조작화

해설: ① 주제 선정: 연구주제를 선정할 때는 가설을 인정하지 않고 관심 분야나 문제를 인식하는 차원에서 출발한다.
② 관찰: 연구대상이 된 경험세계를 객관적으로 관찰하고 그 결과를 한다.
③ 유형 발견: 기록한 결과가 어떤 규칙에 따라 일정한 유형으로 전개되는 것을 발견한다.
④ 임시 결론: 일정한 유형이나 규칙성을 객관적 수중에서 설명하고 임시적인 결론을 내린다.

4. 쿤의 과학적 혁명에 관한 설명으로 가장 적합한 것은?
① 정상과학의 출현 ② 패러다임의 이동 ③ 새로운 복지국가의 건설
④ 사회과학 분석기술의 발전 ⑤ 새로운 이론의 정립

해설: 쿤의 과학적 혁명론은 사회적 현상을 바라보기 위해 일련의 개념과 가정으로 구성된 관점이나 준거틀, 지배적 이론 또는 접근방법으로 연구문제 해결을 위한 방향성을 제시해 주는 것을 패러다임이라고 한다. 즉, 패러다임은 과학적 혁명기간 동안 끊임없이 변화하고 발전하였다.
패러다임의 이동과정: 전과학→정상과학→위기와 혁명→새로운 정상과학→새로운 위기와 혁명 등과 같은 변화를 과학적 혁명이라고 한다.

정답: 1. ① 2. ⑤ 3. ① 4. ②

제2장

사회복지조사의 이해

제1절 사회복지조사의 필요성 및 중요성

1. 사회복지조사의 필요성

사회복지는 사회적으로 유용하고 흥미로운 전공 분야며 직업이다. 따라서 사회복지사는 기본적으로 사람을 상대로 일하기를 좋아하고, 학대받거나 정신질환 및 알코올중독을 겪은 가족을 돕거나 노숙자나 노인과 같은 특별한 집단에 도움을 주기 위해 사회복지사라는 직업을 선택하게 된다. 그러므로 사회복지를 공부하는 학생은 더 나은 실천가 혹은 상담가가 됨으로써 그들을 도와줄 수 있을 것이라고 이해하고 있으며, 이를 위해 순수함과 열정을 가지고 실천지향적인 학습과정에 접근한다. 그러나 사회복지를 공부한 학생들이 졸업 후에 취업한 사회복지기관에서 다음 사례와 같은 직무를 담당하는 것은 흔히 있을 수 있으며, 이들은 사회복지사에게 조사가 얼마나 필요하고 유용한 것인가를 보여준다.

《사례 1》

당신은 학교사회복지사로 일하면서 학교폭력예방프로그램을 실시하도록 요청받게 되었다. 이 프로그램의 목적은 청소년에게 학교폭력의 피해자가 되지 않고 학교폭력을 학교에서 사전에 예방하는 방법과 같은 정보를 충분히 제공하는 것이다. 몇 달 뒤 당신은 이 프로그램에 참여한 청소년이 학교폭력문제를 대처하는데 더 많은 지식을 갖추게 되었다고 확신하게 된다. 이때 당신은 당신의 개입에 대한 성공을 어떻게 확신할 수 있을 것인가?

《사례 2》

당신이 일하고 있는 지역사회복지기관에서 지역의 노인들을 위한 프로그램을 개발하여 노인에 대한 서비스를 보다 효과적으로 제공하고 싶을 때 우선적으로 생각할 수 있는 것은 지역사회 노인들의 욕구를 정확하게 파악하는 것이다. 이때 어떻게 하면 그들의 일상생활, 여가, 취업 등에 대한 욕구를 과학적으로 파악할 수 있을까?

《사례 3》

당신은 만성정신장애를 가진 사람을 위한 정신보건센터에서 그들을 위한 서비스를 관리하고 있는데, 센터에서 보다 흥미롭고 새로운 프로그램, 즉 센터 내 카페 운영을 통한 사회 및 직업재활프로그램을 시작하기 위해 지역공동모금회에 프로그램 제안서를 제출했다. 그러자 공동모금회에서는 당신이 제안한 프로그램의 성공 여부를 어떻게 평가할 것인지를 문의해 왔다.

이 세 가지 사례는 몇 가지 조사기법이 요구됨을 보여준다. 그리고 보통 사회복지사로 일하면서 이러한 과제에 직면하는 것은 쉽게 기대할 수 있으므로 사회복지조사에 대한 기본적인 이해는 물론이고, 이를 성공적으로 수행할 수 있는 자신감과 아울러 조사수행능력이 필요하다(황성동, 2010).

2. 사회복지조사의 중요성

어떤 일을 할 때 방법 또는 수단이 좋으면 쉽고 정확하게 우리의 목적을 달성할 수 있다. 학문을 연구하는 것도 마찬가지이다. 그 방법이 좋으면 쉽고 정확하게 진리에 도달할 수 있다. 예를 들어 아주 오래전 원시사회의 사람들은 나무를 베기 위해 돌도끼를 사용하였다. 그러나 과학기술이 점점 발달함에 따라 사람들은 칼을 사용했고, 그다음 톱을 사용했으며, 오늘날에는 전기톱을 사용하고 있다. 전기톱을 사용함으로써 사람들은 쉽고 정밀하게 나무를 벨 수 있다. 사회조사방법은 바로 이 나무를 베는 도구와 같다고 할 수 있다. 다시 말해, 좋고 정확한 연구방법을 사용했을 때 우리는 연구대상을 좀 더 체계적 · 논리적으로 분석할 수 있으며 좋은 결과를 얻을 수 있을 것이다. 이것이 우리가 조사방법을 배우는 이유이다.

서양이 동양보다 학문이 발달한 이유는 따지고 보면 학문의 과학화, 즉 학문하는 방법이 발달되었기 때문이다. 현재 한국의 대학에서 가르치고 있는 대부분의 학문들은 서구 선진국에서 발달된 내용들이다. 우리가 서구에서 발달된 내용들을 가르치는 것은 그들의 학문이 우리보다 발달되었기 때문이며, 서구에서 학문이 발달한 이유는 학문하는 방법이 발달되었기 때문이다. 결국 학문이 발달되기 위해서는 학문하는 방법이 발달되어야 하며, 특히 실증적인 자료에 의해 체계적으로 사회현상을 연구하는 사회조사방법이 발달되어야 한다.

사회복지학 등 응용사회과학은 현실사회에 직접 적용되는 정책을 개발하고 집행하는 것을 다루는 학문이기 때문에 현실을 실증적으로 연구하는 방법인 사회조사방법이 더욱더 필요하며, 이에 대한 지식이 절실히 요구된다 하겠다(채구묵, 2012).

제2절 사회복지사조사의 기능[1] 및 특징

1. 사회복지조사의 기능[1]

사회복지가 클라이언트의 문제를 해결하고 사회가 요구하는 전문직으로 인정받고 계속 발전하기 위해서는 사회복지의 과학화가 반드시 필요하다. 이러한 사회복지의 전문성 강화와 사회복지 학문의 과학화를 위해서는 사회복지실천의 내용이 조사를 통해 객관적으로 검증되고 지지되어야 한다. 일반적으로 사회복지에서 조사의 기능 및 역할은 크게 두 가지로 나눌 수 있다. 구체적인 내용을 살펴보면 다음과 같다(황성동, 2010).

1) 과학적인 지식의 축적과 효과적인 개입방법의 개발

사회복지실천에서는 클라이언트의 문제에 대한 분석과 해결에 많은 지식(이론)과 실천기술을 요구하고 있다. 따라서 조사를 통해 유용한 지식과 실천기법을 산출하고 그것을 실천의 토대로 활용하게 되는데, 이는 결국 클라이언트의 문제해결, 즉 삶의 역량강화(empowerment)와 사회체계의 변화로 연결된다. 그리고 이것은 궁극적으로 사회복지의 전문화, 즉 과학화에 이르게 되는 것이다.

《사례》

노인이 취업 문제를 해결하기 위해서는 노인의 취업 실태와 취업에 대한 욕구조사가 선행되어야 할 것이다. 이러한 조사를 통해 노인 취업의 현황과 욕구에 대한 과학적 지식을 산출하게 된다. 그리고 강박증이 있는 클라이언트의 문제를 해결하기 위해서는 여러 가지 치료방법, 즉 정신치료, 약물치료, 인지행동치료 등을 활용하게 되는데, 이 중 어떤 치료방법이 가장 효과적인지를 조사연구를 통해 밝혀낸다면 가장 효과적인 치료방법을 우선적으로 적용할 수 있을 것이다. 또한 만성정신장애인의 재활을 위해 전통적인 서비스+사례관리서비스, 전통적

1) 조사의 기능은 조사가 의도하는 바(purpose) 또는 조사의 목적과 같은 의미로 사용된다.

인 서비스+집중사례관리 서비스를 세 집단에 각각 적용하였을 때 어떤 집단에서 가장 재활 성공률이 높았는지를 파악할 수 있다면, 그 접근방법을 향후 주된 서비스 기법으로 활용할 수 있을 것이다.

2) 전문직으로서 책무성 구현

사회복지사는 전문가로서 우선 클라이언트에 대해 자신의 개입[2] 또는 치료의 효과를 입증할 윤리적 책무가 있고[3], 아울러 프로그램이나 서비스에 대한 재정적 지원을 제공한 정부나 민간기관에 대해 비용효과성을 입증할 수 있는 재정적 책무(fiscal account-ability)[4]가 있다. 따라서 객관적이고 과학적인 방법을 통해 서비스 효과성과 비용효과성에 대한 검증이 필요하며, 이를 통해 전문직으로서 책임과 역할을 다하게 된다. 즉, 사회복지조사를 통해 사회복지실천 노력의 경험적 검증이 가능하며, 이를 통해 사회복지 전문직이 발전하게 된다.

《사례》

비교적 증상이 심하지 않은 정신분열증 환자를 대상으로 정신치료와 재활서비스를 제공한 후에 그 치료 효과를 입증하기 위해서는 환자의 현실감각 회복과 대인관계 회복 등이 객관적으로 증명되어야 할 것이다. 또한 자활후견기관에 대한 정부의 재정 지원에 대한 책무를 다하기 위해서는 자활프로그램의 성공 여부(참가자의 취업률 등)도 입증할 수 있어야 한다. 그리고 중 · 고등학교에서 학교사회복지사를 채용한 이후 이 제도를 지속적으로 운영하도록 하기 위해서는 학교사회복지사의 채용 이후 학생의 만족도가 높아지고 학교폭력 등의 문제가 해

2) 개입이란 이간 체계에 변화(planned change)를 가져오려는 사회복지사의 노력을 의미하고, 실천이란 개입의 통합적 의미로 사용되며, 기술이란 실천방법이나 원칙과 같은 구체적인 수단을 의미한다.

3) 이를 위해 사회복지사는 주요 복지정책의 동향을 예의 주시해야 하고, 효과가 입증된 실천기법(evidence-based practice)과 최신의 이론과 서비스에 대한 정보를 숙지하여야 한다.

4) 우선 사회복지사는 예산이 프로그램의 목적에 사용되어야 함을 증명해야 하고, 지출 결과 프로그램의 목적이 성취되었음을 입증해야 한다. 그리고 새로운 서비스가 필요한 경우에는 조사를 통해 서비스에 대한 욕구가 명확함을 제시할 수 있어야 한다.

소 또는 완화되었음을 입증할 수 있어야 한다.

2. 사회복지조사의 특징

사회복지조사의 특징을 응용조사와 순수조사의 양면성, 사회개량적 특성, 계획적 특성, 평가적 특성, 시험적 특성, 과학적 특성 등 6가지로 구분하여 살펴보면 다음과 같다(사회복지교육연구센터, 2011).

1) 응용조사와 순수조사의 양면성

사회복지조사는 지적 이해와 지식 자체만을 획득하려는 순수조사의 목적도 지니고 있지만 조사의 이유가 주로 인간의 욕구충족과 현실 문제해결을 위한 프로그램수행 등에 필요한 지식 산출이라는 측면의 응용조사의 성격이 강하다.

2) 사회개량적 특성

사회복지조사는 주로 장애인, 노인, 아동, 여성 등 사회적 약자의 문제를 다루기 때문에 사회개량적 성격을 가지고 있다.

ex) 빈곤격차 해소를 위한 사회구조의 재구성 등

3) 계획적 특성

사회복지조사의 하나인 욕구조사는 대상자 선정과 욕구의 종류 및 수준을 파악함으로써 사회복지서비스를 계획적으로 제공할 수 있도록 도와준다.

4) 평가적 특성

사회복지조사는 사회복지서비스의 효과성과 효율성을 평가하기 위한 도구로 활용된다. 이와 같이 사회복지 프로그램이나 정책대안의 개입적 효과를 평가하는 조사를 평가조사(evaluation research)라고 한다.

5) 시험적 특성

프로그램이나 대안이 복지욕구에 적합한 것인지 시험해 봐야 하는데 조사를 통해 프로그램의 상호작용과 상관관계를 분석해 봄으로써 간접적으로 시험할 수 있다.

6) 과학적 특성

사회복지조사는 사회복지분야의 전문성과 과학성을 주장하고 이를 입증할 수 있는 과학적 방법이다. 사회복지와 관련된 사실, 현상, 경향 등을 체계적으로 분석하고, 실험적 방법을 통해 진위 여부를 증명한다. 특히 실태를 정확하게 파악하여 문제를 계량화함으로써 이를 객관적 · 통계적 방법으로 검증할 수 있는 과학적 연구를 지향한다.

제3절 사회복지조사의 유용성 및 접근성

1. 사회복지조사의 유용성

사회복지조사의 유용성은 사회복지의 과학적 기초를 구성한다는 점, 과학적 실천을 가능케 한다는 점, 사회복지이론과 기술체계를 구축한다는 점에 있어서 유용하다 구체적인 내용을 살펴보면 다음과 같다(김갑용 외, 2011).

1) 사회복지의 과학적 기초를 구성한다.

사회복지학은 실천은 강조하는 경험과학이며, 실제 생활에 적용하기 위한 지식도출이라는 측면에서 응용과학이다. 인간의 복잡한 내면을 대상으로 하므로 다양한 학문적 접근이 필요한 학제적(Inter–Disciplinary) 성격으로 인해 과학적 기초를 마련하는데 한계를 나타낸다. 따라서 보다 적절한 지식과 이론, 효과적 실천방법을 발전시키기 위하여 사회복지의 과학화를 도모해야 하는데 이를 위한 수단으로써 체계적 조사방법이 활용된다.

2) 과학적 실천을 가능하게 한다.

사회복지 전문가들은 사회복지의 과학적 실천 활동에 대한 체계적 지식을 수집하기 위한 수단으로 조사방법을 활용한다. 인간의 문제에 대한 객관적 자료를 수집하고 개입계획을 세우며 개입 후 효과성을 평가하여 가설의 연관성과 문제의 인과관계를 검증할 수 있다.

3) 사회복지이론과 기술체계 구축에 유용하다.

사회복지조사는 사회현상을 설명하고 예측할 목적으로 변수 간의 관계를 구체화하고 현상에 대한 체계적 지식을 제시하는 사회복지이론 형성과 이를 바탕으로 실천기술을 구축하는데 유용하다.

2. 사회복지조사에 대한 접근성

조사는 사회복지사가 클라이언트와 만나는 실천현장 또는 생활 속의 경험에서 생기는 의문이나 질문에 대한 생각을 전개하는 것으로 〈그림 2-1〉과 같이 시작된다. 그리고 조사보고서, 책, 신문 등을 읽다가 생기는 문제나 의문에 대해 생각을 전개하는 것으로도 시작된다. 즉, 현실 생활 중에서 생기는 의문이나 질문을 전개할 때, 또는 만족스럽게 해결되지 못한 문제에 대해 관심을 가질 때 바로 그 시점에서 조사가 시작된다고 할 수 있다.

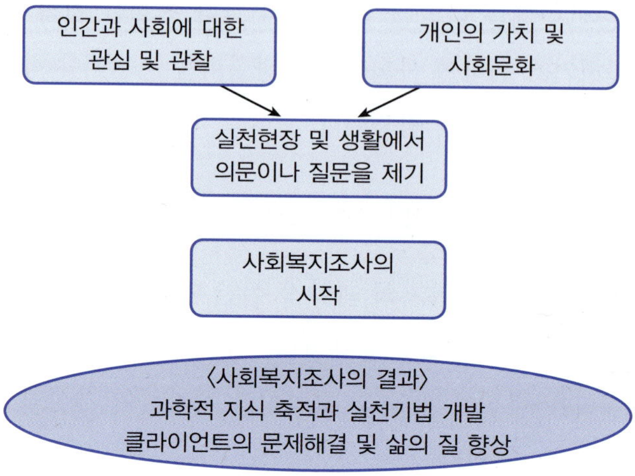

[그림 2-1] 사회복지조사에 대한 접근

그리고 일상생활에서 의문이란 것은 사회문제에 대한 관찰에서 비롯되는 것이며, 이 의문이나 관심은 개인과 그 사회의 가치에서 출발한다. 따라서 사회복지조사에 대한 가장 쉬운 접근방법은 우리가 일상생활이나 클라이언트와 만나는 실천현장에서 의문이나 질문을 제기함으로써 시작하는 것이다.

우리는 종종 기존 이론이 새로운 현상을 설명할 수 있는가, 또는 새로운 이론이 반복적으로 발생하는 문제를 설명할 수 있는가에 대해 의문을 제기한다. 이런 경우 도서관에서 관련 자료를 면밀히 찾아보면 그 의문이 알 수도 있지만 항상 그런 것은 아니다. 의문(질문)에 대해 면밀한 탐색(careful search)을 마친 후에도 설명할 수 없다면 그 분야의 지식에 캡(cap)이 존재한다는 것을 발견하게 된다. 이것이 바로 조사가 절실히 필요한 이유다. 기존 문헌에 캡이 있다는 것, 즉 알려진 것보다는 알려지지 않은 것이 더 많다는 것은 의문이 많은 사람들에게는 매우 흥미로운 일이다. 그런데 완전히 알려져 있다거나 설명이 더 필요하지 않은 인간과 사회에 관련된 문제란 사실 별로 없다. 따라서 사회복지사가 과학적 지식을 축적하고 효과적인 실천기법을 개발하는 일에 의미 있는 기여를 할 수 있는 기회란 무한하다고 할 수 있다.

제4절 사회복지조사의 한계점

사회과학은 자연과학에 비해 연구자들이 연구하는 데 있어 많은 장애요인들이 발생한다. 구체적인 내용을 살펴보면 다음과 같다(최세영 외, 2017).

1. 경험적 인식의 제한

인간이 일상생활에서 습득하게 되는 지식의 경우 대부분 인간이 가지는 한계로 인한 오류가 발생하게 된다. 이는 인간의 경험적 인식이 매우 제한적이기 때문이다(Rubin & Babbie, 2007). 예를 들면, 어제와 오늘 만났던 사람들의 옷 색깔과 스타일을 구체적으로 기억하기 어렵다. 또한 특정 장소에 방문한 후 그 장소에 대한 기억은 사람들마다 조금씩 다르다. 그 장소를 방문한 계절, 시간, 동행 여부, 목적에 따라 장소에 대한 묘사는 달라진다. 이는 바로 인간의 경험적 인식에 한계가 있기 때문이다. 사회복지조사의 경우도 조사자에 따라서 동일한 현상을 다르게 인식하는 경우가 있다.

2. 개인의 가치와 선호로 인한 제한

사회복지조사를 통해 알고자 하는 대상, 즉 연구의 대상은 인간과 사회이며 그 사회 속에서 일어나는 다양한 현상들이다. 따라서 사회복지조사를 하는 과정 중에 연구자의 가치판단이 개입할 수밖에 없는 한계를 가진다. 예를 들어, 비행 청소년에 대해 접근하고자 할 때, 과연 어떤 행동을 청소년의 비행으로 볼 것인지, 어느 정도의 문제행동을 보였을 때 비행으로 볼 것인지에 대한 판단이 필요하다. 이러한 판단은 연구자의 관점과 가치에 따라 전혀 다르게 이루어질 수 있다. 과학적 방법은 사회복지조사가 가지고 있는 이러한 한계를 극복하기 위해 조사자의 가치가 개입되지 않도록 구조화된 절차와 체계적인 접근을 시도하지만 사회복지의 특수성으로 인해 가치개입의 문제를 극복하는 데는 어려움이 존재한다.

3. 시간적·비용적·지리적 요인에 따른 제한

사회복지조사는 현실적으로 실현 가능해야 하는 경험적 과정이다. 사회복지조사가 이루어지는 사회복지실천 현장의 경우 다음과 같이 시간적 비용적 지리적 제약이 존재한다(이창희 외, 2007).

첫째, 시간적으로 제한을 받는다. 사회복지조사는 일정 기간 동안 수행된다. 따라서 제한된 기간 내에 과학적 절차를 수행하여 조사의 목적을 이행해야 한다는 제한이 따른다.

둘째, 비용적인 제한이 존재한다. 사회복지조사는 예산 제약적이다. 따라서 투입되는 인력과 조사대상, 조사기간 등에 대해 상당한 비용을 지불하여야 하며, 이러한 비용은 계획된 예산의 범위 내에서 실시되어야 한다.

셋째, 지리적 제한이 있다. 사회복지조사는 일정한 지역 내에서 이루어지기 때문에 지리적으로 제한이 따른다. 따라서 전국구를 대상으로 조사가 이루어져야 하는 연구문제의 경우 표본의 대표성 문제가 제기될 수도 있다.

4. 정치적·문화적·사회적 요인에 따른 제한

사회복지를 위한 연구방법 중 조사는 그것에 있어 필수적인 수단이지만, 여러 가지 사회적 요인의 영향을 받는다. 중세, 근대, 현대에 이르기까지 조사의 결과는 논리적 타당성이나 합리적인 이유뿐만 아니라, 당시의 지배적 사상과 이념 때문에 수용되기도 하고 거부되기도 하였다. 갈릴레이의 지동설과 다윈의 진화론 등이 그 예이다. 이것은 조사가 비록 진리를 추구하기 위한 노력이지만 사회는 항상 이러한 여건을 보장할 만한 준비가 되어 있지 않다는 것을 의미한다.

또한 사회복지조사는 정치적 목적에서 자유롭지 못하다. 예를 들어, 정부의 새로운 사회복지프로그램이나 정책의 효과성을 연구하는 정부 기관 산하기관 연구원들의 경우 새로운 접근법에 정부가 추진하는 복지정책의 방향을 반영하는

데 집중한다(Rubin & Babbie, 2001). 이러한 정치적 제한성은 연구문제에 관한 연구자의 가치관이 그 문제를 정의하는 방식에 영향을 미칠 수 있으며 이것은 대상자를 규정하는 범위도 제한할 수 있다.

연습 문제

1. 사회복지조사의 특징에 관한 설명으로 옳지 않은 것은?

① 빈곤격차 해소를 위한 사회구조의 재구성은 사회개량적 특성에 해당된다.

② 과학적 특성으로 사회복지조사는 사회복지 분야의 전문성과 과학성을 주장하고 이를 입증할 수 있는 과학적 방법이다.

③ 프로그램이나 대안이 복지욕구에 적합한 것인지 시험해 봐야 하는데 조사를 통해 프로그램의 상호작용과 상관관계를 분석해 봄으로써 간접적으로 시험할 수 있다.

④ 사회복지조사의 하나인 욕구조사는 대상자 선정과 욕구의 종류 및 수준을 파악함으로써 사회복지 서비스를 계획적으로 제공할 수 있도록 도와준다.

⑤ 사회복지 전문가들은 사회복지의 과학적 실천 활동에 대한 체계적 지식을 수집하기 위한 수단으로 조사방법을 활용한다.

✍ 해설: 사회복지조사의 유용성은 첫째, 사회복지의 과학적 기초를 구성한다. 둘째, 과학적 실천을 가능하게 한다. 셋째, 사회복지이론과 기술체계 구축에 유용하다. 즉, 사회복지 전문가들은 사회복지의 과학적 실천 활동에 대한 체계적 지식을 수집하기 위한 수단으로 조사방법을 활용하는 것은 과학적 실천을 가능하게 하는 내용에 해당된다.

2. 사회복지조사를 실시하는 데 있어 다양한 한계점이 있는데 이에 대한 설명으로 옳지 않은 것은?
① 사회복지조사는 철저히 객관성을 유지하기 위해 사회적요인으로부터 자유로워야 한다.
② 인간이 경험적으로 인식할 수 있는 대상이 한정되어 있기 때문에 인식의 제한성으로 인한 오류가 가능하다.
③ 사회복지조사 연구는 시간적 제한성이 있다. 가급적 연구에 맞는 기간을 산정하여 연구를 실시하는 것이 바람직하다.
④ 사회복지조사 연구는 제한된 지역 내지 공간에서 이루어지기 때문에 지역에 대한 제시를 하여야 한다.
⑤ 비용적 제한성이 있다. 지나치게 비용적 낭비가 예상되는 조사는 실시하지 않는 것이 좋다.

✍ 해설: 사회복지조사는 기본적으로 사회, 문화적 요인의 영향을 받으며 완벽히 자유로울 수 없다.

3. 사회복지조사의 유용성에 관한 것을 모두 고르면?

A. 사회복지사의 사회적 지위를 향상시킴
B. 사회복지 이론과 기술체계 구축에 유용
C. 과학적 실천을 가능하게 함
D. 사회복지의 과학적 기초를 구성

① A. B. C ② B. C. D ③ A. C. D ④ B. C. A ⑤ B. C

✍ 해설: C: 사회복지조사가 직접적으로 사회복지사의 지위를 향상시키지는 않는다.

정답: 1. ⑤ 2. ① 3. ②

제3장 사회복지조사의 과정 및 유형

제1절 사회복지조사의 과정

1. 과학적 조사방법의 과정

사회복지조사연구는 일련의 단계를 거쳐서 이루어진다. 물론 각 단계가 독립적으로 시행되기보다는 상호작용을 하면서 그 이전 단계에 기초하여 진행되며 때로는 이전 단계로 돌아가서 수정 보완하기도 한다. 이러한 조사연구의 단계는 학자마다 달리 제시되고 있으며, 일정하게 정해진 절차는 없지만 대체로 〈그림 3-1〉과 같이 6단계를 거쳐 이루어진다.

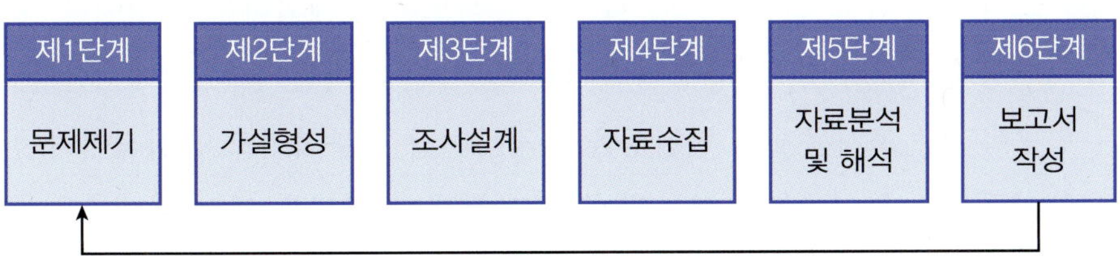

[그림 3-1] 사회복지조사의 과학적 수행과정

출처: 이창희 외(2011) 재구성.

이와 같은 조사과정에 대한 구체적인 내용을 살펴보면 다음과 같다(이창희 외, 2011; 황창순 외, 2011; 황성동, 2010; 박창제 외, 2010).

1) 문제제기(formulation of problem)

조사연구를 시작할 때는 어느 한 가지 질문이나 해결해야 할 문제에 연구자의 생각을 집중시켜야 한다. 보통 아이디어는 클라이언트에 대한 관찰, 개인적 경험, 사회적 요청, 동료와의 토론 또는 문제에 관련된 문헌을 읽다가 생기며, 연구 질문은 주로 연역적 또는 귀납적 방법을 통해서 제기된다.

다른 분야의 조사 질문과 달리 사회복지의 조사 질문은 실제 해결해야 할 클라이언트나 사회문제에서 유래한다. 그리고 일단 질문이 대략적으로 정해지면 다음 단계는 이 질문을 연구조사 할 수 있는 구체적인 질문으로 다시 전술한다.

- 일반적 질문: 아동학대를 일으키는 요인은 무엇인가?
- 조사연구 질문: 아동학대를 경험한 사람은 성인 되었을 때 아동학대자가 될 가능성이 더 많은가? 또는 아동학대자는 알코올중독자일 경향이 있는가?

2) 가설(hypothesis)

가설이란 주제에 어떤 결론을 이끌어 내기 위해 조사 가능한 구체적인 변수 간의 관계를 나타낸 것이며, 가설의 형성(Hypothesis Formation)은 선정된 조사문제를 조사 가능하고 실증적으로 검증 가능하도록 구체화하는 과정이다. 가설은 조사대상과 자료수집, 검증방법 선정에 있어 구체적인 방향을 제시한다. 가설은 연구목적과 조사문제와 일관성을 유지하면서 세부적이고 경험적이며 현실적으로 연구 가능하며, 측정 가능해야 하고 문제에 대해 구체적인 해답을 제공할 수 있어야 한다.

- 조사가설 :남편과 관계가 좋지 못한 아내는 대체로 자신의 아버지에 대한 태도가 부정적일 것이다.

3) 조사설계(developing a research design)

조사설계란 연구자가 연구문제에 대한 해답을 얻는 데 필요한 경험적 증거를 수집하기 위해 사용하는 조사연구의 계획을 말한다. 조사설계 단계에서는 앞으로 수행할 조사연구의 전반적 틀, 자료수집 및 분석방법 등에 관한 계획이 수립된다. 즉, ① 자료수집방법(설문지조사, 면접, 실험, 관찰, 내용분석, 2차 자료분석, 질적 연구방법 등)을 결정하며, ② 연구모집단, 표본 수 및 표본추출방법 등을 정하고, ③ 설문지(조사도구)를 작성한 후, ④ 설문지의 신뢰도, 타당도를 검증하며, ⑤ 분석 시 사용해야 할 통계기법 등을 결정한다. 연구문제를 설정함으로써 조사연구가 시작된다. 이 단계에서 개념들이 구체화되고, 가설 가설설정, 연구대상 선정 등이 이루어진다.

4) 자료수집(data collection)

조사설계 이후 연구자는 자료수집을 시작한다. 실제 조사를 시행하는 단계로서 양적 연구자는 매우 신중하게 자료를 기록하고 정보를 검증하고, 거의 항상 숫자형태이며, 보통 수집된 자료를 컴퓨터로 판독 가능한 형태로 변환한다. 일단 자료수집한 후 자료의 편집(자료의 정정, 보완, 삭제)과 부호화(관찰된 내용에 일정한 숫자를 부여하는 과정)가 이루어진다.

5) 자료분석 및 해석(data analysis)

조사목적과 자료의 성격에 근거하여 특징 자료분석 기법을 활용하여 자료를 분석하고 이에 기초하여 자료결과를 해석한다. 자료분석 단계에서는 통계 프로그램(SPSS 혹은 SAS)을 활용하여 통계치, 차트, 표, 그래프 등으로 자료분석 결과를 일목요연하게 제시한다. 다음으로 연구자는 그 자료에 의미를 부여하거나 해석을 한다. 분석된 자료결과에 토대해서 연구자는 연구주제와 연구 질문에 관한 배경지식과 활용된 이론으로 당초 제기된 주요 연구 질문에 답하거나 혹은 자료의 대안적 해석을 동시에 고려하기도 한다.

6) 보고서 작성(reporting)

연구결과를 객관적으로 증명하고 경험적으로 일반화시키기 위해 일정한 형식으로 기술하여 타인에게 전달하기 위한 보고서를 작성하는 것이다. 아무리 훌륭한 설계에 의해 좋은 결과를 얻었다 하더라도 그것을 다른 사람들에게 효과적으로 전달하지 못한다면 조사 자체가 무의미한 것으로 끝나 버릴 수 있기 때문에 독자들의 연령, 성별, 교육수준 등을 고려하여 그들이 쉽게 이해할 수 있도록 보고서를 작성할 필요가 있다.

제2절 연구계획서 작성

조사연구를 시행하기에 앞서 일반적으로 어떻게 조사연구를 진행시켜 나갈 것인가를 제시하는 것이 연구계획서(research proposal)이다. 연구비용이 소요되는 연구프로젝트를 실시하기 전에 대개는 연구계획서를 작성하여 제3자의 검토와 승인이 필요하다. 연구계획서는 일종의 연구의 청사진이며 설계도이다. 또한 연구계획서의 작성은 앞서 살펴본 연구절차의 과정을 한 번 더 개괄할 수 있게 한다. 연구계획서의 요소는 연구프로젝트 시행기관에 따라 다를 수 있지만 일반적으로 아래와 같은 기본적 요소들을 포함한다(Babbie, 2001).

1. 연구주제

연구주제를 선정할 시에 연구자 스스로가 그 주제에 관한 지적 호기심과 개인적인 관심이 있고, 사회적으로 부각된 쟁점으로서 학문적으로나 정책적으로 연구할 가치가 있는 사안이면 더욱 좋다. 하지만 연구주제가 아무리 개인적으로나 사회적으로 의미가 있는 주제라 할지라도 실행가능성이 없으면 소용이 없다. 그러므로 연구범위, 시간, 비용, 연구, 연구 협조자, 자료수집 가능 여부 등도 연구주제의 선정 시 고려할 필요가 있다.

2. 연구목적(필요성)

우선 연구자는 왜 이 연구주제를 선정했는지에 대한 논리적 근거와 그 중요성을 설명할 필요가 있다. 이 연구는 왜 연구할 가치가 있는가? 제안된 연구는 실천적 중요성이 있는가? 다음으로 연구필요성에 입각하여 달성하고자 하는 구체적인 연구목적(연구 질문)들을 열거한다. 정확히 연구자가 무엇을 연구하고자 하는가? 에 대한 구체적인 서술이 필요하다.

3. 문헌고찰

다른 사람들은 이 주제에 관하여 어떻게 설명하고 있는가? 어떠한 이론(연구 질문에 대한 논리적 근거)들이 연구주제와 관련이 있는가? 선행연구들은 일관성 있는 결론을 내리고 있는가 아니면 과거 연구들의 결과가 불일치하는가? 연구자가 수정이 필요하다고 생각되는 기존연구의 방법론적 문제점과 이의 개선의 여지는 있는가? 기존연구는 연구자가 지금 하고자 하는 연구와 이론과 방법론적 차원에서 어떠한 관련성이 있는가? 등을 꼼꼼하게 검토해야 할 필요성이 있다.

4. 연구방법

전체적인 연구방법이 무엇인지를 밝히고, 연구대상이 누구이며 이들을 뽑는 과정을 설명하되, 주요한 개념(변수)들은 무엇인지 제시하고 그것을 어떻게 측정할지를 설명한다. 아울러 수집된 자료를 어떻게 분석할 것인가에 대한 설명이 주어져야 한다.

1) 연구대상

자료를 수집하기 위하여 연구자는 누구를 혹은 무엇을 연구할 것인가? 첫째로 일반적인 혹은 이론적 견지에서 조사대상을 밝히고, 다음으로 보다 실제적인 견지에서 연구를 위해 누가 이용가능하고 어떻게 그들에게 접근할 것인가를 확인한다. 표본을 선정하는 것이 적합한 것인가? 그렇다면 어떻게 표본을 선정할 것인가? 연구가 연구대상에게 영향을 미칠 가능성이 있다면 연구자는 어떻게 연구가 그들에게 해를 끼치지 않는다는 것을 보장하는가? 등에 관하여 논의되어야 한다.

2) 자료수집방법

연구자는 실제적으로 어떻게 자료를 수집할 것인가? 실험조사 혹은 설문조사를 할 것인가? 현장조사를 실시할 것인가? 아니면 다른 사람에 의해 이미 만들어진 통계의 재분석(이차분석)에 초점을 둘 것인가? 등에 관하여 결정할 필요가 있다. 아마 연구자는 한 가지 방법 이상을 활용할 수도 있을 것이다.

3) 측정

하고자 하는 연구에서의 주요 변수는 무엇인가? 그 변수들을 어떻게 정의하고 측정하겠는가? 연구자의 정의와 측정이 이 주제에 관한 이전의 연구들의 그것과 동일한가 아니면 다른가? 등이 이 부분에서 다루어진다. 뿐만 아니라 여기에서 연구자는 스스로 측정도구(예: 설문지)를 개발하든지 혹은 다른 사람에 의해 이전에 개발된 어떤 것을 사용할지를 결정할 필요가 있으며, 어느 쪽이든 간에 연구계획서의 부록에 측정도구인 설문지를 첨부하는 것이 바람직하다.

4) 자료분석

연구자가 계획하고자 하는 분석의 종류를 사전에 제시하여야 한다. 연구자의 분석의 목적과 논리를 구체적으로 서술하면서 연구자는 조사하고자 하는 현상에 관한 정확한 기술에 관심이 있는가? 혹은 연구자는 왜 조사하려는 현상이 지금 방식대로 존재하는가를 설명하고자 하는가?에 대한 규정이 이 부분에서 이루어져야 한다.

5. 기대효과

연구자는 이 연구의 결과가 학문적으로나 사회적으로 기여가 예상되는 바를 서술한다. 연구자의 연구결과가 후속 연구에 이론적 혹은 방법론적으로 어떻게 기여할 수 있는지에 대한 그리고 연구자의 연구결과로 확보된 지식이 어떻게 관련 정책에 반영될 수 있는지에 대한 논리적 근거를 제시한다.

6. 연구일정

다양한 연구단계(절차)에 대한 일정을 제공하는 것이 바람직하다. 연구자가 몇 가지 연구단계를 완성할 시간계획을 가지고 어떻게 진행되고 있는가를 확인하지 않는다면 연구자는 추후 어려움에 직면하게 될 수 있다.

7. 소요예산

연구비용을 지원받아 연구프로젝트를 하는 경우에 연구자는 연구비용이 어떻게 소요될 것인가에 관하여 명시하는 예산표를 제공할 필요가 있다. 대규모 프로젝트는 인건비, 장비, 사무용품, 통신비, 우편료 등의 예산항목을 포함한다. 연구자 스스로 부담하는 연구일지라도 소요가 예상되는 비용(예: 사무용품, 복사, 컴퓨터용품, 전화비, 교통비 등)을 사전에 계획하여 적재적소에 예산을 소비하는 것이 바람직하다.

《연구계획서 작성 연습》

"노인 자살의 이해와 노인복지실천 과제"라는 연구주제로 아래사항을 참고하여 연구계획서를 작성해 보십시오.

◎ 연구필요성(배경)
- 노인 자살의 심각성 고조(노인자살 통계현황 제시)
- 타 연령층(특히 청소년층)에 비해 기존연구(이론적 및 실천적 차원)의 불충분성

◎ 연구목적(연구 질문)
- 노인자살의 사회적, 심리적 요인은?
- 노인자살과 주요 노인문제와의 관련성은?
- 노인자살에 대한 실천적 대응방응은?

◎ 문헌고찰
- 노인자살(생각 및 행위) 관련 주요 국내 · 외 문헌을 일괄 정리하고 주요동향을 기술함

◎ 연구대상(조사대상)
- 특정 지역에 거주하는 65세 이상 노인들 중 일정 대상자 선택

◎ 자료수집방법
- 설문지조사법(예: 노인을 대상으로 자살생각의 경험 정도를 조사함)
- 내용분석법(예: 지난 10년간 주요 일간지에 보도된 노인자살기사 내용분석)

◎ 측정
- 노인자살의 조작적 정의와 측정방안
- 노인 자살생각의 측정도구(기존연구 활용 혹은 자체 개발)

◎ 자료분석
- 설문조사 결과의 통계분석 방법은?(예: 빈도수, 백분율, 상관계수, 회귀분석 등)
- 내용분석 결과의 분석틀은?(예: 자살의 동기와 수단 등)

◎ 기대효과
- 이 연구는 점차 증가하고 있는 노인자살의 이해를 높일 수 있는 계기가 될 것임
- 노인자살의 효과적인 예방대책 마련의 기초자료로 활용될 것으로 기대됨

◎ 연구일정
- 연구기간을 각자 정하고 매달의 연구추진계획표를 제시해 보시오
- 연구추진항목(예: 문헌고찰, 설문지개발, 자살기사분석, 설문조사실시, 자료처리 및 분석, 보고서 작성 등)

◎ 연구예산
- 연구예산을 각자 정하고 각 항목별 소요 예산표를 작성해 보시오
- 예산항목(예: 연구 활동비, 연구회의비, 예비, 조사비, 유인물비, 공공요금, 도서비 등)

제3절 사회복지조사방법의 유형

사회복지조사의 유형은 다양한 분류기준에 따라 구분할 수 있으나(Neuman, 1991) 개별 연구에서 활용되는 사회복지조사는 다양한 조사유형으로서 특징을 지니고 있다. 본 장에서는 사회조사의 유형을 조사목적, 조사용도, 시간차원, 자료수집, 조사상황, 조사대상, 접근방법 등에 의하여 분류하면 다음과 같다.

1. 조사목적에 따른 분류

1) 탐색적 조사(exploratory research)

탐색적 조사는 연구하고자 하는 주제가 새로운 것이거나 그 주제에 대한 자료가 축적되어 있지 않은 경우, 향후 진행할 조사에 앞서 사전에 실시하는 조사를 말한다. 탐색적 조사를 실시하는 이유는 더욱 체계적으로 정확하게 조사를 설계하고 조사를 실시하기 위해 본 조사에 앞서 필요한 정보를 얻는 데 있다. 따라서 탐색적 조사는 예비조사 또는 사전조사 할 수 있으며 융통성 있게 운영될 수 있고 수정이 가능하다.

탐색적 조사는 개념규정 및 가설구성 등을 명확히 할 수 있고 본조사의 수행을 위한 준비를 할 수 있으며 해당 연구 분야에서 중요하다고 인정되는 문제에 대한 실태를 파악하기 위해서 실시된다. 탐색적 조사를 수행하는 경우에는 어떠한 지침이나 가이드가 없기 때문에 질문지를 만들고 조사를 실시하는 것 자체도 어려울 수도 있으나, 연구자는 창의적이고 유연한 사고를 가지고 유용한 정보를 최대한 얻어내기 위해서 노력해야 한다. 특히, 연구를 본격적으로 수행함에 있어서 파악하고자 하는 현상에 대하여 사전지식이 없거나 선행연구가 없는 경우에 탐색을 목적으로 하는 조사연구를 실시하게 된다.

ex) 노인 가족 동반자살 현상에 관한 탐색적 시도-신문기사 분석을 통해 탐색적 조사의 활용방법에는 문헌조사 경험자 조사, 특례조사 등 세 가지가 있다. 이를 구체적으로 살펴보면 다음과 같다(양정하 외, 2010).

(1) 문헌조사

조사대상이나 조사 분야에 대한 지식이 부족한 경우에 행하는 최초의 조사로써 관련 분야의 학술지나 통계자료집 등 2차 자료를 실시하는 방법으로 문헌조사는 문제를 규명하고 가설을 정립하기 위한 방법으로 가장 경제적이고 신속하게 수행할 수 있는 방법이다.

(2) 경험자 조사(전문가 의견조사)

조사 분야에 대한 경험이나 전문지식을 가지고 있는 사람으로부터 정보를 획득하는 방법을 의미하며, 문헌조사의 보완적 방법으로 연구를 처음으로 수행하는 초보자에게 큰 도움이 되는 방법이다. 그러나 이는 전문가의 의견으로 해결책을 찾아내기 위한 것이 아니라 전문가의 의견을 참고하기 위해 실시하는 방법이다.

(3) 특례조사

연구문제가 불완전하거나 기존의 연구 자료가 부족할 경우 사용되는 조사방법의 하나로, 본 조사의 상황과 유사한 상황을 찾아내어 분석함으로써 현 상황에 대해서 논리적으로 유추하는 것이다. 이 조사방법은 문제의 규명과 관련된 변수들의 관계를 명확히 하는데 효과적이지만 사후적 조사방법이므로 그 결과가 결정적인 것이 아니라 시사적인 의미만을 가질 뿐이다.

2) 기술적 조사(descriptive research)

기술적 조사는 특정한 상황, 사회현상 혹은 사회관계의 구체적 사실을 묘사한다. 가령, 기술적 연구는 주어진 상황에서 특정 사회현상이 어떻게 발생했는가? 또는 그 사회현상에 누가 관련되어 있는가? 등에 주목하고 그에 관하여 정확히 서술한다. 상당수의 사회조사연구가 기술적인 형태를 지닌다.

단적으로 기술을 목적으로 하는 연구자는 사회현상에 대한 실태를 있는 그대로 기술하기 위하여 조사연구를 실시한다.

ex) 대구지역 노인자살의 현황과 실태

기술적 조사의 특징을 살펴보면 다음과 같다(김치영 외, 2011).

(1) 발생빈도나 비율 등 파악

기술적 조사는 어떤 사건의 발생빈도나 비율 등을 파악한다. 즉 특정 개인이나 상황, 집단이나 지역 등의 특성에 대해 정확하게 기술하는 조사로서 예를 들면, 클라이언트의 욕구와 문제, 서비스 내용과 방법, 서비스 수혜자의 만족도 등에 대해 파악하려 할 때 기술적 조사가 활용된다.

(2) 상관성 파악

기술적 조사는 관련 변수 간의 상호관련성(긍정적 · 부정적 관계)을 파악한다. 즉 둘 또는 그 이상의 변수들 간의 관계를 파악하는 조사 등이 포함된다. 기술적 조사에서는 상관관계를 기술하는 것이지, 인과관계를 기술하는 것이 아니라는 것이다. 즉 둘 이상의 변수 간의 일정한 관계에 대한 강도를 기술할 수 있지만, 특정 변수가 다른 특정 변수에 영향을 미친다는 영향의 방향에 대해서는 기술할 수 없다. 기술적 조사는 상관성까지는 설명할 수 있지만, 인과성은 설명할 수 없으며, 인과성 내지 인과관계는 설명적 조사에서 파악할 수 있다.

(3) 예측성

기술적 조사는 기존의 자료에 나타난 정보를 근거로 하여 미래의 일정 시점의 구체적인 상황을 예측하는 데 사용된다. 즉 관심의 대상인 변수의 미래상황을 이와 관련이 있는 변수의 변화를 통해 개략적으로 예측한다. 그러나 보다 정확한 예측은 설명적 조사에서 회귀분석 등을 활용한 인과관계 조사를 통해 이루어진다.

3) 설명적 조사(explanatory research)

설명적 조사는 사회적 행위, 신념, 혹은 사건의 원인(요인)을 규명한다. 설명조사의 대부분은 이론이나 가설을 검증하는 과정에서 연구구제인 사회현상의 발생 원인을 파악해 나간다. 설명조사는 탐색적 그리고 기술적 조사에 기초해서 이루어진다. 결론적으로 설명적 조사는 사회현상을 단순히 기술하는 것을 넘어서 왜 그 현상이 발생했는지에 대하여 해답을 제시하려는 경우에 실시되는 조사연구이다(황창순 외; 2011).

ex) 한국노인의 자살생각에 미치는 영향 요인에 관한 연구

2. 조사용도와 응용정도에 따른 분류

연구자가 조사를 어디에 활용하기 위해서 실시하는가에 따라 순수조사(기초조사)와 응용조사, 평가조사로 분류할 수 있다(채구묵, 2012).

1) 순수조사(pure research)

순수조사 또는 기초조사는 사회현상에 대한 이해, 지식탐구 및 이론체계 구축 등 순수한 학문적 목적을 위한 조사방법으로, 조사결과를 어떤 상황에 활용하기 위한 것이 아니며, 사회문제의 해결에 직접적으로 기여하지 못할 수도 있다. 그러나 순수조사를 통해 얻어지는 기본지식이나 원리, 이론 등은 다양한 상황이나 문제를 해결하는 데 적용될 수도 있다.

예를 들어 청소년 비행의 발생 원인에 대한 연구는 청소년 비행 원인에 대한 순수조사를 통해서 기능주의자들은 사회결속력의 약화가 원인이라는 것을 밝히고 있으나, 이 결과는 청소년 비행을 예방하고자 하는 경찰이나 정부 담당자에게 직접적으로 해결책을 제시하지는 못한다. 그러나 이러한 연구는 청소년 비행의 발생에 관한 새로운 이론을 제시하거나 기존 이론을 지지 또는 부정함으로써 청소년 비행의 예방대책을 강구하는데 방향을 제시하는 등 간접적으로 도움을 제공할 수도 있다.

2) 응용조사(applied research)

응용조사는 특수한 사회적 문제를 해결하기 위한 정보를 얻는 데 있다. 따라서 기업체, 정부, 병원, 교육기관, 사회복지기관 등에서 정책수립을 위해 많이 사용하고 있다. 한편 사회복지시설에서 많이 실시되고 있는 욕구조사도 응용조사의 한 형태이다. 예를 들어 사회복지시설에 청소년을 위한 프로그램으로 어떤 프로그램을 개설하는 것이 좋을까, 노인복지시설에 여가선용 프로그램으로 어떤 프로그램을 개설하는 것이 좋을까, 청소년 비행에 대해 처벌을 강화하는 것이 청소년 비행을 줄이는 데 효과가 있을 것인가, 수업방법으로 토론방법을 채택했을 때 학습효과를 올릴 수 있을 것인가, 3시간 수업을 한 번에 3시간 하는 경우, 두 번에 걸쳐 2시간과 1시간을 하는 경우, 1시간씩 3회 하는 경우 어느 것이 가장 효과적인가 등이 이에 해당한다.

순수조사와 응용조사를 비교해 보면 〈표 3-1〉과 같다.

〈표 3-1〉 순수조사와 응용조사의 비교

구분	순수조사	응용조사
정의	사회현상에 대한 지식이나 이론 자체를 획득하려는 조사	조사결과를 문제해결과 개선을 위해 실질적으로 적용하려는 조사
조사 동기	연구자의 지적 호기심 충족	조사결과의 실질적 활용
특성	실천현장에 대한 응용정도가 낮음	실천현장에 대한 응용정도가 높음

출처: 김갑용 외(2011).

3) 평가조사(evaluation research)

응용조사의 대표적인 형태로서 최근 사회복지분야에서 책임성의 강조와 관련하여 중요시되고 있는 조사라 할 수 있다.

평가조사는 어떠한 정책이나 프로그램이 시행되고 있는 경우 그것을 계속해서 실시해야 하는가, 수정해서 실시해야 하는가, 아니면 중단하고 새로운 방안을 모색해야 하는가를 판단하기 위한 근거를 마련하는 데 활용될 수 있는 조사를 말한다. 즉, 평가조사란 사회복지실천현장에서 시행되고 있는 정책이나 프로그램, 제도 등을 대상으로 효과성과 기여도 등을 평가함으로써 향후 이러한 정책이나 프로그램의 시행과 관련된 제언을 마련하기 위한 목적으로 수행되는 조사방법이다. 예를 들어 직업훈련이 실직자의 전문적 기술향상과 재취업에 실질적으로 기여하고 있는가, 사회복지기관이 프로그램들이 제대로 성과를 거두고 있는가, 등을 조사하는 것이 이에 해당한다.

3. 시간차원에 따른 분류

조산연구의 유형을 시간적 차원을 기준으로 횡단적 조사, 종단적 조사 그리고 유사종단조사로 구분하면 다음과 같다(김치영 외, 2011).

1) 횡단적 조사(cross-sectional study)

횡단적 조사는 사회복지분야에서 널리 사용된다. 일정 시점에서 인구의 횡단에 대한 다수의 분석단위에 대한 자료를 수집하는 조사 방법이다. 여기서 횡단(cross-section)이라고 하는 것은 서로 다른 연령, 교육수준, 소득수준, 인종, 종교 등 광범위한 사람들의 표본추출을 의미한다. 다시 말하면, 횡단적 조사는 어떤 현상을 연구하려고 할 때 시점 조사를 통하여 여러 부분 즉, 연령, 계층, 성 등의 변화를 이해하려는 조사에 적용하는 방법으로 표본조사를 행한다. 주로 조사대상이 되는 모집단에서 추출된 표본으로부터 자료를 얻어 단 한 번의 측정으로 이루어지며 상이한 특성을 가진 집단들 사이의 측정치를 비교함으로써 의미를 찾는 것이 그 목적이다. 가장 많이 행해지는 대표적인 것이 각종 여론조사이다.

횡단적 조사의 단점은 조사하려고 하는 현상들이 시간에 따라 변할 수 있다는 점이다. 그래서 인과관계를 명확하게 확인하는 데는 일정한 한계가 있다.

ex) 청소년의 비행현황과 비행유형별 특성에 관한 연구-2009년 시점을 기준으로

2) 종단적 조사(longitudinal study)

종단적 조사는 횡단적 조사의 단점을 해결하기 위하여 시간의 변화에 따른 조사로서 현상을 일정 기간에 걸쳐 반복 조사하는 것이다. 즉, 둘 이상의 시점에서 동일한 분석단위를 사용하여 측정을 되풀이하는 방법이다.

종단적 조사는 장기간에 걸쳐 조사대상자의 상황의 변화 또는 특정한 경향을 조사할 수 있다는 점이 장점인 반면에 장기간 여러 시점에서 조사가 이루어져야 하기 때문에 상대적으로 비용이 많이 드는 단점이 있다.

종단적 조사를 통해 수집된 자료는 주로 변화분석에 의해 분석된다. 이는 시간이 변화에 따라 연구문제와 관련된 각종 변수의 변화상황을 도표로 작성하여 변화가 일어난 원인을 분석하는 기법이다. 또한 종단적 조사는 시점을 달리하여 반복 측정함으로써 시계열 자료를 얻는데 이용할 수 있다.

ex) 청소년의 비행실태와 청소년의 비행의 발생요인에 관한 연구-지난 10년간(2010~2019)의 변화추이를 중심으로

(1) 시계열(추이) 조사(time-series study)

시계열 조사는 특정 연구대상의 변화를 여러 시기를 두고 관찰, 비교하는 조사방법이다. 즉, 어떠한 광범위한 인구 집단 속에서 시간에 따라 일어나는 변화를 조사하는 것이다. 이때 조사대상자는 매번 동일하지 않아도 된다.

ex) 노인 치매 환자의 부양의식의 변화에 관한 연구- 장년층을 중심으로(1960년대부터 2010년대까지)

(2) 코호트(동년배) 조사(cohort study)

코호트조사는 특정한 기간 동안 유사한 생애경험을 공유하는 사람의 범주에 초점을 둔다. 보통 활용되는 범주는 동시대에 출생한 모든 사람(출생코호트), 동일한 시점에 고용된 모든 사람들, 특정 연도에 졸업한 모든 사람들을 이처럼 코호트조사는 공통된 생애사건을 경험한 사람들이나 동시대에 태어난 사람들을 대

상으로 두 번 이상의 시점에서 조사연구를 실시하는 것이다.

ex) 베이비부머(baby-boomer) 세대들의 노인부양의식의 변화에 관한 연구

(3) **패널조사**(panel study)

패널조사는 연구자가 다양한 시점을 통하여 정확히 똑같은 사람, 집단, 혹은 조직을 관찰하는 것으로서 종단적 연구의 가장 강력한 형태이다. 단기간의 패널조사조차도 연구하고자 하는 현상의 인과적 관계의 규명을 심도 있게 할 수 있다. 이와 반면에 패널조사는 시계열조사보다 수행하기가 어렵고 비용이 매우 많이 든다. 또 패널조사는 동일한 표본을 대상으로 여러 차례에 걸쳐 반복적으로 조사하는 것이므로 시간이 지남에 따라 조사대상을 추적하는 일이 종종 어려움에 직면하게 된다. 왜냐하면 어떤 조사대상자는 사망했거나 주소불명으로 찾을 수 없기 때문이다.

ex) 한국복지패널조사연구

〈표 3-2〉 횡단조사와 종단조사 비교

횡단조사	구 분	종단조사
• 집단 간 특징비교	목적	• 시간경과에 따른 변화추세분석
• 단 1회 조사	조사 횟수	• 반복적인 조사
• 현황조사 • 상관적 연구 설계	종류	• 시계열 조사 • 코호트 조사 • 패널조사
• 자료수집 용이 • 신속하고 저렴하다 • 유사연구와 비교 기능	장점	• 측정대상의 시간경과에 따른 변화를 알 수 있다
• 측정대상의 변화를 알 수 없음	단점	• 상당한 비용과 시간 소요 • test-wise 효과

4. 자료수집방법에 따른 분류

연구자들은 한 가지 혹은 그 이상의 구체적 방법을 활용해서 자료를 수집한다. 어떤 방법들은 연구 질문 혹은 주제를 다루는 데에 효과적이다. 연구 질문에 보다 적합한 자료수집방법을 선택하는 일에는 기술, 훈련, 그리고 창조성을 요구한다. 자료수집방법은 크게 양적 방법과 질적 방법으로 구분되며 구체적인 내용을 살펴보면 다음과 같다(황창순 외, 2011).

1) 양적 자료수집(quantitative research)

양적 자료수집방법에는 실험, 설문조사, 내용분석 그리고 기존 통계자료활용 등이 포함된다.

(1) 실험(experiment)

실험연구는 자연과학연구에서 발견되는 논리와 원칙을 따른다. 연구자는 상황조건을 만들어서 참여자들에 대한 그들의 영향을 조사한다. 연구자는 비교적 적은 수의 사람과 정교한 연구 질문으로 실험실이나 실제 삶의 현장에서 실험을 수행한다. 실험연구는 설명적 연구에 가장 효과적이다. 전형적인 실험에서 연구자는 사람들을 두 개 혹은 그 이상으로 나눈다. 이후 양 집단을 똑같이 하되 단지 한 집단에만 처치(치료)가 주어지고 다른 집단은 주어지지 않는다. 연구자는 양 집단의 반응을 정확히 측정한다. 양 집단의 환경을 통제하고 단지 한 집단에만 치료함으로써 연구자는 집단 반응에서 어떠한 차이가 치료만으로 기인한 것인가를 결론 내린다.

ex) 우울증 노인집단에 대한 원예치료의 효과성 연구-일반 노인집단과의 비교를 통하여

(2) 설문조사(survey)

설문조사 연구자는 설문지를 이용하여 조사대상자가 스스로 자신의 반응을 기입(우편 혹은 자기기입 조사)하거나 혹은 조사자(면접자)와 피조사자(응답자)

와의 면담내용을 조사자가 직접 기록함으로써 자료를 얻어내는 방법이다. 연구자는 실험조사와는 달리 상황이나 조건을 조작하지 않는다. 질문에 대한 응답을 전형적으로 빈도수, 백분율, 표, 혹은 그래프로 요약한다.

설문조사는 대부분 기술적 혹은 설명적 조사연구로 활용된다. 설문조사 연구자는 종종 선택된 조사대상(표본)을 활용하지만, 그 결과는 선택된 조사대상이 속한 더 큰 집단(모집단)에 일반화하려 한다. 현재 설문지조사연구는 다양한 분야에서 매우 광범위하게 활용된다.

ex) 대구시 노인의 생활만족도 및 복지욕구 조사

(3) **내용분석**(content analysis)

내용분석은 문서나 상징적 자료(예: 그림, 영화, 노래가사 등)에서 연구목적과 관련된 정보나 내용을 조사하기 위한 방법이다. 연구자는 내용분석에서 먼저 분석할 일단의 자료(예: 책, 신문, 영화) 등을 찾아내고 그 이후 연구하고자 하는 내용을 기록하기 위한 체계(분석틀)를 만든다. 이 체계는 특정 단어나 주제가 얼마나 자주 등장하는지를 셈하여 수량화하는 것을 포함한다. 마지막으로 연구자는 자료에서 최종 확인된 것을 기록한다.

연구자는 종종 내용의 정보를 셈한 숫자로 측정하고 그것을 표나 그래프로 제시한다. 이 방법은 연구자로 하여금 자칫 주목받지 못할 수 있는 방대한 양의 내용의 주요 특성을 일목요연하게 파악할 수 있도록 한다. 내용분석법은 기술적 조사연구에 주로 활용되고 있다.

ex) 노인대상 원예치료 연구의 현황과 과제-관련 학술지와 학위논문 분석을 통하여

(4) **기존 통계자료 활용**(existing statistics)

기존 통계자료 조사연구에서, 연구자는 종종 정부보고서 혹은 이전에 수행된 설문조사의 자료결과로 수집된 정보에 기초하여 연구자가 의도하는 연구목적을 달성하기 위하여 새로운 방식으로 정보를 재조직하거나 결합한다. 때때로 기존의 양적 정보는 연구자가 다양한 통계절차를 활용해서 재분석 한 후 연구 자료

로 활용한다. 기본 통계자료 조사연구는 탐색적, 기술적, 혹은 설명적 목적으로 모두 활용될 수 있지만 기술적 조사형태로 가장 빈번하게 활용된다.

ex) 장애노인의 유형별 현황과 특성-전국장애인 실태조사의 재분석을 통하여

2) 질적 자료수집(qualitative research)

질적 자료수집방법에는 현장조사연구와 비교역사조사연구가 그 대표적인 예이다.

(1) 현장조사연구(field research)

대부분의 현장조사 연구자는 일정 기간에 걸쳐서 소집단이나 그 구성원을 관찰하는 사례연구를 수행한다. 현장조사 연구자는 대략적으로 형성된 아이디어나 주제로 시작해서 연구를 위한 사회집단 혹은 자연환경을 선택하여 접근허락을 부여받고 주어진 집단이나 환경에서 특정한 사회적 역할을 가지고 조사대상을 자세히 관찰한다. 연구자는 연구대상자와 개인적인 친분이나 소개로 만나서 서로 알기 시작하여 이들의 협조로 개방형 질문과 비공식적 면담을 실시하며, 이들과의 면담내용을 매일매일 상세하게 기록한다. 조사현장에서 돌아온 후 연구자는 기록한 노트를 주의 깊게 다시 읽어보고 연구보고서의 작성을 준비한다. 현장조사는 대부분 탐색적 혹은 기술적 연구를 위해 활용되지만 설명적 연구를 위해서는 거의 사용되지 않는다.

ex) 노인공동체 마을에서의 노인들의 상호작용과 삶의 의미에 대한 연구-참여관찰을 통하여

(2) 비교역사조사연구(historical-comparative research)

비교역사조사연구는 과거 역사시대 혹은 상이한 문화에 걸쳐서 사회생활의 측면을 조사한다. 이 방법을 활용하는 연구자는 특정 역사시기나 여러 시기에 초점을 맞출 수 있고, 한 가지나 그 이상의 문화를 비교할 수 있으며 혹은 역사적 시기와 문화를 결합한 형태로 연구를 하기도 한다. 현장조사연구처럼 연구자

는 대략적으로 형성된 질문으로 시작하여 연구과정을 거쳐 나가면서 점차 정교화시켜 간다. 연구자는 종종 연구를 위해 기존 통계자료와 각종 문서(예: 소설, 공식보고서, 책, 신문, 일기장, 사전 등)를 포함하여 일련의 광범위한 증거를 수집한다. 이뿐만 아니라 연구자는 직접 관찰을 하기도 하고 면담을 하기도 한다. 비교역사조사연구는 탐색적, 기술적 혹은 설명적 조사 형태일 수 있으며 동시에 이러한 형태를 모두 취할 수도 있다.

ex) 우리나라 역대정부의 노인복지정책에 관한 비교 연구

5. 조사상황에 따른 분류

조사방법에 따른 분류는 실험실 실험조사, 현지실험조사, 현지조사가 있으며 구체적인 내용을 살펴보면 다음과 같다(양정하 외, 2010).

1) 실험실 실험조사(experimental laboratory study)

실험실 실험조사는 자연적 상황 속에서 발생할 수 있는 외부의 영향과 다른 변수들의 영향이 의도적으로 통제된 실험실 내 상황에서 관찰조건을 형성하여, 독립변수의 조직에 따른 종속변수의 변화를 측정함으로써 독립변수의 효과를 측정하거나 인과관계에 대한 가설을 검증하는 조사를 말한다.

2) 현지실험조사(local experimental study)

현지실험조사는 외부의 영향이나 다른 변수들의 영향을 의도적으로 통제하지 않은 실제의 자연적 상황 속에서 독립변수 조작에 따른 종속변수의 변화를 측정함으로써 독립변수의 효과를 측정하거나 인과관계에 대한 가설을 검증하는 조사이다.

3) 현지조사(field study)

현지조사는 외부의 영향이나 다른 변수들의 영향을 의도적으로 통제하지 않은 실제의 자연적 상황 속에서 독립변수의 조작 등 실험적 방법을 활용하지 않고 있는 그대로의 상태에서 다양한 변수들의 변화를 관찰하는 조사를 말한다. 주로 관찰, 면접 등의 방법이 활용되면서 조사대상의 개인적 요인과 사회적 요인을 조사하여 이들 사이의 관계를 연구한다.

6. 조사대상의 규모와 범위에 따른 분류

조사대상의 규모와 범위에 따른 분류는 전수조사, 표본조사, 단일대상조사가 있으며 구체적인 내용을 살펴보면 다음과 같다(양정하 외, 2010; 김갑용 외, 2011).

1) 전수조사(complete enumeration)

전수조사는 모집단 전체를 대상으로 실시하는 조사로, 전수조사의 경우 모집단의 특성을 정확하게 파악할 수 있다는 장점이 있지만, 현실적으로 시간과 비용이 너무 많이 들고 조사수행과정이 복잡하고 지나치게 많은 노력이 필요하다는 단점이 있다. 전수조사의 예로는 통계청에서 5년마다 시행하는 인구조사(census)가 있다.

2) 표본조사(sampling study)

표본조사는 대표할 수 있는 표본을 모집단으로부터 선발하여 이들을 대상으로 조사하는 것을 말한다. 표본을 대상으로 얻어진 결과를 추론함으로써 모집단의 특성을 살피는 표본조사를 하기 위해서는 '선정된 표본이 모집단을 얼마나 대표할 수 있는 가'라는 점이 가장 중요하다. 그리고 '표본을 어느 정도로 할 것인가' 하는 점은 조사의 내용 및 분석방법에 따라 달라진다.

3) 사례조사(case study)

사례조사는 소규모의 특정 사례를 집중적으로 조사하여 현상이나 문제를 파악하고 이를 실증적으로 분석하는 조사유형으로서 사회복지학, 심리학, 인류학 등에서 주로 활용된다. 사례조사의 장점은 소수를 대상으로 조사함으로써 조사대상의 독특한 성질을 구체적으로 서술하며 행동이나 특성의 변화와 영향을 미친 요인 사이의 관계를 파악하는 데 유용할 수 있으며, 처음부터 끝까지 조사대상의 동태적 변화나 흐름 등 자연적 상황이나 일상적 생활을 연구하는데 용이하며, 구체적 조사가 가능하며, 조사대상에 대한 종합적 이해가 가능하다.

사례조사의 단점은 조사대상이 하나 또는 소규모이기 때문에 표본의 대표성 측면에서 한계를 지니며, 자료의 신뢰성을 검증할 방법이 없다는 것, 연구의 반복수행이 어렵고, 결과를 일반화하기가 어려우며, 다른 변수에 대한 관찰 및 다른 대상과의 비교가 불가능하며, 관찰이나 기록에 있어서 표준화가 요구되기 때문에 통계적 방법의 보완을 필요로 한다는 점이다.

7. 접근방법에 따른 분류

접근방법에 따라 포괄적 조사와 집중적 조사로 분류할 수 있으며 구체적인 내용을 살펴보면 다음과 같다(김갑용 외, 2011).

1) 포괄적 조사(extensive research)

포괄적 조사는 다수의 사회적 단위를 포함한 대규모 사회 내지 사회집단에 관하여 광범위하게 횡적으로 조사하는 것을 의미하며, 전수조사 또는 표본조사가 이에 해당한다.

2) 집중적 조사(intensive research)

집중적 조사는 소규모의 사회적 단위에 대하여 다면적, 집약적으로 조사하는 것으로 사례조사가 이에 해당한다.

연습 문제

1. 종단연구에 관한 설명으로 옳지 않은 것은?(18회 기출)

① 시간 흐름에 따른 조사 대상의 변화를 측정하는 연구이다.

② 일정 기간의 변화에 대해 가장 포괄적 자료를 제공하는 것은 동년배집단연구이다.

③ 조사 대상의 추적과 관리 때문에 가장 많은 비용이 드는 것은 패널연구이다.

④ 일정 주기별 인구변화에 대한 조사는 경향연구이다.

⑤ 동년배집단연구는 언제나 동일한 대상을 조사하는 것은 아니다.

✍ 해설: 일정 기간에 걸친 변화에 대한 가장 포괄적인 자료를 제공하는 것은 매번 동일한 대상을 조사하는 패널연구이다. 패널연구는 종단연구 중 가장 강력하고 정확한 연구이기도 하다.

2. 다음 보기 사례는 어떤 조사 유형에 해당하는가?

> C중학교 2020년 신입생을 대상으로 3년에 걸친 자기개발훈련 프로그램을 실시한 후 프로그램의 장기적인 영향을 알기 위해 프로그램 참여 학생들 중에서 졸업 후 3년마다 총 3회, 매회 각 200명씩을 표집하여 후속 조사를 실시했다.

① 탐색적 조사　② 동년배집단조사　③ 경향분석

④ 횡단조사　⑤ 패널조사

✍ 해설: 특정 경험을 공유한 동일 집단 내에서 각 조 조사 시점마다 새로 표집하여 조사했으므로 동년배집단 조사에 해당한다.

- 2020년 신입생 중 프로그램에 참여한 학생들 중에서 재차 조사가 이루어졌으므로 동년배집단 조사이다.
- 3년 간격으로 3회 조사가 이루어졌으므로 횡단조사가 아니라 종단조사이다.
- 매회 동일한 200명을 조사했다면 패널조사가 맞지만, 이 사례에서는 매회 각 200명씩을 표집하여 조사 대상을 새로 구성했으므로 패널조사가 아니다.
- 조사의 목적에 따라 구분하면 프로그램이 자기개발훈련에 미치는 장기적인 영향을 규명하는 것이 목적이므로 설명적 조사에 해당한다.

3. 패널조사의 특징으로 설명이 바르지 않은 것은?
① 조직을 관찰하는 것으로서 종단적 연구의 가장 강력한 형태이다.
② 조사 대상자로부터 추가적인 자료를 얻기가 비교적 쉽다.
③ 패널조건화나 중도탈락 등으로 인해 조사의 정확도가 떨어질 수 있다.
④ 패널조사는 시계열조사보다 수행하기가 어렵고 비용이 매우 많이 든다.
⑤ 최초 패널을 잘못 구성하더라도 장기간에 걸쳐 수정이 가능하다.

✍ 해설: 패널조사는 최초 패널을 잘못 구성하면 수정하기 힘들며, 시간이 지남에 따라 여러 사정으로 중도에 대상자가 탈락하는 등의 문제가 있어 최초 패널 구성에 비용과 에너지가 많이 든다는 단점이 있다.

정답: 1. ② 2. ① 3. ⑤

제2부 조사연구와 설계

제4장 연구문제와 가설 설정

제1절 연구문제의 설정

1. 연구문제의 정의

조사연구는 그 연구에서 탐구하고자 하는 연구문제(research problem)를 설정하는 데에서 시작된다. 어떤 연구결과의 질(quality)은 처음에 제기한 질문, 즉 연구문제에 좌우된다. 왜냐하면 의문이 적절하고 합당하여야 타당한 해답을 구할 수 있기 때문이다. 조사설계, 측정, 표본추출, 자료수집에서 분석과 해석에 이르기까지 모든 과정이 연구문제와 밀접한 관련을 맺고 있다. 연구문제의 구성 또는 설정과정은 지식과 창의성을 필요로 한다.

연구자가 연구주제에 대하여 기초지식이 전혀 없으면 문제 자체를 제기할 수도 없다. 따라서 연구문제는 연구자가 연구주제에 관하여 일정한 기초지식을 가지고 있을 때 제기할 수 있다.

연구문제는 의문문 형식으로 분명하고 명확하게 진술되어야 한다. 즉 "어떤 요인들이 노인의 장기요양보호서비스 이용에 영향을 미친다."라거나 "이 연구의 목적은 장애기준의 확대가 저소득 아동의 장애파악을 증가시키는 것을 알고자 하는 것이다."라고 하지 않고 직접적으로 질문을 제기한다.

즉 "어떤 요인들이 노인의 장기요양보호서비스 이용에 영향을 미치는가?"는 것이다. 설정된 문제는 경험적 검증을 거쳐야 하기 때문에 연구자는 관심 있는 주제를 경험적 연구가 가능한 일련의 질문의 형태로 전환시킬 수 있어야 한다.

2. 연구문제의 원천

1) 일반적인 근원

연구문제의 일반적인 근원을 정리하면 다음과 같다(박창제 외, 2010).

(1) 기존지식체계

연구문제의 아이디어는 알고 있는 분야의 기존지식에서 얻는 경우가 많다. 어느 분야이건 계속 학습하고 탐구하다 보면 그 분야에서 연구주제를 얻을 수 있다. 구체적으로는 기존의 지식체계에서 부족한 부분이 있다는 것을 발견하거나, 기존의 연구결과들이 상호모순 되거나 기존 지식체계로는 새로운 사실을 설명할 수 없을 경우 이러한 문제를 해결하기 위한 연구의 주제가 설정될 수 있다.

예를 들어 '청년 실업은 청년들이 낮은 임금과 고된 노동에 대한 기피현상 때문'이라는 기존의 지식이나 인식체계에 대하여 거부감을 가질 수 있다.

낮은 임금과 고동 노동이 아니라 "미래에 대한 비전이 부족하고 전공이나 적성을 살릴 수 있는 직장이 부족해서"가 아닐까하는 의문을 지닐 수 있다. 또한 농촌거주자의 복지문제를 공부하면서 인터넷을 활용함으로써 농촌지역의 의료서비스전달체계에 획기적인 변화가 일어날 것을 알게 되었다고 하자. 그러면 인터넷을 활용한 U-Health가 농촌지역 의료서비스의 질과 접근성을 향상시킬 것인지 그렇지 않을 것인지에 대한 의문을 갖고 연구를 시작할 수 있다.

(2) 실천현장의 경험

사회복지 조사연구의 중요한 의문들은 실천현장에서 비롯되는 경우가 많다. 사회복지실천현장은 새로운 현상이나 불확실성의 문제가 끊임없이 일어나기 때문에 연구주제가 될 의문이나 아이디어가 무궁무진하게 발생한다.

전문직의 실천은 과학적 이론에 근거해야 하지만, 그렇다고 개별 실천사례들에서 나타날 것으로 예상되는 모든 문제에 대한 답을 미리 제공받을 수는 없다(김영종, 2007). 따라서 실천현장에서 나타나는 갖가지 의문들에 대한 답을 추구하려는 노력이 조사연구문제의 형성으로 귀결된다. 사회복지실천현장의 의문이나 아이디어가 과학적 연구방법으로 해답을 구할 수 있다면, 이는 사회복지전문직의 기술 향상뿐만 아니라 나아가서 사회복지 일반지식의 발전을 가져올 수 있다.

(3) 사회적 요청

정부나 민간기관, 각종 연구재단이나 사회단체에서 특정의 연구문제에 대한 경험적 조사연구를 요청하는 경우를 말한다. 대체로 정치 · 경제 · 사회적 문제의 해결방안을 모색하기 위한 정책과제인 경우가 많다. 이럴 때 연구주제는 연구자가 정하는 것이 아니라 연구를 요청한 기관에서 제시하게 된다. 그러나 이렇게 사회적 요청에 의하여 연구가 시작하는 경우에도 문제가 분명하게 정의되어 있는 일은 드물기 때문에, 연구주제를 경험적 연구가 가능한 연구문제로 전환시키는 과정을 거치는 경우가 많다.

(4) 개인적 경험

개인이 일상생활이나 직장생활에서 겪은 경험을 토대로 연구주제를 정할 수 있다. 사회복지 조사연구의 중요한 의문들은 실천현장에서 비롯되는 경우가 많다. 예를 들어 자신이 근무하는 사회복지기관에서 여성보다 남성의 승진이 빠르다는 것을 관찰했다면, 이러한 사실이 성차별로 인한 것이 아닐까? 라는 의문을 가지고 연구주제를 정할 수 있다.

그러나 개인적 의문은 주관성이 강해서 특정 자료를 선호하거나 결과해석에 감정개입의 위험성이 있다. 따라서 이러한 개인적 경험성에서 얻은 의문은 과학적 조사연구의 대상이 되기 어렵다는 주장도 있다(김영종, 2007).

2) 문헌조사

연구문제를 정리하고 연구전략을 고려하는 데는 그 연구주제에 대해서 어떤 것들이 이미 알려져 있는지를 확인해 내는 것이 중요하다. 문헌조사는 이러한 목적에 가장 적절하다. 전문서적이나 학술잡지 등과 같은 문헌들을 찾아보는 것을 문헌조사(문헌연구 혹은 문헌검토, literature review)라 한다.

문헌조사는 전문잡지, 논문집, 전문기관이 발행하는 문헌 및 자료 등을 필수적으로 검토해야 한다. 문헌조사를 위해 가장 중요한 자원은 도서관이다. 따라서 연구자는 도서관의 이용법에 대한 충분한 숙지가 필요하다. 도서관 이용의 전통적인 방식인 인명, 연도, 주제, 서명별 색인 카드를 사용하는 것에서부터, 최근에는 컴퓨터를 활용한 자료 찾기가 대부분의 도서관에서 활용되고 있으므로 그에 대한 간단한 숙지 등도 필요하다. 인터넷(internet)을 통한 자료 찾기의 방법들도 매우 유용하게 활용될 수 있다. 주로 웹 방식에 의해 공개되어 있는 문헌자료들과 손쉽게 얻을 수 있는 귀중한 자료들도 많다.

그렇다면, 왜 문헌조사를 해야 하는가? 그 이유를 몇 가지 살펴보면 다음과 같다(김범종, 1988; 양정하 외, 2010 재인용).

첫째, 새로운 아이디어를 발견하기 위해서이다.

문헌조사를 통해 기존의 관행이나 이론적 논의에 대한 고찰을 통하여 자신의 연구주제와 관련된 새로운 시각을 발견할 수 있다.

둘째, 이미 알려진 지식에 대한 확인이다.

즉, 이미 연구된 내용이나 현재까지의 연구진행 상황을 확인함으로써 연구의 중복을 피하거나 연구주제와 관련된 가정이나 명제들에 대한 확인이 필요하다.

셋째, 주제와 관련된 분야의 개념적 틀을 규명하기 위함이다.

기존연구들의 개념적 틀과 연구자의 개념적 틀의 연결성의 검토를 통하여 연구자의 연구가 이론적 체계 안에서 차지하는 위치의 파악과 공헌도의 평가, 공헌도는 기존의 개념적 틀의 확장 정도에 의해 평가될 수 있다.

넷째, 연구방법론에 대한 지식을 획득하기 위함이다.

선행연구들의 연구 설계, 측정도구, 자료획득 방법, 분석방법 등에 대한 검토를 통하여 연구의 실행상 발생할 수 있는 문제점과 이를 해결할 수 있는 방안에 대한 정보를 얻을 수 있다.

다섯째, 연구 가능성을 평가하기 위해서이다.

선행연구들에서 활용된 자원, 시간, 대상, 협조자, 설비, 도구, 분석 패키지 등의 활용 가능성에 대한 평가를 통하여 이를 충족시킬 수 있는지의 여부를 평가해 볼 수 있다.

3) 연구문제의 선정기준

사회복지는 인간의 욕구를 충족시키고 사회적 문제를 해결하려는 제도적 노력이기 때문에 개인적으로나 사회적으로 관심의 대상이 되는 크고 작은 문제들이 매우 많다. 사회복지조사에서는 이들 문제를 모두 다 다루는 것이 아니라 그러한 문제들 중 연구의 가치가 있다고 판단되는 문제만 선정하여 다루고 있다. 따라서 연구문제의 주제를 선정하는 데는 독창성, 경험적 검정가능성, 윤리적 배려 그리고 현실적 제한 등의 기준을 준수하여야 할 필요가 있다(김기원, 2001; 김치영 외, 2011, 재인용).

(1) 독창성(originality)

연구문제는 독창성이 있어야 한다. 여기서 독창성이란 기존의 것을 답습하거나 그대로 전달하지 않고 기존의 것과는 전혀 다른 새로운 관점이나 견해를 제시하거나 또는 기존의 것을 비교분석하거나 재구성하는 것을 말한다. 사회복지조사에서의 연구문제는 지금까지 만족스러운 해결 방안이 제시되지 않은 문제를 설정하여야 한다. 따라서 이미 사회적으로 널리 수용되고 검증된 이론이나 해결책을 설명하고 전달하고 교육하는 활동은 이를 독창적인 활동이라고 인정하기 어렵기 때문에 연구문제를 창안하는 활동과는 구분이 된다. 이것은 내용상의 창의성과 방법론상의 창의성으로 구분될 수 있다.

(2) 경험적 검정가능성(empirical testability)

사회복지조사에서의 연구문제는 그 문제에 대한 해답이 가능하여야 하며 그리고 이 연구문제로부터 구체적인 가설이 도출될 수 있어야 하고, 가설에서 사용된 개념은 조작적 정의를 통해 경험적으로 측정될 수 있어야 하며, 이 가설의 진위 여부는 조사된 사실이나 자료를 토대로 경험적으로 검증할 수 있어야 한다. 즉 연구문제는 그것의 사실 여부를 어떤 기준에 의하여 판단할 수 있어야 한다는 뜻이다. 과학적 연구에서 문제가 되기 위해서는 그 문제가 제시하는 질문에 대답이 가능해야 하며, 이러한 대답은 궁극적으로는 예, 아니오로 판단할 수 있어야 한다.

(3) 윤리적 배려(ethical consideration)

사회복지조사에서 연구문제를 선정함에 있어서 윤리적인 배려 내지 도덕적 배려가 있어야 한다. 모든 조사연구자는 어떤 문제라도 연구할 권리가 있지만, 그 연구 결과는 사회구성원의 복지에 직 · 간접으로 기여하여야 한다. 연구가 개인의 사생활을 침해한다든가, 연구대상자가 신체적 정신적 피해를 볼 수 있다는 점을 염두 해 두어야 한다. 따라서 조사연구자가 처한 입장과 연구를 성공적으로 수행할 수 있는 능력 등을 고려하여 조사연구가 성공적으로 이루어질지를 타진해야만 한다.

(4) 현실성(reality)

연구문제의 해답을 찾는데 드는 시간적 · 비용적 노력, 조사인력, 장비 등과 같은 현실적인 상황을 고려해서 해답을 찾아야 한다.

이러한 기준에 의거 연구문제를 선정할 시에는 다음과 같은 사항을 고려 하는 것이 좋다(한경성, 2005).

첫째, 조사연구자가 흥미를 느끼는 주제를 선정할 것

둘째, 철저한 사전조사 및 예비조사를 거친 후 그에 대한 평가를 통하여 선택 여부 결정할 것

셋째, 개인적 경험이 있거나 사전 지식이 있는 주제를 선정할 것

넷째, 교수, 선배, 동료와 상의 후 선정할 것

다섯째, 너무 완벽한 주제를 추구하지 말 것

여섯째, 뒷받침해 줄 수 있는 이론적 배경이 있는 주제를 선정할 것

일곱째, 너무 광범위한 주제를 선정하지 말 것 등이다.

제2절 개념적 정의와 조작적 정의

연구문제가 설정되면 연구문제에 포함된 추상적 개념(concept)을 구체화하여야 하는데 이와 같은 과정을 개념화(conceptualization)라고 한다. 개념은 관찰된 사건들에 대한 추상적 표현 또는 여러 가지 사실의 간략한 표현으로 정의될 수도 있다. 즉 관심의 대상이 되는 경험세계에서의 사물, 사건 및 현상의 속성을 추상화시킨 표현이라는 것이다.

개념이란 일반적으로 개인이나 집단의 형태나 속성, 혹은 사회현상을 표현하는 데 사용하는 단어이다(한승준, 2007).

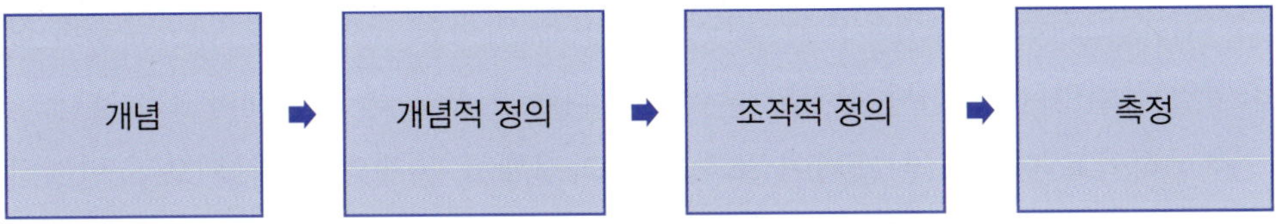

[그림 4-1] 개념의 가정

1. 개념적 정의

개념(concept)은 실질적으로 용어 · 기호로 나타나는데, 이때 그 용어에 의미를 부여하는 과정을 정의(definition)라고 한다. 개념적 정의(conceptual definition)란 하나의 개념을 사용하여 정의하는 것인데, 이는 일반적인 속성을 사전적으로 구체화하는 작업이므로 사전적 정의(辭典的 定義)로 부르기도 한다. 개념을 언어로 표현한 것을 용어(term)라고 하므로 개념과 용어의 뜻을 기술하는 것이 개념적 정의이다. 예를 들면 '키는 생물이 일어선 상태에서 몸의 길이', '행복은 심신의 욕구가 충족되어 조금도 부족감이 없는 상태', '학생은 학문과 예능을 배우는 사람'을 의미하는 표현은 한 개념을 다른 개념 또는 용어를 통하여 기술한 것이다.

사회문제의 원인을 탐구하고 문제를 해결하기 위한 경험적 연구를 진행할 때 연구자는 중요한 개념에 대해서는 반드시 개념적 정의를 하여야 한다. 사회복지 개념은 가능한 사회복지 용어사전이나 전문적인 학술지 등 관련분야에서 사용되는 개념정의를 참고할 필요가 있다(박창제 외, 2010).

2. 조작적 정의

조작적 정의(operational definition)란 개념적 수준(conceptual level) 또는 구성개념(conceptual components)들을 경험적으로 관찰(질문에 대한 응답)하기 위해 만든 측정도구로써 일련의 질문항목들을 만들어 가는 일체의 과정을 일컫는다(Nachmias, & Nachmias, 1992). 즉, 실제 세계에서 한 변수의 여러 속성을 어떻게 인식할 것인지를 최종적으로 구성하는 것이다. 이러한 조작적 정의는 일종의 창조적인 작업이다. 그러나 정확한 조작적 정의라는 것은 보통 존재하지 않는다.

추상적이고 다의적인 개념이 조작되는 과정에서 본래의 의미를 모두 반영하지 못하기 때문에 의미가 손상될 가능성이 있다. 그러므로 조작적 정의에 대한 평가는 조사연구자가 얼마만큼 조작적으로 재구성한 정의가 본래의 조작의 대상이 된 개념과 적합하게 연관되어 있느냐에 달려 있다.

좋은 조작적 정의가 되기 위해서는 다음과 같이 두 조건을 갖추어야 한다(김치영 외, 2011).

첫째, 신뢰도가 있고 재생이 가능해야 한다.

서로 다른 조사 연구들에서도 동일한 조작적 정의를 사용하면 동일한 측정이 산출되어야 한다. 신뢰도가 있다는 것은 동일한 조작적 정의를 사용하여 두 사람이 동일한 현상을 측정하게 되면 동일한 값이 산출되어야 한다는 것을 의미한다.

둘째, 타당해야 한다.

조작적 정의에 의해 측정된 결과가 실제로 측정하려고 했던 원래의 개념을 측정한 것인가이다.

이러한 조작적 정의에 대한 비판으로는 다음과 같다.

첫째, 인간의 주관적, 심리적 현상에 대한 과학적 객관성 내지 측정가능성은 조작적으로 이루어질 수 없다.

둘째, 미(beauty)나 도덕(道德) 같은 가설적 개념은 아직 정의가 되어 있지 않다.

셋째, 지나치게 객관성을 중시하고 있다고 하는 것이다.

ex) 일반적으로 일반인들은 특정 종교 사회복지재단에 충성하는 경향이 있다. 이때 특정 종교 사회복지재단에 대한 충성의 개념적 정의는 특정한 종교 사회복지재단에 대한 지나친 선호라고 할 때, 조작적 정의는 지난 1년 전체 후원금 가운데 특정 종교사회복지재단에 80% 이상을 후원하는 개인은 특정 종교사회복지재단에 대한 적극적 충성이라고 정의 내릴 수 있다.

이를 정리하면 다음과 같다.

- 개념: 충성
- 개념적 정의: 특정 종교사회복지재단에 대한 지나친 선호
- 조작적 정의: 지난 1년간 전체 후원금 가운데 특정 종교사회복지재단에 80% 이상을 후원하는 개인은 특정 종교사회복지재단에 대한 적극적 충성

제3절 가설과 가설검증

1. 가설의 정의

연구문제를 해결하기 위해서는 현실세계에서 수집된 자료를 토대로 검증을 거쳐야 한다. 연구자는 연구문제에 대하여 해답이라고 생각되는 것을 제시하여 경험적으로 그 진위를 확인하는 절차를 거친다. 이때 연구자가 잠정적으로 해답이라고 간주한 것이 바로 가설이다(남궁근, 1998). 달리 말하면 어떤 사실의 원인을 설명하거나 어떤 이론체계를 연역하기 위해서 가정적으로 설정한 것을 가설(hypothesis)이라 한다. 즉, 가설이란 사실로서 증명은 안 됐지만 추구해 볼만한 가치가 있는 조건을 갖춘 추측이다. 일반적으로 가설은 연구를 통해 검정하고자 하는 둘 또는 그 이상의 변수들 간의 관계에 관한 가정적인 명제로 이루어진다.

2. 가설의 특징

가설은 일반적으로 두 개 이상의 변수들 간의 관계를 검증 가능한 형태로 서술해 놓0은 하나의 문장이다. 가설의 특징을 살펴보면 다음과 같다(김기원, 2001; 한경성, 2005).

1) 상호연관성

가설은 두 개 이상의 변수 간의 관계를 나타내야 한다.

연구문제는 주로 어떤 현상이나 사건을 중심으로 구성되는 반면에, 가설은 이러한 현상이나 사건을 설명하는 개념을 양적으로 표시할 수 있는 변수의 형태를 취하고 있다.

ex) 〈연구문제〉 많이 배운 사람들은 만족스러운 생활을 할 것이다.
〈가설〉 만일 학력이 높다면, 생활만족도가 높을 것이다.

2) 검증가능성

가설은 변수들 간의 관계를 실증적으로 검증할 수 있어야 한다.

가설은 실제로 관찰하여 얻은 자료를 이용하여 경험적으로 검증할 수 있어야 한다. 검증이 가능하도록 하기 위해서는 가설에 포함된 변수들이 조작적으로 정의되어야 하며, 이들 변수들은 직접 관찰되거나 측정될 수 있어야 한다. 특히, 가설은 기존의 조사방법으로 검증 가능해야 한다. 아무리 좋은 가설일지라도 그것을 검증할 조사방법이 없으면 검증이 불가능하다.

ex) 사물의 길이를 측정하고자 할 때는 자가 필요한 것처럼 가설을 검증하고자 할 때는 자와 같은 측정도구가 필요하다. 그러나 측정도구가 없으면 아무런 의미가 없다. 그러나 사회과학에서는 가설을 검증할 수 있는 조사방법이 없거나 있다 하더라도 어려워서 가설이 검증되지 못하는 경우가 종종 발생한다. 따라서 조사방법의 한계로 인하여 많은 가설들이 검증되지 못하고, 검증되었다 하더라도 많은 논란에 휩싸이는 경우가 많다.

3) 명확성

가설의 진술은 내용상 명확하여야 한다. 일반적으로 가설은 변수들 간의 관계를 나타내기 때문에 특정변수의 조건이 이러하면 다른 특정변수의 조건은 이러하다는 형태로 표현되어야 한다. 특히, 둘 또는 그 이상 변수들 간의 관계에 대한 진술이 분명해야 한다. 가설의 명확화는 개념적이고 조작적 정의를 얼마나 잘 내리느냐에 달려있다. 가설을 경험적으로 조사하기 위해서는 가설에 포함된 모든 변수에 대하여 조작적으로 정의를 내려야 한다.

ex) 산업화의 발전에 따라 사회복지제도는 확대된다는 수렴이론에 근거하여 산업화된 국가일수록 사회복지가 확대된다는 가설이 정립되었다. 그러나 이 가설은 명확성이 떨어진다. 왜냐하면 산업화와 사회복지의 확대를 경험적으로 확인할 수 있는 기준을 조작적으로 정의를 내리지 않았기 때문이다. 그래서 산업화는 1인당 GDP로, 사회복지의 확대는 GDP당 사회복지 지출로 정의를 내려야 한다. 그래서 명확한 가설은 '1인당 GDP가 높은 국가일수록 GDP 대비 사회복지지출이 높다'가 된다.

4) 추계성

가설은 확률적 속성을 가져야 한다. 가설은 참일 수도 있고, 거짓일 수도 있기 때문에 가설의 진위여부의 가능성은 확률적으로 인식되어야 한다.

5) 구체성

가설은 구체적이어야 한다. 가설은 추상적이기보다는 보다 구체적으로 나타내어야 한다. 가설이 구체적으로 나타나기 위해서는 추상적인 개념이 경험적인 측정이 가능하도록 조작적으로 정의되어야 하며, 수식이나 숫자로 표현될 수 있도록 계량화되어야 한다. 그리고 둘 또는 그 이상 변수들 간의 관계에 대한 방향과 그러한 관계가 유지되는 조건 등을 제시할 수 있어야 한다. 단순히 변수들 간의 관계 유무만 있다고 하는 것이 아니라 두 변수의 관계가 정적인가 아니면 부적인가를 나타내고, 또한 그러한 관계가 성립되는 조건도 명시하여야 한다.

ex) "1인당 GDP가 높은 국가일수록, GDP 대비 사회복지지출이 높다."는 것은 정적인 관계를 명시하고, 이러한 관계가 시대 별로 변하지 않고 유지될 수 있는지도 밝혀야 한다. 그래서 만일 이러한 관계가 1990년대 이후에는 성립되지 않으면, 이것을 명시하여야 한다.

6) 가치중립성

가설은 가치중립적이어야 한다. 조사연구자들은 인간인 이상 자신들의 가치, 편견, 주관적 선호를 갖고 있다. 그러나 가설을 제시할 때에는 이러한 자신들의 가치가 반영되어서는 아니 된다.

ex) 사회복지에 대하여 부정적인 가치를 가진 조사연구자인 경우, '사회복지제도의 확대는 근로자의 노동 의욕을 저하시킨다'와 같은 가설을 제시하는 경우이다.

3. 가설의 종류

가설의 유형은 여러 기준에 따라 달리 구분될 수 있으나, 검증과정에 따른 구분이 특히 중요하다. 본 장에서 살펴볼 연구가설, 영가설, 대립가설에 대한 구체적인 내용은 다음과 같다(김치영 외, 2011; 사회복지교육연구센터, 2011).

1) 연구가설(research hypothesis)

연구가설은 과학적 가설, 작업가설, 실험가설이라고도 하며, 이론으로부터 도출된 가설로서 검증될 때까지는 연구문제에 대한 잠정적 해답으로 간주하는 가설이다. 연구문제를 근거로 하여 변수들 간에 관계가 있다든지(방향성) 그리고 차이(차이성)가 존재한다는 것을 나타내주는 가설로 "• • • 한다."라는 형식의 선언적 형태와 "• • • 할 것이다."라는 가정적 형태로 진술된 것이다. 다시 말하면, 연구가설은 조사연구자가 검증하고자 하는 이론으로부터 도출된 가설이다.

방향을 나타내는 "가설은 무엇은 무엇보다 크거나 작다 등으로 나타내거나 혹은 무엇이 증가하면 다른 무엇이 증가하거나 감소한다." 등으로 나타내는 것이다.

즉 변수 간의 관계가 정이냐 부이냐를 따지는 것이다.

차이의 유무를 나타내는 "가설은 무엇은 무엇과 다르다." 혹은 "무엇이 변하면 다른 무엇이 변한다." 등으로 나타낸다. 즉 변수의 관계가 정적인 방향이든 부적인 방향이든 같이 변화하는 정도를 말한다. 가장 큰 관계의 차이는 완전관계로 독립변수 값이 정확하게 종속변수의 값을 결정하는 것이고, 가장 낮은 관계의 차이는 영의 관계이다.

영의 관계란 변수들 간에 아무런 관계가 없다는 것을 의미한다. 즉 독립변수가 변할 때 종속변수의 값의 변화에 어떠한 영향도 미치지 않는다는 것을 의미한다.

〈방향성을 나타내는 가설의 예〉

"학교사회복지사는 프로그램의 참여는 청소년의 자아 존중감을 향상시킬 것이다."라는 가설에서는 독립변수와 종속변수 간의 방향은 정의 방향성을 가지고 있고, "우울증 치료프로그램에 참여한 노인의 우울증 수준은 낮아질 것이다."라는 가설에서는 두 변수의 방향이 부의 방향성을 가지고 있다. 그리고 "직무성과와 불안수준에 관련된 연구에서 불안 수준이 낮음에서 보통까지는 완만하게 증가하다가 보통에서 높음까지는 직무 성과가 급격히 떨어졌다."는 연구결과에서 두 변수 간의 방향은 곡선관계를 유지하고 있다.

〈차이성을 나타내는 가설의 예〉

교육 수준이 높으면, 반드시 소득이 높다는 완전 관계를 보여주는 것이다.

2) 영가설(null hypothesis, Ho)

영가설은 귀무가설이라고도 하며, 연구가설에서 명시된 것을 부정하거나 기각하기 위해서 설정되는 가설이다. 영가설은 변수들 간에 관계나 집단들 간에 차이가 없다는 부정적인 형태로, "・・・가 없다"는 형식의 선언적 형태와 "・・・가 없을 것이다."라는 가정적 형태로 진술된 것이다.

영가설은 연구가설에 상반되는 입장에 있기 때문에 보통 연구가설에 대한 반증의 목적으로 활용되며, 통계학적인 분석에서는 가설을 직접적으로 증명하기보다는 영가설을 부정함으로써 가설이 현재로써 건재함을 나타내는 방법을 취한다.

〈영가설의 예〉

가설 1. 청소년의 성별은 자원봉사활동의 지속성에 영향을 미치지 못할 것이다.

가설 2. 종교를 가진 청소년과 그렇지 않은 청소년 간에는 자원봉사활동의 지속성에 차이가 없을 것이다.

가설 3. 부모의 관심과 지지를 많이 받는 청소년과 그렇지 않은 청소년 간에는 자원봉사활동의 지속성에는 차이가 없을 것이다.

가설 4. 자원봉사활동에 실제적인 도움이 되는 사전 교육을 받은 청소년과 그렇지 않은 청소년 간에는 자원봉사활동의 지속성에 차이가 없을 것이다.

가설 5. 자원봉사활동 내용에 대한 만족감을 경험하는 청소년과 그렇지 않은 청소년 간에는 자원봉사활동의 지속성에 차이가 없을 것이다.

가설 6. 친한 친구와 함께 자원봉사활동을 하는 청소년과 그렇지 않은 청소년 간에는 자원봉사활동의 지속성에 차이가 없을 것이다.

다시 설명하면, 연구가설이 '수급자의 1인당 월 평균 소득이 30만 원이다'라고 한다면, 이 연구가설의 정확성을 검증하는 데 사용될 영가설은 '수급자의 1인당 월 평균 소득이 30만 원이 아니다'가 된다. 만일 연구자가 1인당 월 평균 소득이 30만 원이나 그 근사치임을 제시할 수 있다면 영가설은 논박되거나 진실이 아닌 것으로 간주된다고 결론지을 수 있다. 따라서 1인당 월 평균 소득이 30만 원인지 아닌지의 둘 중 어느 한 가지로 결론지을 수 있다.

3) 대립가설(hypothesis, H1)

대립가설은 대안가설이라고도 하며, 영가설에 대립되는 가설이다. 즉 영가설이 거짓일 때 채택하기 위해 설정되는 가설이다.

대립가설의 형식은 'A와 B는 관계가 있을 것이다', 'A에 따라 B는 차이가 있을 것이다'.

〈대립가설의 예〉

가설 1. 일하는 노인은 일하지 않는 노인과 생활만족도에 차이가 있을 것이다.

가설 2. 학력과 수입은 관계가 있을 것이다.

4. 가설의 기능

가설은 연구문제에 대한 잠정적 해답이며, 검증을 통하여 그 진위가 결정된다. 가설의 주요 기능은 이론의 검증, 이론의 제시, 사회현상의 기술, 부차적 기능 등 네 가지로 크게 나눌 수 있다. 구체적인 내용을 살펴보면 다음과 같다(박창제 외, 2010; 강종수, 2011).

1) 이론의 검증

어떤 이론이 일련의 사건을 설명하는 도구로서의 예측 가치(predictive value)와 적절성(adequacy)을 증명하기 위해서는 그 이론에서 도출된 여러 가지 가설을 검증해 보아야 한다. 그러므로 가설의 중요한 기능은 이론을 검증할 수 있도록 하는 것이다.

2) 이론의 제시

가설을 검증한 결과를 토대로 이론이 구성되기도 한다. 가설들 중에서 현상을 설명할 수 있는 잠재력이 큰 가설을 선택하여 이를 토대로 현상과 설명을 연결시키는 명제 · 가정 · 정의의 논리체계를 구성할 수 있다.

3) 사회현상의 기술

가설은 사회현상을 기술하는 기능도 수행한다. 가설이 경험적으로 검증될 때마다, 가설에 관련된 현상에 관한 정보를 얻게 된다. 가설이 채택되면, 그 현상에 관한 정보를 추가하게 된다. 가설이 기각된다고 해도 이전에는 알지 못했던 사실을 알게 된다. 가설검증의 결과로 축적된 정보는 사회현상의 발생 원인에 대하여 연구자가 가지고 있는 지식을 증가시킨다.

4) 부차적 기능

가설의 검증결과 얻은 지식으로 사회복지정책을 수립하는 등 여러 사회문제의 해결방법을 찾아서 집행한다.

제4절 변수

1. 변수의 개념

변수(variable)란 사람, 물건, 사건 등의 특성, 속성을 의미한다. 그러나 이러한 것들의 특성, 속성이 두 가지 이상의 가치(value)를 가질 때 우리는 이를 변수라 한다. 따라서 그 속성이 하나의 가치만을 가졌을 때는 변수라 할 수 없다. 예를 들면 여자는 변수가 될 수 없다. 그러나 성별은 변수가 될 수 있다. 다른 예로 책상은 변수가 될 수 없으나, 책상의 면적, 무게 등은 변수가 될 수 있다. 또 다른 예로 검정색은 변수가 될 수 없어도 색상은 변수가 될 수 있다.

변수는 통계분석의 기본단위로서 통계분석을 위해 변수의 특성을 알아 두는 것은 중요한 일이다. 왜냐하면 변수가 어떤 특성을 가졌느냐에 따라 어떤 통계기법을 사용해야 하는지가 거의 결정되기 때문이다. 또한 변수 간의 관계에 대한 고려는 가설구성에 많은 도움을 준다(채구묵, 2012).

2. 변수의 종류

변수 간의 기능적 관계를 살펴보면 다음과 같다(김치영 외, 2011; 사회복지교육연구센터, 2011).

1) 변수의 기능에 따른 분류

(1) 독립변수(independent variable)

독립변수는 다른 변수에 영향을 주는 변수라고 하며, 인과관계에서 원인에 해당하는 변수이다. 또한 종속변수의 결과를 예측하거나 차이를 설명하기 위해서 사용되는 변수로 설명변수, 원인변수, 예측변수라고도 한다. 그리고 독립변수는 표적행동에 있어서의 변화를 유발하는 요인으로 간주되는 개입이나 상황을 말한다. 독립변수가 부정확하게 규정된다면 비록 종속 변수에 바람직한 변화가 발생하였더라도 그것이 독립변수의 어떤 요인에 의해 나타나게 되었는지를 구체적으로 연결시킬 수 없다.

(2) 종속변수(dependent variable)

종속변수란 다른 변수에 의존하지만 다른 변수에 영향을 미칠 수 없는 변수로서 인과관계에서 결과를 나타낸다. 즉 하나 이상의 독립변수에 영향을 받아 변화하는 변수를 말하며 주로 분석의 대상이 되며, 결과변수, 피설명변수, 피예측변수, 가설적 변수라고도 부른다.

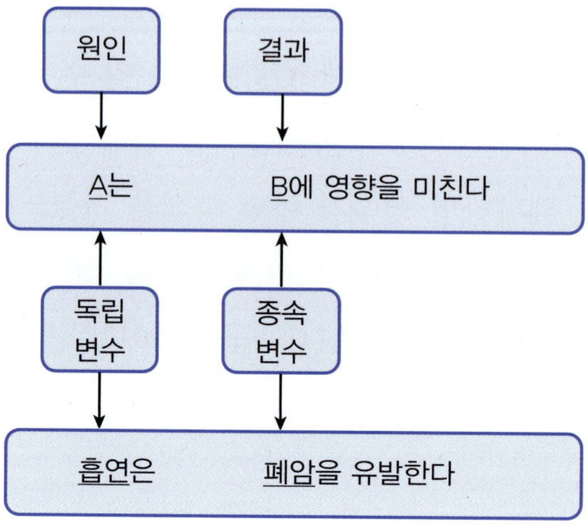

[그림 4-2] 독립변수와 종속변수(인과관계)

(3) **매개변수**(intervening variable)

매개변수란 두 변수가 서로 직접적인 관계가 없는데 제3의 변수를 중간에서 연결시켜 두 변수가 간접적으로 관계를 가지는 경우, 둘 사이에 놓인 변수를 말한다. 매개변수는 독립변수의 결과인 동시에 종속변수의 원인이 되는 변수다. 매개변수는 종속변수에 이르는 시간적 전후 관계와 논리적 과정에 대한 이해를 가능케 함으로써 인과관계에 대해 정확히 규명할 수 있도록 한다.

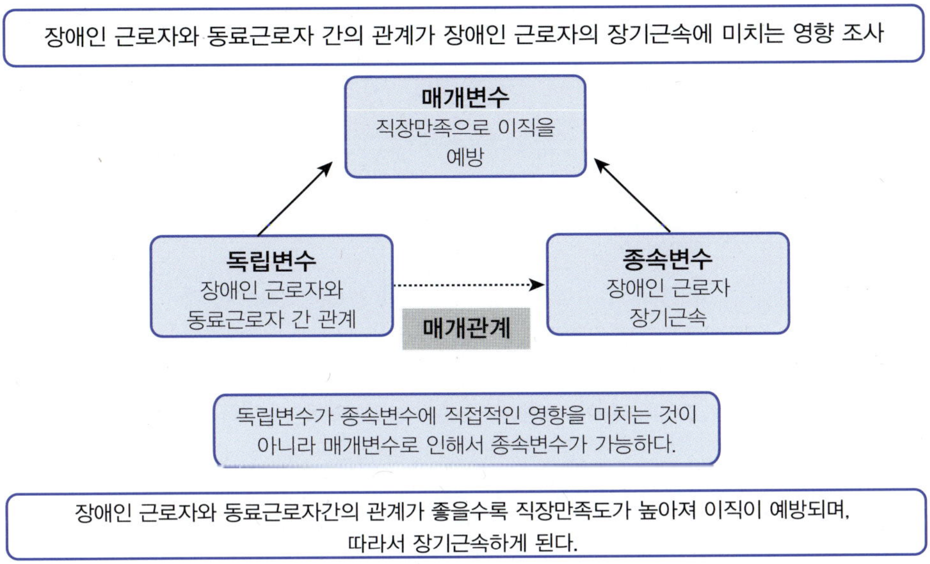

[그림 4-3] 매개변수(매개관계)

(4) **조절변수**(moderating variable)

독립변수가 종속변수에 미치는 영향력을 조절하는 변수로, 독립변수와 종속변수 사이에 강하면서도 불확정적인 영향(contingent effect)을 미치는 변수, 즉 독립변수가 종속변수에 미치는 영향력을 조절하는 변수이다. 이 변수가 존재할 때만 독립변수와 종속변수 사이의 이론적 관계(theorized relationship)가 성립된다.

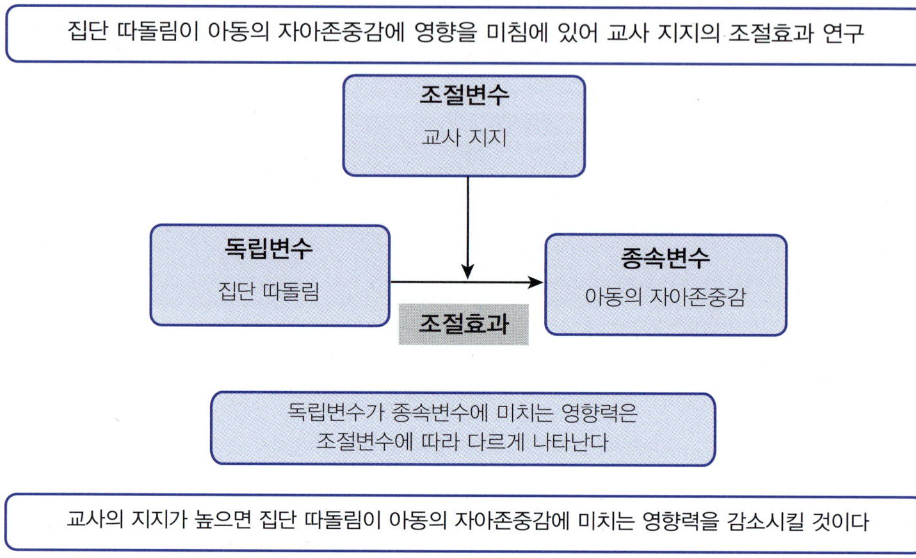

[그림 4-4] 조절변수(조절효과)

(5) 외생변수(extraneous variable)

독립변수가 종속변수에 표면상으로는 영향을 미쳐 인과관계가 있는 것처럼 보이지만 실제로는 두 변수 각각에 밀접한 관계를 갖고 있어 두 변수가 인과관계가 있는 것처럼 보이게 하는 제3의 변수로 그렇게 보이는 것일 뿐 실제로는 관계가 없는 경우, 두 변수는 가식적 관계며 가식적 관계임을 밝히기 위해서는 제3의 변수를 통제해야 한다. 이때 가식적 관계, 허위관계, 의사관계(spurious relationship)를 만드는 제3의 변수를 외생변수라 한다.

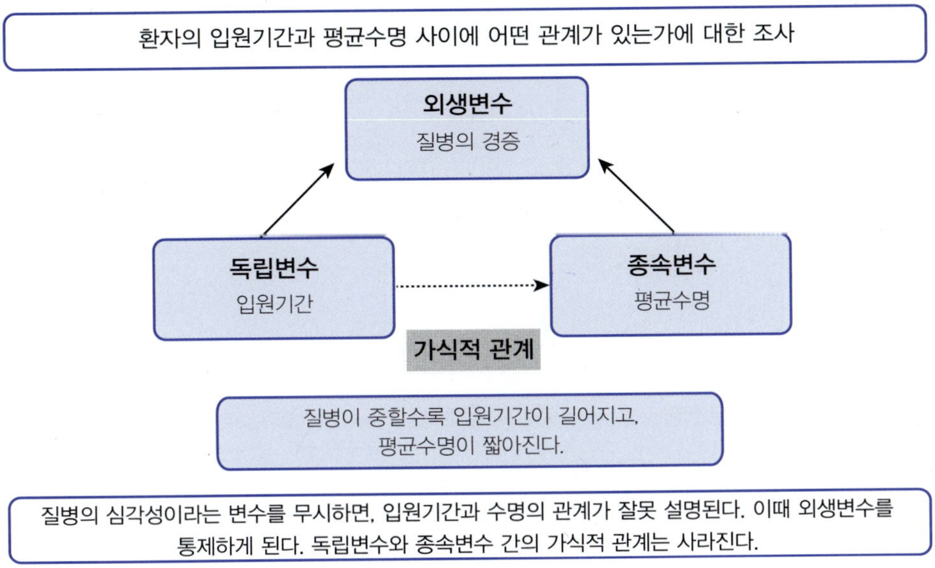

[그림 4-5] 외생변수(가식적 관계)

(6) 억압변수(suppressor variable)

억압변수는 하나의 변수와는 긍정적으로 상관되어 있고 다른 하나의 변수와는 부정적으로 상관되어 있어 독립변수와 종속변수 간의 관계가 없는 것처럼 둘 간의 관계를 누르는 변수이다. 즉 원래 상관관계가 있는 두 변수 각각과 관련을 맺고 제3의 변수로 인해 두 변수의 상관관계가 없는 것처럼 보일 때, 이러한 관계를 가식적 영관계라고 하고 이러한 가식저거 영관계를 초래하는 변수를 억압변수라고 부른다. 두 변수 간 참된 관계를 알기 위해서는 억압변수를 통제할 필요가 있다. 억압변수는 억제변수라고도 부른다.

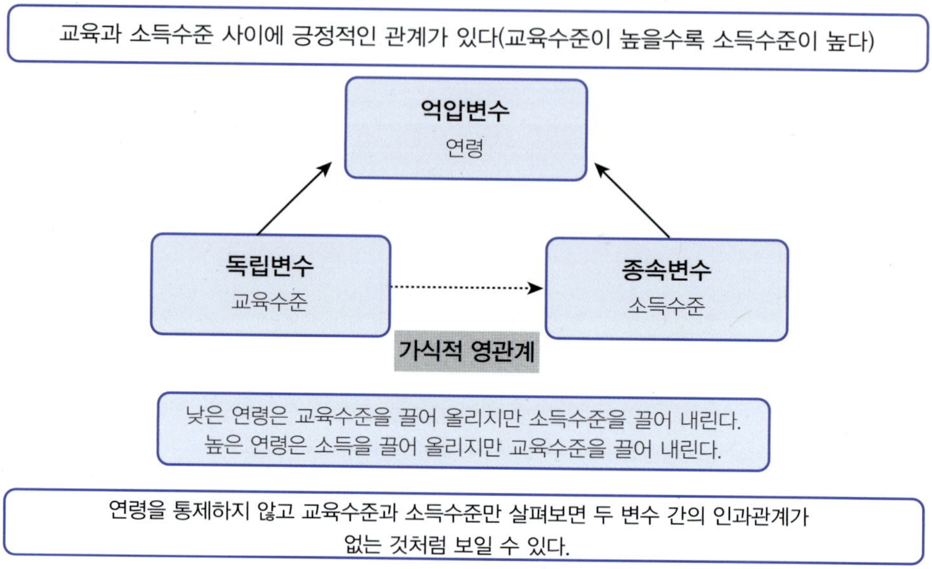

[그림 4-6] 억압변수(가식적 영관계)

3. 변수 속에 따른 분류

변수의 속성에 따라 이산변수와 연속변수로 나누어 볼 수 있다. 구체적인 내용을 살펴보면 다음과 같다(사회복지교육연구센터, 2011).

1) 이산변수(discrete variable)

이산변수는 명목척도(nominal scale), 서열척도(ordinal scale)로 측정되는 변수이다. 여기서 이산이란 각 값의 사이가 떨어져 있어서 그 사이의 값은 아무런 의미가 없다는 뜻이다. 예를 들어 남성을 1, 여성을 2라고 값을 부여했을 때 1과 2 사이의 값은 존재할 수 없다. 이산변수는 사물의 속성을 분류할 목적으로 기호나 숫자를 부여하는 명목척도로 측정된 변수, 사물의 속성을 크기나 정도에 따라 순서를 비교하는 서열척도로 측정된 변수 등이다. 이산변수는 다양한 범주를 갖는 범주적 변수(categorical variable)로 되어 있다.

ex) 0과 1 두 가지 값만 가지는 더미변수(dummy variable)도 이산변수 의 한 예이다.

2) 연속변수(continuous variable)

연속변수는 등간척도(interval scale)와 비율척도(ratio scale)로 측정된 변수이다. 연속변수는 변수가 수평선상의 연속적인 모든 값의 의미를 가질 수 있다. 척도 간의 간격이 같아 수치 간에 가감(+, −)이 가능한 등간척도에 의해 측정된 변수, 수치 간에 가감승제(+, −, ×, ÷)가 가능하고 절대 영점이 존재하는 비율척도에 의해 측정된 변수다.

- **이산변수**
  - 명목척도에 의해 측정된 변수: 성별, 종교, 전공, 인종, 좋아하는 색깔, 출생지, 계절 등
  - 서열척도에 의해 측정된 변수: 장애등급, 학력, 등수, 경제수준 등
- **연속변수**
  - 등간척도에 의해 측정된 변수: 지능지수, 도덕지수, 온도, 시험성적 등
  - 비율척도에 의해 측정된 변수: 무게, 연령, 신장, 자녀 수, 거주기간, 소득, 고용률 등

4. 변수 간의 관계

두 변수들 간의 관계는 다음과 같이 이루어진다(김기원, 2001).

1) 이변량 관계(bivariate relationship)

두 변수의 사이의 관계를 의미한다. 한 변수가 증가할 때 다른 변수가 어떻게 변화하는지를 나타내는 것으로 만일 한 변수의 값이 증가하면 다른 변수의 값이 증가하는 관계인 경우에는 긍정적 관계 혹은 정적 관계라고 부른다. 즉 긍정적 관계란 두 변수가 같은 방향으로 변화하는 관계를 의미한다. 그러나 한 변수의 증가가 다른 변수의 감소를 유발하는 관계는 부정적 또는 역함수적 관계라 한다. 그러나 두 변수 사이의 관계가 정적이거나 부적인 관계 이외에도 아무런 관계가 없거나 곡선 관계가 있을 수도 있다.

2) 상관계수(correlation coefficient)

상관계수는 두 변수 간의 관계의 방향과 강도를 나타내는 계수를 말한다. 그리스어 소문자의 γ(감마, gamma)로 표현한다. 상관계수의 값은 −1과 1 사이의 값이다. 상관계수의 +와 −는 변수 간 관계의 방향을 나타내는 것으로, +는 두 변수 간 정적(긍정적)관계를 나타내고, −는 부적(부정적)관계를 나타낸다. 정적인 관계는 한 변수가 증가하면 다른 변수가 감소하는 경향을 나타낸다. 상관계수의 절댓값은 변수 간 관계의 강도를 나타내는데, 이때 관계의 강도란 예측이 정확한 정도를 말한다. 즉 100번의 예측 가운데 어느 예측이 정확히 맞을 정도를 말한다.

상관계수의 절댓값이 클수록(1에 가까울수록) 두 변수 간 강도가 강한 것을 의미한다. 상관계수 1은 두 변수 간의 정적관계가 100%의 정확도를 갖고 예측할 수 있음을 의미하고, −1은 두 변수 간의 부적관계가 100%의 정확도를 갖고 예측할 수 있음을 의미한다. 상관계수 0은 두 변수 간 아무런 변수가 없음을 의미한다. 그리고 상관계수는 독립변수와 종속변수 간의 관련성인 공변관계를 나타낼 뿐 인과관계를 나타내건 아니다.

3) 대칭적 관계(상호인과관계)와 비대칭적 관계(인과관계)

대칭적 관계는 한 변수의 변화는 다른 변수의 변화를 가져오고 그 역도 성립되는 관계이다. 그 변수들의 관계는 대칭적이다.

비대칭적 관계는 한 변수의 변화는 다른 변수의 변화를 가져오지만, 그 역은 성립되지 않는 관계이다. 그 변수들의 관계는 비대칭적이며, 인과관계이다. 즉, 두 변수 간의 인과관계가 성립되려면 두 변수는 비대칭 관계에 있어야 한다.

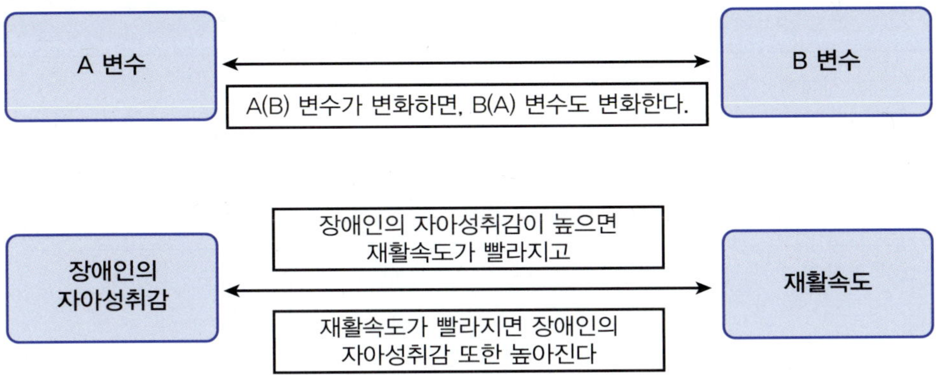

[그림 4-7] 대칭적 관계(상호인과관계)

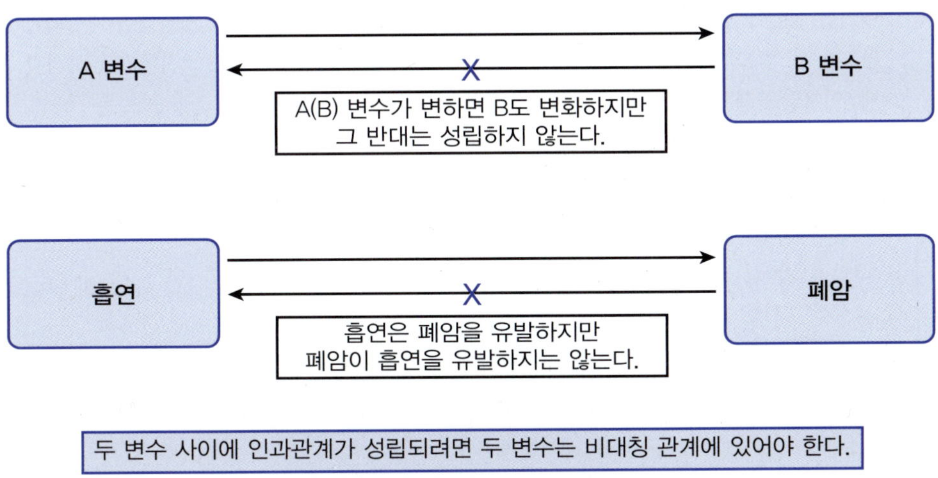

[그림 4-8] 비대칭적 관계(인과관계)

연습 문제

1. 다음 사례에서 부모의 재산은 어떤 변수인가? (20회 기출)

> 한 연구에서 부모의 학력이 자녀의 대학 진학률에 영향을 미치는 것으로 나타났다. 그러나 부모의 재산이 비슷한 조사 대상에 한정하여 다시 분석해 본 결과, 부모의 학력과 자녀의 대학 진학률 사이에는 통계적으로 유의미한 관계가 없는 것으로 나타났다.

① 독립변수 ② 종속변수 ③ 조절변수 ④ 억제변수 ⑤ 통제변수

해설: 부모의 학력이 자녀의 대학 진학률에 영향을 미치므로 부모의 학력은 독립변수, 자녀의 대학 진학률은 종속변수이다.
부모의 재산이 비슷한 조사 대상에 한정에 분석한 이유는 부모 재산의 차이가 대학 진학률에 영향을 미칠 수도 있기 때문에 독립변수와 종속변수 간 보다 정확한 인과관계 규명을 위해 이러한 영향이 개입되지 않도록 통제하기 위함이다. 이처럼 특성 변수의 영향력이 개입되지 않도록 통제하고자 해당 변수의 조건이 동일한(유사한, 비슷한) 대상을 조사하거나 분석할 때, 이처럼 통제되는 대상 변수를 통제변수라 한다.

2. 변수의 조작적 정의에 관한 설명으로 옳은 것을 모두 고른 것은? (21회 기출)

> A. 개념적 정의를 실제로 관찰할 수 있는 수준으로 전환시키는 것이다.
> B. 조작적 정의를 하면 개념의 의미가 다양하고 풍부해진다.
> C. 조작적 정의를 통해 개념이 더욱 추상화된다.
> D. 조작적 정의가 없어도 가설 검증이 가능하다.

① A ② A, C ③ B, D ④ A, B, C ⑤ A, C, D

해설: 변수의 조작적 정의(혹은 조직화)는 개념적 정의를 실제로 관찰할 수 있는 구체적 수준으로 전환하는 것을 말한다. 조작적 정의를 통해 개념은 연구 목적에 부합하는 명확한 기준에 의거하여 관찰 가능한 지표로 구체화되고 초점이 명확해진다. 이러한 조작적 정의를 통해 가설은 검증 가능해지게 된다.

제5장

측정 및 척도

제1절 측정의 이해

1. 측정의 의미

측정(measurement)이란 연구하고자 하는 개념이나 구성체를 일정한 규칙에 따라 값을 부여하는 것이다. 조사를 할 때 응답자는 제시된 부호 중에서 자신의 생각과 일치하는 부분을 선택만 하면 된다. 예를 들면, 모든 조사에서 인구사회학적인 내용을 물을 때 성별을 묻는다. 보통 어떻게 묻는가? 일반적으로 '당신의 성별은 무엇입니까?'라고 질문하고 그에 대한 응답항목으로 남자를 ①로, 여자를 ②로 제시하게 된다. 그렇다면 성별에 대해서 ①이나 ②로 측정하도록 조작한 것이다. 이처럼 측정이라는 것은 조사하고자 하는 것에 대해서 구체적인 기호나 숫자를 부여하는 것을 의미한다(고명석 외, 2016).

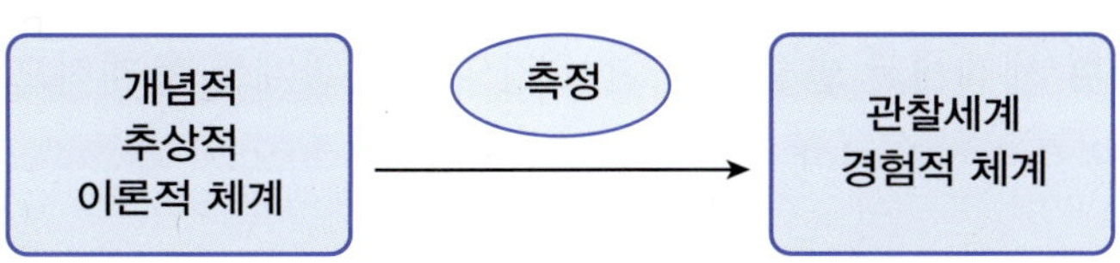

[그림 5-1] 측정의 의미

2. 측정의 기능

측정은 사회복지조사과정에서 자료를 수집하고, 조작화하는 가장 기본적인 단계로서 후속연구나 관련연구를 가능하게 하는 역할을 수행하며, 또한 관념적 세계와 경험적 세계 간에 교량을 제공하는 역할을 제공한다(김태성 외, 2006).

1) 일치 또는 조화 기능

일치 또는 조화의 기능이란 이론적 모델을 현실 세계와 연결하는 측정의 규칙이다. 즉 추상적인 세계와 경험적인 세계의 연결의 의미를 내포한다.

2) 객관화 및 표준화 기능

과학의 기본적 원칙은 조사연구자가 만든 사실에 대한 어떤 진술도 다른 연구조사자에 의해서 독자적으로 입증될 수 있어야 한다는 것이다. 그래서 측정은 추상적이고 주관적인 개념들을 객관화와 표준화시켜 보다 객관적으로 관찰할 수 있도록 하여야 한다.

3) 수량화 기능

측정은 조사연구자로 하여금 물리적 · 심리적 또는 사회적 현상을 경험적으로 기술할 수 있게 하는 중요한 자료를 제공한다. 제공된 자료들은 통계적 분석을 하기 이전에 먼저 수치로 옮겨져야 하며 연구하려는 변수를 수량화해야 할 필요가 있다. 자료가 수치로 변환하고 나면 가설을 검증할 수 있다. 검증된 어떤 가설이 지지를 받으면 그 가설에서 도출된 이론도 지지를 받게 된다. 이처럼 측정은 구체적 경험 세계에서 발생하는 현상 간의 인과관계를 통계적으로 확인할 수 있도록 자료를 수량화하여야 한다.

4) 반복과 의사소통기능

측정은 특정의 연구에 대한 반복실험을 가능하게 하고 연구과정 및 결과를 둘러싼 의사소통을 가능하게 한다. 즉 특정연구에 사용된 측정이 보다 객관적이고 상세할수록 다른 조사연구자가 이 연구를 반복하고 그리고 결과를 확인하거나 반박하는 일을 쉽게 하도록 한다. 그리고 측정절차의 특정화가 엄격하면 할수록 연구결과의 효율적 의사소통은 증가할 가능성이 높아진다.

3. 측정의 원칙

1) 상호배타성의 원칙

조사대상이 한 가지 속성만을 지녀야 하며 두 가지 속성을 동시에 지닐 수 없다는 의미이다. 성별을 예로 들면, 인간은 남성의 속성을 가진 집단과 여성의 속성을 가진 집단으로 구분될 뿐이지 남성이면서 여성일 수 없는 것이다. 또 다른 예로 연령을 구분할 때, 한 대상은 여러 속성들 중 한 연령집단에만 속해야 하지 두 연령집단에 속할 수는 없다.

[예 1]의 경우 상호배타성의 원칙이 위배되어 있다. 왜냐하면 20세는 ①과 ②에 모두 속하기 때문이다. 같은 논리로 30세는 ②와 ③에 속한다. 그러나 [예 2]는 분류가 상호배타적으로 되어 있어 연령이 20세인 사람도 ①집단에만, 그리고 30세는 ②집단에만 소속된다.

[예 1]
① 20세 이하
② 20세~30세
③ 30세~40세
④ 40세~50세
⑤ 50세 이상

[예 2]
① 20세 이하
② 21세~30세
③ 31세~40세
④ 41세~50세
⑤ 51세 이상

2) 포괄성의 원칙

모든 대상은 반드시 한 가지 속성을 지녀야 한다는 것을 나타낸다. 예를 들어, 종교를 다음과 같이 분류한다고 가정하자. [예 1]은 포괄성의 원칙을 위반하고 있다. 왜냐하면 불교, 천주교, 종교 없음을 제외한 나머지 종교가 포함되지 않았기 때문이다. 종교를 분류할 때 포괄성의 원칙을 지키려면 [예 2]와 같이 기타 종교를 포함시켜야 한다.

[예 1] ① 불교 ② 천주교 ③ 기독교 ④ 종교 없음
[예 2] ① 불교 ② 천주교 ③ 기독교 ④ 종교 없음 ⑤ 기타( )

측정은 이론과 현실을 연결시켜 주는 매개체이다. 따라서 가능한 범위 내에서 이론과 현실을 정확하게 연결할 수 있도록 측정의 원칙이 지켜져야 한다(정영숙, 2009).

제2절 측정수준

측정대상에 대하여 숫자나 기호를 우리가 측정하고자 하는 특성개념의 다양한 수준에 따라 부여하는 과정이다. 즉, 성별을 조사할 때 남성, 여성으로 측정하였다면 평균을 구할 수 없다. 그러나 무게, 길이에 부여된 숫자의 비율을 의미할 때는 사칙연산이 모두 가능하다. 따라서 측정수준을 명목측정, 서열측정, 등간측정, 비율 측정으로 구분할 수 있으며, 구체적인 내용을 살펴보면 다음과 같다(이승현 외, 2015; 최세영 외, 2017).

1. 명목측정(nominal measurement)

명목측정은 측정대상의 특성을 분류할 목적으로 대상에 숫자를 부여하는 것으로 상호배타적인 특성을 지니고 있으며, 글자 그대로 이름을 부여하는 명목적인 것이다. 이때 부여된 숫자는 질적이며 수치적 의미는 없다. 또한 동일한 집단에 속해 있는 대상은 동일한 척도 값을 갖는다.

ex) 성별(남자, 여자), 종교(기독교, 천주교, 불교, 기타), 계절(봄, 여름, 가을, 겨울), 인종, 지역

〈표 5-1〉 명목측정의 예

변수	측정값
성별	남=1, 여=2
종교	기독교=1, 천주교=2, 불교=3, 기타=4
계절	봄=1, 여름=2, 가을=3, 겨울=4
인종	백인종=1, 황인종=2, 흑인종=3, 기타=4
지역	서울=1, 대전=2, 대구=3, 부산=4

2. 서열측정(ordinal measurement)

서열측정은 측정대상 간의 순서를 밝혀 주는 순서측정이라고도 한다. 주로 측정대상 간의 대소, 고저, 전후, 상하 등에 따라 서열화하여 정확하게 정량화하기 어려운 응답자의 태도, 선호도, 사회계층 등의 측정에 이용한다. 서열측정의 특징은 서열 간 간격이 동일하지 않고 절대량의 크기를 나타내지 않는다.

ex) 장애등급, 정치성향, 생활수준, 만족도

〈표 5-2〉 서열측정의 예

변수	변수 값(속성)
장애등급	1등급=1, 2등급=2, 3등급=3, 4등급=4, 5등급=5, 6등급=6
정치성향	보수=1, 중도=2, 진보=3
생활수준	상=1, 중=2, 하=3
만족도	매우 불만족=1, 불만족=2, 보통=3, 만족=4, 매우 만족=5

3. 등간측정(interval measurement)

등간측정(interval measurement)은 측정대상의 속성에 대한 순위를 부여하는 것은 물론 순위간의 간격이 동일하도록 수치를 부여하는 것이다. 등간측정은 절대영점이 없기 때문에 곱하기, 나누기 같은 비율계산에는 사용할 수 없다. 예를 들어 시험에서 0점을 받았다고 그 과목에 대한 지식이 전혀 없다는 것을 의미하지는 않으며, 또한 90점 받은 사람이 45점 받은 사람보다 2배로 지식이 있음을 뜻하는 것도 아니다.

ex) 지능지수, 섭씨온도, 시험성적

〈표 5-3〉 등간측정의 예

변수	변수 값(속성)
지능시주	……, 100, 110, 120, 130, ……
섭씨온도	……, 0, ……, 10, ……, 20, ……
시험성적	……, 70, ……, 80, ……, 90, ……, 100

4. 비율측정(radio measurement)

비율측정(radio measurement)은 명목, 서열, 등간수준의 측정이 지니는 모든 특성이 존재하며, 속성이 전혀 존재하지 않는 상태의 절대 영점(true zero point)이 존재한다. 이때 0은 실제적 의미를 가지고 있기 때문에 모든 산술적 조작이 가능하다. 비율측정에서 숫자는 속성의 실제 양을 나타낸다.

ex) 연령, 신장, 수입, TV 시청률

〈표 5-4〉 비율측정의 예

변수	변수 값(속성)
연령	0, 1, 2, 3, 4, ……
신장	0, ……, 160, ……, 170, ……, 180, ……
수입	0, ……, 100, ……, 200, ……, 300, ……
TV 시청률	0, ……, 10, ……, 20, ……, 30, ……

◈ 복지관 선호도에 대한 네 가지 측정수준

복지관 선호도를 조사하기 위해 네 가지 측정수준을 이용한 사례를 만들어 보면 다음과 같다. 상위 측정수준일수록 보다 많은 정보를 얻어낼 수 있고, 사칙연산이 가능하다는 장점이 있다(이학식, 김영, 2002).

1. 〈명목측정〉 가장 선호하는 복지관은?

① A복지관 ② B복지관 ③ C복지관 ④ D복지관

2. 〈서열측정〉 다음 복지관에 대해 가장 선호하는 순서를 표기하시오.

① A복지관( ) ② B복지관( ) ③ C복지관( ) ④ D복지관( )

3. 〈등간측정〉 다음 각 복지관에 대한 선호 정도를 표시하시오.

	매우 싫어함	싫어함	보통	좋아함	매우 좋아함
① A복지관					
② B복지관					
③ C복지관					
④ D복지관					

4. 〈비율측정〉 다음 네 복지관에 대한 상대적 선호 정도를 합계 100이 되도록 나타내시오.

① A복지관(　　)　② B복지관(　　)

③ C복지관(　　)　④ D복지관(　　)

합계: 100

제3절 척도의 개념 및 종류

1. 척도의 개념

척도(scale)란 추상적이고 어려운 개념을 측정하기 위한 과학적 조사도구(indicator)를 이용하여 여러 개의 문항을 만들어 측정한 결과로부터 하나의 종합적 개념을 얻기 위한 측정도구이다. 그러므로 척도는 연구하는 데 있어 의사결정 시에 큰 지침이 되는 안내자의 역할을 한다. 예를 들어 장애인의 생활만족도를 측정한다고 하면 기존에 연구되었던 장애인법, 장애종류, 장애원인, 재활치료 등에 사용되어 온 척도들을 찾아 이를 각 상황에 적합한 척도로서 합당하도록 개발할 필요가 있다.

척도는 대상이나 상황적 변화요인에 의해 적용하기가 까다로워 사용가능성을 합당한 방법에 의해 인정받아야 할 필요가 있기 때문이다.

척도를 사용할 때 다음과 같은 장점을 지니는데 구체적으로 살펴보면 다음과 같다(김훈, 2006).

첫째, 충분한 검증을 통한 다양하고 복잡한 개념을 충분히 반영할 수 있는 여러 문항으로 구성되어 있으므로 타당도를 높일 수 있으며 오차 또한 줄일 수 있다.

둘째, 하나의 개념에 대해 반복적 주제를 다루기 때문에 측정결과에 대한 신뢰도를 높일 수 있다.

셋째, 변수들은 단순화시켜 양적으로 측정 가능하도록 하였기 때문에 조사자의 편견이 배제되어 객관성과 정확성을 추구할 수 있다는 점에서 상당히 효율적으로 사용된다.

이와 같은 척도를 효율적으로 사용하기 위해서는 다음과 같은 사항에도 유의할 필요가 있다.

첫째, 모집단 크기와 성격에 알맞은 표본을 추출해야 한다. 즉 문항이 연구하고자 하는 개념들을 반영할 수 있도록 구성되어야 한다.

둘째, 종합적인 하나의 개념을 측정하기 위해서는 각 문항들이 동일한 차원으로 구성되어야 한다.

2. 척도의 종류

지금까지 척도의 구성에 있어 유의한다면 의도하고자 하는 연구목적에 맞는 다양한 척도를 적절하게 사용할 수 있다. 척도의 종류는 평정척도, 총화평정척도, 리커트 척도, 거트만 척도, 보가더스의 사회적 거리척도, 써스톤 척도, 의미분화척도 등이 있으며 각각의 척도의 내용을 구체적으로 살펴보면 다음과 같다(김치영 외, 2011; 사회복지교육연구센터, 2011).

1) 평정척도

평정척도(rating scale)는 평가자가 측정대상의 연속성을 전제로 하여, 일정한 등급법에 따라 평가함으로써 대상의 속성을 구별하는 척도이다. 즉, 설정한 각 단계에 임의의 수치를 부여하여 여기서 얻어진 수치의 합계 또는 평균을 측정대상이 가지는 척도점수로 가정한다. 평정척도에는 평가자(judges), 대상(subject), 그리고 연속성(continuum)의 세 가지 요소가 있다. 평정척도는 대부분 서열척도이나, 항목 간 거의 비슷한 정도의 차이가 있다고 가정하면 등간척도로 간주할 수 있다.

(1) 도표식 평정척도법

평정척도에서 가장 흔히 사용되는 기법이다. 선과 언어를 합하여 구성한 것으로 선을 긋고 중간 중간에 숫자 또는 해설을 붙여서 평가자로 하여금 대상의 위치 또는 태도를 기호로 표시하도록 하는 방법이다.

ex) 귀하가 거주하는 지역의 사회복지관에서 근무하는 사회복지사들은 얼마나 친절하십니까?

(2) 범주(카테고리) 평정척도법

특정 범주척도는 도표를 사용하지 않고 어떤 속성을 나타내는 문장이나 항목을 그 정도에 따라 범주별로 제시하고 그 가운데서 가장 적합한 것을 고르게 하는 방법이다.

ex) 귀하가 거주하는 지역의 사회복지기관에서 근무하는 사회복지사들은 얼마나 친절하십니까? (해당 난에 'ㅇ' 표 하십시오)

매우 친절하다( )　친절하다( )　보통이다( )　불친절하다( )
매우 불친절하다( )

(3) 숫자-언어식 평정척도법

측정대상의 특성에 따라 평가자가 일정한 숫자나 언어를 부여하여 평가하는 방법이다.

ex) 귀하가 거주하는 지역의 사회복지기관에서 근무하는 사회복지사들은 얼마나 친절하십니까?

① 매우 친절하다 ② 친절하다 ③ 보통이다
④ 불친절하다 ⑤ 매우 불친절하다.

(4) 평점방식 평정척도법

평점방법에 의한 척도는 조사대상의 속성이나 특성에 대해서 평가자가 그의 의견이나 태도를 수치로 평점하는 것이다. 이 경우 양극은 0에서 100으로 지정되어 있으나 이 사이에는 아무런 구분이 명시되어 있지 않다.

ex) 우리 지역의 사회복지기관에 근무하는 사회복지사들은 친절하다.

2) 총화평정척도

총화평정척도/합산법(summated rating) 척도는 응답자가 응답하는 여러 질문문항의 값들을 어떤 방식으로 총합(summation)하여 계산하는 척도이다. 총화평정척도의 예로 베일리(Bailey)의 출산율 척도를 들 수 있다.

베일리는 10개 항목의 출산율 척도를 구성하고, 동의하는 경우는 1로서 부호화하고, 동의하지 않는 경우 0으로서 부호화하여, 척도상 10점은 응답자가 아이를 가져야 할 강한 책임감을 느끼는 경우이고 반면 0점을 받은 응답자는 아이를 가질 책임감을 느끼지 않는 경우가 되도록 구성하였다. 이런 척도의 가장 주된 어려움은 모든 질문들이 똑같은 변수를 측정하고 있는지(단일 차원성)를 확신하지 못한다는 점이다. 모든 질문이 측정될 주제에 액면타당도(face validity)를 갖고 있는지도 파악하여야 한다.

〈표 5-5〉 베일리 출산율 척도

번호	질문내용	응답	
		동의함	동의 안 함
1	결혼하는 주된 이유 가운데 하나는 아이를 갖는 것이다.	1	0
2	아이가 하나면 형제가 없어 외롭게 성장하기 때문에 하나의 아이를 갖는 것은 잘못이다.	1	0
3	아이를 출산하는 것은 여자로서 가장 심오한 경험이다.	1	0
4	동성의 아이들만을 갖는 것보다 다른 성의 아이를 적어도 하나 갖는 것이 좋다.	1	0
5	아이를 갖지 않은 여자는 완전한 성취감을 결코 가질 수 없다.	1	0
6	남자는 아이의 아버지가 될 때까지는 진정한 남자가 아니다.	1	0
7	임신에 이르지 않는 성적 행위는 도덕적으로 잘못된 것이다.	1	0
8	결혼하지 않거나, 또는 아이가 없는 결혼한 사람은 아마 동성애자일 것이다.	1	0
9	여자의 첫째 역할책임은 모성이고, 어머니로서의 역할을 방해하지 않을 경우에만 직업을 갖는 것이 옳다.	1	0
10	아이가 없는 결혼한 부부는 가엽다.	1	0

3) 리커트 척도

총화평정법을 활용한 리커트 척도화(Likert scaling) 방법은 척도의 신뢰도와 타당도를 높이기 위해서는 하나의 문항보다는 일련의 여러 개 문항들을 하나의 척도로 사용해야 한다는 논리에 기초하고 있다. 리커트 척도법은 다수의 문항을 사용했을 때 나타나는 복잡성 문제를 개선하여 보다 간단하게 변수를 정확히 측정할 수 있도록 척도를 구성하는 것이다. 이 척도는 실용적이기 때문에 사회과학에서 널리 사용된다.

(1) 리커트 척도의 구성절차

① 질문문항 작성: 척도를 구성하는 질문문항을 작성한다. 변수를 평가하거나 차원을 측정하는 것으로 생각하는 다수의 질문문항을 작성한다.

② 응답자 표본 선택: 척도가 사용될 모집단이나 모집단을 대표하는 응답자의 표본을 선택한다.

③ 응답범주 결정: 각 문항에 사용될 응답범주를 작성한다. 응답범주는 대체로 5점 척도를 많이 사용하고, 가장 긍정적인(적극적인, 호의적인)항목에서 가장 부정적인(소극적인, 비호의적인) 항목에 이르기까지 균형있게 배치하여, 항목들이 동수가 되도록 한다.

④ 응답부호화: 각 응답항목에 점수를 부여한다.

⑤ 응답자에게 적용: 응답자들이 각 문항에 대해 응답범주 내에서 하나의 응답항목을 고르게 한다.

⑥ 응답점수 산정: 각 문항에 대한 응답자의 응답을 점수로 산정하고, 각 문항 점수를 합산하여 총점을 구한다.

⑦ 문항분석: 문항간의 내적 일관성과 상관성을 판단한다. 만일 어느 문항이 이들 차별적 문항들과 높은 상관관계를 갖고 있지 않다면, 이들 문항들은 척도로부터 제거된다.

⑧ 척도점수 산정: 척도문항으로 타당한 것으로 판명된 문항들에 응답한 응답자의 점수를 합산하여 총점을 구하면 그 점수가 그 사람의 태도에 대한 측정치, 즉, 리커트 척도 점수가 된다.

(2) 리커트 척도의 장점

① 사용이 용이하고 일관성이 있어 신뢰도가 높다.

② 평가자를 사용하지 않기 때문에 평가자의 주관적 개입을 배제할 수 있어 객관적인 측정이 가능하다.

③ 단순성이 있다.

④ 정밀성이다. 즉, 다수의 문항을 사용해 척도를 구성하므로 보다 정밀한 응답을 구할 수 있어 타당도가 높다.

(3) 리커트 척도의 단점

① 서열적 측정치이다.

② 일치성이 부족하다. 동일한 태도를 가진 응답자들이 응답범주 내에서 응답항목이 항상 서로 정확하게 일치한다고 보기 어렵다.

③ 개개 문항별로 구분적이지 못하다.

④ 척도를 구성함에 있어 대개의 경우 응답자 표본을 선정해야 하는데, 전제 모집단을 대표하는 표본을 선정하기가 쉽지 않다.

⑤ 재현성(reproducibility)이 부족하다. 총점이 같은 두 사람이 각 문항에 대해서 같은 응답을 하지 않는다.

〈표 5-7〉 시설장애아동의 독립성에 대한 리커트 척도

척도문항(측정문항)	응답범주(항목)				
	전혀 아니다	아니다	보통 이다	그렇다	매우 그렇다
	1	2	3	4	5
1. 숟가락을 사용하여 음식을 흘리지 않고 혼자 먹는다.					
2. 도와주지 않아도 컵으로 물을 흘리지 않고 마신다.					
3. 낮이나 밤이나 대소변을 혼자서 모두 잘 가린다.					
4. 얼굴을 비누와 수건으로 혼자서 잘 닦고 씻는다.					
5. 혼자서 잘 걷는다.					

4) 거트만 척도

거트만 척도(Guttman scaling)는 "척도 도식법(scalogram method)"이라고도 부른다. 이는 척도를 구성하는 문항들이 내용의 강도에 따라 일관성 있게 서열을 이루고 있어서 단일 차원적이고 누적적인 척도를 구성하는 대표적인 방법이다.

(1) 거트만 척도의 구성절차

① 척도구성문항을 선정한다. 조사자가 계측하고 싶어 하는 개념들에 대한 단일 차원적 척도를 형성하는 문항집단을 선택한다. 이들 문항들은 모두 표면타당도를 가져야 한다. 이들 문항들은 모두 적어도 해당 개념을 측정하는 것으로 보아야 한다.

② 척도 구성문항을 내용의 강도에 따라 순서적으로 누적적으로 배열한다.

③ 응답자의 응답을 척도도식 용지에 기입한다. 응답자의 응답을 분포에 따라 일정한 순서로 배열한다.

④ 오류를 찾는다. 응답자의 응답이 누적적으로 되어있나 검토하여 누적적으로 되어 있지 않은 경우를 오류로 간주하고 오류의 수를 파악한다.

⑤ 재생가능성 계수(CR: Coefficient of Reproducibility)를 구한다. 재생 가능성 계수가 1일 때는 완벽한 척도 구성가능성을 갖는다. 보통 재생가능성 계수가 최소한 0.90은 되어야 바람직한 거트만 척도가 된다.

$$CR = 1 - \frac{\text{오류의 수}}{\text{전체 응답의 수}} = 1 - \frac{\text{오류의 수}}{(\text{응답자 수}) \times (\text{응답 항목 수})}$$

⑥ 척도구성항목을 조정하여 척도를 구성한다. 오차의 수가 많은 척도구성문항을 제외시키고, 새로운 척도를 만든다.

(2) 거트만 척도의 장점

① 예측성이다. 모든 질문 문항들이 측정대상 속성의 정도에 따라 누적적으로 되어 있어 응답결과로부터 다른 모든 문항에 응답을 예측할 수 있다.

② 경험적 관측을 토대로 척도가 구성됨으로써 이론적으로 우월하다.

③ 복잡한 계량적 과정 없이 쉽게 서열적으로 척도화할 수 있다.

④ 단일 차원적이다.

(3) 거트만 척도의 단점

① 척도를 구성하는 질문문항의 내용을 강도에 따라 일관성 있게 누적적이 되도록 작성하기가 쉽지 않다.

② 두 개 이상의 변수를 동시에 측정하는 다차원적 척도로써 사용되기는 거의 불가능하다.

질문 문항
1. 다른 운전자에게 총을 쏜다.
2. 차에서 내려 다른 운전자를 때린다.
3. 차에서 내려 다른 운전자와 언쟁을 한다.
4. 차를 이용해 갑자기 위협적인 자세를 보인다.
5. 주먹으로 폭력을 행사하는 모습을 보여준다.
6. 자신의 차 옆을 지나는 운전자에게 소리 내어 욕을 한다.
7. 마음속으로 다른 운전자를 비난한다.

강도 ↑

[그림 5-2] 난폭운전에 대한 거트만 척도

5) 보가더스의 사회적 거리척도

이 척도는 보가더스(Bogardus)가 인종적 편견의 강도를 측정하기 위해 제시한 것으로 사회적 거리척도(social distance scale)라고도 부른다. 이것은 응답자 자신과 다른 사회적 범주(국적, 인종)의 구성원 간에 인지되는 거리감을 측정하려는 것으로 거트만 척도와 같이 누적적인 항목으로 구성되는 누적적인 척도이다. 응답자가 상이한 집단의 구성원과 갖고 싶어 하는 관계의 상호작용적 형태에 따라 측정하는 방법이다. 이 척도는 등간적인 것 같으나 문항 간의 거리는 사실상 알 수 없다. 따라서 서열적 측정에 가깝다.

〈표 5-7〉 보가더스의 사회적 거리척도

응답요령: 각 항목에 대한 귀하의 첫 인상적인 반응을 응답에 나타내십시오. 각 국민에 대한 귀하의 일반적 생각을 토대로 해당 빈칸에 'o' 표 하십시오.

점수		일본인	중국인	필리핀인	미국인
7	혼인해서 인척관계를 가진다.				
6	친구로서 같은 클럽에 소속하겠다.				
5	이웃으로서 같은 동리에 살겠다.				
4	내가 종사하는 직장에서 함께 일하겠다.				
3	우리나라 국민으로 받아들이겠다.				
2	우리나라 방문객으로 받아들이겠다.				
1	우리나라에 들어오지 못하게 하겠다.				

6) 써스톤 척도

이 척도는 써스톤(Louis L. Thurstone)이 등간척도를 구성하기 위해 고안한 하나의 기법이다. 써스톤 척도는 어떤 사실에 대하여 가장 긍정적인 태도와 가장 부정적인 태도를 나타내는 양극단을 등간적으로 구분하여 여기에 수치를 부여함으로써 등간척도를 구성하는 방법이다. 써스톤 척도는 등간의 성격을 갖는 척도를 만들기 위해서 문항평가자들을 통해 사전 평가를 시행하고 이 결과를 분석하여 각 문항에 대한 중앙값을 척도치로 부여한다. 본래의 연구에서 써스톤과 쉐이브(Thurstone & Chave)는 130개의 질문문항을 심사하기 위해 300명의 문항평가자들을 사용하였는데, 각 문항평가자가 130개의 질문문항들을 긍정과 부정의 정도에 따라 1점에서 11점까지 척도점수를 부여하고 이를 바탕으로 척도값을 부여하고, 최종적으로 적절한 일부 문항을 선택하여 척도를 구성하였다.

〈표 5-8〉 이타주의 평가에 대한 써스톤 척도.

문항	척도치	찬성
1. 사회 전체를 위해 개인의 행복을 희생시키는 것을 옳은 일이다.	4.5	
2. 아동복지시설이 우리 동네에 신축되는 것은 반가운 일이다.	5.4	○
3. 주말에 자원봉사 하는 것이 그 시간에 돈 버는 것만큼 즐거운 일이다.	9.2	○
4. 소득이 많을수록 높은 비율의 소득세를 내는 것은 바람직한 일이다.	3.8	
5. 장애인의무고용제도는 사회를 발전시키는 데 기여한다.	6.7	○
6. 건강보험 적자분을 세금으로 메우는 것은 옳은 일이다.	4.2	
7. 농어촌 출신 고등학생들의 대학 우선입학제도는 바람직한 일이다.	5.6	

7) 의미 분화척도

의미 분화척도는 어의변별 척도라고도 하며 다원적인 개념을 측정하는데 유용하게 사용되는 척도로, 어떤 개념에 함축되어 있는 의미를 평가하기 위해 고안된 것이다. 일직선으로 도표화된 척도의 양극단에 서로 상반되는 형용사를 배열하고 양극단 사이에서 해당 속성에 대한 평가를 하는 척도이다.

의미 분화척도는 구성이 용이하여 사용하기가 쉽고, 가치와 태도와 같은 주관적인 개념측정이 용이하다는 장점이 있지만, 사회과학에서 사용되는 변수는 의미의 차이가 애매한 경우가 많아 적절한 평가나 판단 기준을 확보하기 어렵다는 단점이 있다.

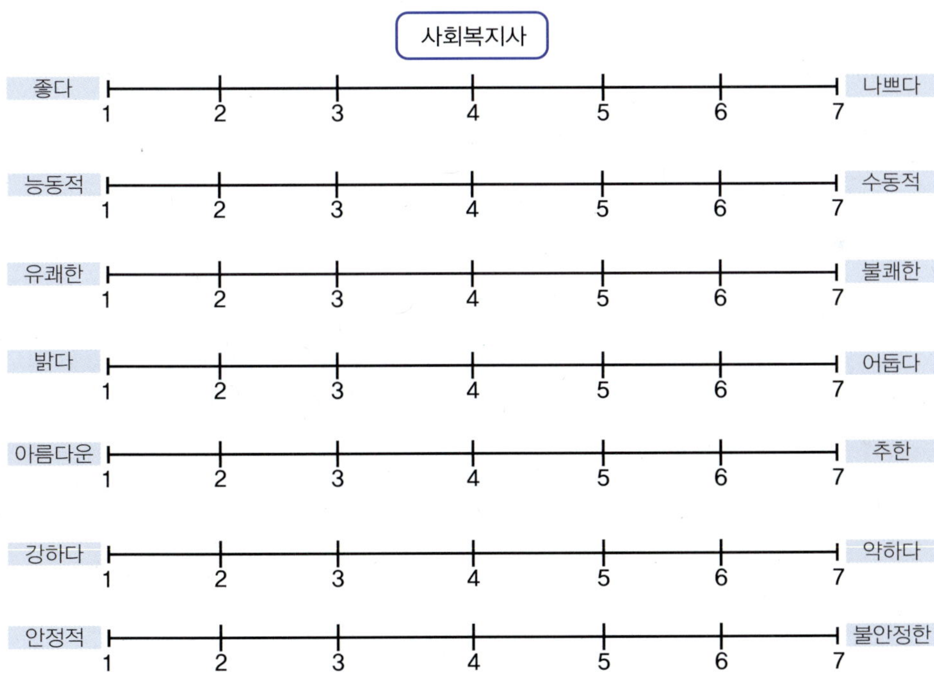

[그림 5-3] 사회복지에 대한 의미 분화척도

연습 문제

측정수준이 서로 다른 변수로 묶은 것은? (20회 기출)

① 연령, 백신접종률　② 학년, 이수과목의 수　③ 섭씨(℃), 화씨(℉)
④ 강우량, 산불 발생 건수　⑤ 거주지역, 혈액형ㅂㅈㅁ

✍ 해설: 학년은 서열변수, 이수과목의 수는 비율변수이다. ①은 비율변수, ③은 등간변수, ④는 비율변수, ⑤는 명목변수이다.

2. 척도에 관한 설명으로 옳은 것은? (21회 기출)

① 리커트 척도는 개별문항의 중요도를 차등화한다.
② 보가더스의 사회적 거리척도는 누적척도이다.
③ 평정척도는 문항의 적절성 평가가 용이하다.
④ 거트만 척도는 다차원적 내용을 분석할 때 사용된다.
⑤ 의미차별 척도는 느낌이나 감정을 나타내는 한 쌍의 유사한 형용사를 사용한다.

✍ 해설: 보가더스의 사회적 거리척도는 누적척도의 일종인 거트만 척도 방식을 활용하여 서로 다른 인종, 집단, 민족 등에 대한 사회적 거리를 측정하는 척도이다. 따라서 보가더스의 사회적 거리척도 역시 거트만 척도와 마찬가지로 누적척도에 해당한다.

3. 다음 보기는 사회적 위축에 관한 척도이다. 어느 유형의 척도를 나타내는가?

번호	질문 내용	전혀 그렇지 않다(1점)	그렇지 않은 편이다(2점)	그런 편이다(3점)	매우 그렇다(4점)
1	주위에 사람들이 많으면 어색하다.				
2	부끄러움을 많이 탄다.				
3	다른 사람들에게 내 의견을 분명하게 말하기 어렵다.				
4	수줍어한다.				
5	사람들 앞에 나서기를 싫어한다.				

① 총화평정 척도　② 거트만 척도　③ 써스톤 척도
④ 평정척도　⑤ 리커트 척도

해설: 리커트 척도는 하나의 변수를 측정하는 많은 질문 문항들을 코딩하여 가능한 점수의 변량을 증가시키는 척도이다. 또한 문항 간의 일관성을 떨어뜨리는 문항은 분석에서 제외한다.

4. 등간-비율척도에 속하는 척도는 무엇인가?
① 총화평정 척도 ② 거트만 척도 ③ 써스톤 척도
④ 평정척도 ⑤ 리커트 척도

해설: 써스톤 척도는 등간-비율 척도에 해당한다. 총화평정 척도, 거트만 척도, 리커트 척도는 서열척도에 해당한다.

정답: 1. ② 2. ② 3. ⑤ 4. ③

제6장

신뢰도와 타당도

제1절 측정의 오류

측정의 오류(error of measurement)는 기본적으로 신뢰도와 타당도에 관련된 문제이며, 조사연구 과정에서 여러 형태의 오류가 발생할 수 있다. 〈그림 6-1〉는 조사연구과정에서 발생 가능한 오류발생 원인을 단계별로 나타낸 것이다.

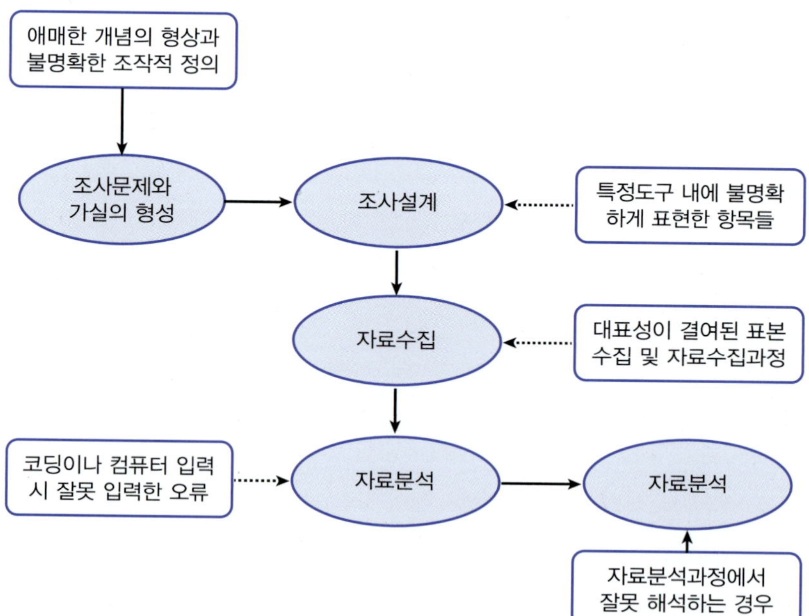

[그림 6-1] 조사연구과정에서 단계별 오류발생 원인

1. 체계적 오류

체계적 오류(systematic error)는 변수에 일정하게 체계적으로 영향을 주어 측정결과가 모두 높아지거나 낮아지게 되는 편향된 경향을 보이는 오류로서 다음과 같은 유형이 있다(사회복지사 국가자격시험 연구회, 2024).

1) 측정 오류의 유형

(1) 체계적 오류

- 일정한 양태나 일관성이 존재하는 측정 오류
- 체계적 오류는 측정의 타당도를 저해하고, 타당도가 낮은 척도의 사용은 체계적 오류를 발생시킨다.
- 체계적 오류가 발생하는 경우

① 자료수집 방법에서 발생하는 문제

ex) 교사가 지켜보는 앞에서 학생들에게 수업 만족도를 측정하는 경우

② 측정 대상자들의 역학으로 인해 발생하는 문제

ex) C당 당원들에게 A당의 정책을 평가해 달라고 한다면 상당히 가혹하게 평가할 가능성이 높지만 C당의 정책을 평가해 달라고 한다면 상당히 관대하게 평가할 가능성이 높음

③ 잘못된 측정도구 구성으로 인해 발생하는 문제(우연한 실수로 잘못 측정한 것이 아니라, 잘못된 측정 방법을 사용했기 때문제 지속적 · 체계적으로 오류가 발생하는 경우)

④ 태도와 행동을 뒤섞어 관찰할 때 발생하는 문제(태도를 측정하면서 실제로는 행동을 예측하려 하거나, 반대로 행동을 측정하여 태도를 예측하는 경우)

⑤ 측정 과정에서의 측정값이 특정 방향으로 치우치는 편향(편견, bias)이 발생하는 경우

〈고정반응(응답군)에 의한 편향〉

- 일정한 유형의 문항들이 계속 이어지면서 뒤쪽 문항으로 갈수록 응답자가 문항을 제대로 읽지도 않고 앞 문항에 대한 응답 패턴대로 비슷하게 응답하는 경향

ex) '전혀 아니다'에 몰아서 체크하는 경우

〈사회적 바람직성의 편향〉

- 자신의 실제 생각과는 무관하게 자신의 응답이 조사자에게 어떻게 비칠까를 고려하여 사회적으로 바람직한(적절한) 사람인 것처럼 보이도록 응답하는 경향(응답자가 자신에 대한 이미지를 좋게 만들기 위해 응답할 때 발생)
- 연구자가 응답자에게 유도성 질문(연구자의 의도가 포함된 질문)을 할 때 응답자가 질문자의 의도를 고려해 응답하는 과정에서 발생하는 측정 오류

ex) 교사가 교실에 동석한 상황에서 학생들에게 수업 만족도 질문지를 돌린 경우 학생들은 실제 생각보다는 '만족한다'는 식으로 일관되게 응답할 가능성이 높음

〈문화적 차이에 의한 편향〉

- 문화적 차이로 체계적 오류가 발생하는 경우
- 어떤 문화 집단에서는 자연스럽게 이해되는 사실이 다른 문화집단에서는 그렇지 않은 경우 많이 발생

ex) 김칫국물을 마시거나 온탕에 들어갔을 때 '시원하다'고 말하는 것에 대해 한국 사람들과 다른 문화권 사람들이 이해하는 방식에는 차이가 있다. 설문문항의 진술에 대해서도 같은 표현이 문화에 따라 달리 해석되어 다른 응답 경향을 낳을 수 있다.

- 체계적 오류는 일정한 양태가 있기 때문에 비체계적 오류에 비해 어느 정도 예측과 예방이 가능하다.
- 체계적 오류를 최소화하기 위해 사용할 수 있는 방법

〈신중한 척도 구성〉

- 체계적 오류는 특히 잘못된 측정도구(척도) 구성으로 인해 발생하기 때문에 신뢰도와 타당도가 확보된 측정도구(척도)를 사용하여 체계적 오류를 최소화할 수 있다.

〈응답의 익명성 보장〉

- 익명성 보장이 안 되면 '사회적 바람직성 오류'가 발생하여 좋은 방향으로 응답하는 체계적 오류가 유발될 수 있다. 따라서 응답과정에서 익명성을 보장하여 체계적 오류를 최소화할 수 있다.

〈편견 없는 단어 사용〉

- 편견이 담긴 단어나 연구자의 의도가 포함된 질문은 응답에 편향성을 낳게 된다. 즉, 특정 방향으로 응답성향이 치우치게 만들어 체계적 오류를 유발할 수 있다. 따라서 편견 없는 단어를 사용함으로써 체계적 오류를 최소화할 수 있다.

〈비관여적 관찰〉

- 비관여적 관찰은 관찰대상이 의식적으로 특정 양태로 반응하는 것을 막기 때문에 체계적 오류를 최소화할 수 있다.

(2) 무작위 오류(비체계적 오류)

- 아무런 양태나 패턴 없이 무작위로 발생하는 측정 오류.
- 측정의 신뢰도를 저해한다.
- 설문 문항이 지나치게 많을 경우 발생하기 쉽다.
- 측정의 전 과정에서 항상 나타날 수 있으며 체계적 오류에 비해 통제하기 힘들다.

무작위 오류에 해당하는 사례의 예시
- 수집된 자료를 코딩하는 과정에서 부지불식간에 값을 잘못 입력하는 경우(코딩 왜곡)
- 측정 절차가 너무 귀찮고 복잡하고 지겹고 피곤해서 응답자들이 빨리 끝내버리려고 아무렇게나 되는대로 응답하는 경우
- 사회복지 전문 용어를 잘 모르는 클라이언트에게 중개 · 옹호 · 연결 서비스를 받았는지 질문했을 때 그 내용을 정확히 이해하지 못했지만 자신이 무지하거나 비협조적으로 보일까 봐 되는대로 응답하는 경우

2) 측정 오류를 피하기 위한 방법

- 설문도구를 제작할 때 편견이 담긴 언어 사용은 피하고, 동시에 응답자가 이해할 수 있는 언어를 사용한다.
- 조사자의 사전 훈련을 철저히 한다.
- 관찰조사의 경우 클라이언트가 관찰당하고 있다는 사실을 모른다면 상대적으로 오류를 줄일 수 있다.
- 다각적 자료수집 방법(삼각화, 다각화, 삼각측정, triangulation)을 사용한다.
- 신뢰도와 타당도를 가진 측정도구(표준화된 척도)를 사용한다.
- 응답 환경을 세심하게 배려한다.

다각적 자료수집 방법(삼각측정, trangulation)
- 자료의 객관성을 높이고자 하나의 개념을 측정하기 위해 둘 이상의 관련 자료를 수집하는 것
- 측정에서 조사자 편견이 작용할 여지를 줄일 수 있다.
- 자료의 객관성을 높일 수 있다.
- 상호일치도가 높은 자료를 판별하여 사용할 수 있다.
- 측정오류를 줄일 수 있다.

제2절 신뢰도의 개념과 측정방법

1. 신뢰도의 개념

신뢰도(reliability)는 측정도구를 가지고 동일한 현상을 반복해서 관찰할 때마다 동일한 결과가 나타나는 정도를 말한다. 신뢰도의 개념에서 알 수 있듯이 신뢰도의 본질은 반복성이다. 즉, 신뢰도는 측정도구가 안정되고 일관성이 있는 정도를 가리킨다. 따라서 신뢰도가 있는 측정도구를 사용할 때에는 측정한 결과가 일관성이 있게 나타난다(황창순 외, 2011).

2. 신뢰도의 측정방법

신뢰도를 평가하는 방법은 재검사법, 대안법, 반분법, 내적 일관성, 관찰자 신뢰도 등이 있다. 구체적인 내용을 살펴보면 다음과 같다(황성동, 2010; 김갑용 외, 2011).

1) 재검사법

재검사법(test–rest method)이란 동일한 대상자에게 동일한 측정도구로 서로 다른 시간에 측정하여 두 번 실시한 값을 서로 비교하여 상관관계를 분석할 때 쓰인다. 주로 첫 번째 측정을 실시한 후 일정한 기간이 지난 후 다시 한번 측정하는 방법으로 이때 산출된 상관계수를 이용해 신뢰도를 추정한다. 그러므로 측정한 결과를 쉽게 비교할 수 있어 신뢰도 측정하는 방법으로 널리 쓰이고 있으나 응답자가 먼저 한 질문에 대한 기억으로 검사요인에 영향을 미치거나, 반복하여 측정하는 시간 동안에 생길 수 있는 성숙효과 등의 문제가 발생될 수 있으므로 유의하여야 한다.

2) 반분법

반분법(split-half reliability)은 척도의 항목을 홀수, 짝수로 나누어 두 가지 척도가 얼마나 상관관계가 있는지를 알아보는 방법으로 이분법이라고 한다. 예를 들어 직무만족도 척도는 14항목으로 구성되어 있는데 이를 짝수로, 홀수로 나누어 각기 7개 항목으로 구성된 두 개의 직무만족도 척도를 별도로 시행하였을 때 동일한 결과가 나오거나 상관관계가 높다면 신뢰도는 확보되었다고 볼 수 있다.

3) 대안법

대안법(alternate form reliability)은 조사도구와 같은 형태나 대안적 조사도구를 개발하여 두 가지를 모두 시행하고 나서 그 결과의 상관관계를 비교한다. 예를 들어 자아존중감을 측정하고자 할 때 사용하는 척도는 다양한데 그중 40문항 척도와 10문항 척도를 동일한 집단에게 각각 실시한 후 그 결과가 비슷하거나 상관관계가 높게 나온다면 이 척도는 신뢰도가 있다고 본다.

4) 내적 일관성

내적 일관성(internal consistency)은 척도의 각 개별 항목이 전체 척도와 얼마나 상호 연관되어 있느냐를 나타내는 것이다. 이 경우 모든 문항이 가질 수 있는 모든 반분신뢰도를 구한 후 그 평균값을 산출하는 방법으로 주로 SPSS(Statistical Package for the Social Sciences) 등의 통계패키지에 의해 분석된다. 특히 이 방법은 연구자가 자신이 사용하는 척도의 신뢰도를 측정하거나 나타내기 위해 사용하는 유용한 기법으로 보통 크론바하 알파계수로 나타낸다.

5) 관찰자 신뢰도

관찰자 신뢰도(observer reliability)는 한 측정도구의 결과를 관찰자나 면접자를 달리 두어 측정한 결과를 비교하는 방식을 말한다. 이를 효과적으로 수행하려면 관찰자들을 충분히 훈련시켜야 한다. 예를 들어 사회복지시설에 대한 평가에서 평가팀이 교수, 공무원, 실무자 각 1인으로 구성되었다면 이들이 동일한 시설에 대한 평가에서 비슷한 평가 점수가 나와야만 관찰자 신뢰도가 있다고 할 수 있다.

6) 신뢰도를 높이는 방법

측정도구를 구성하는 과정과 자료수집 시 다음의 사항을 고려하면 신뢰도를 높일 수 있다(정영숙, 2009).

첫째, 측정도구를 명확하게 구성하여 모호성을 제거해야 한다. 동일 개념을 구성하는 항목들이 일관되게 동질성을 지닐 수 있도록 해야 한다. 그러기 위해서는 개념이 실제현상과 연결되도록 측정 가능한 형태로 정의되어야 하고, 이러한 정의가 경험적 세계로 이어주는 측정도구에 명확히 반영되어야 한다.

둘째, 개념을 측정할 항목수를 충분히 만드는 것이 바람직한데 그 이유는 항목수가 많을수록 정규분포를 이루기 때문이다. 항목들이 정규분포를 이루는지의 여부에 따라 추론 통계에서 적용되는 분석방법이 달라진다. 또한 분석결과 나타난 통계치에 대한 신뢰도와 타당성 여부를 검증하기 위해 그리고 표본결과를 모집단에 적용하여 일반화하기 위해서도 분석대상인 항목들은 모집단과 같은 정규분포를 이루어야 한다.

셋째, 조사대상자가 인지하지 못하거나 관심이 없는 내용은 측정하지 않거나 이해할 수 있는 형태로 바꾸어야 한다. 그리고 조사대상자가 응답하는 내용을 인지하고 있는지 그리고 일관성 있는 응답을 하는지를 알아보기 위해 동일한 또는 유사한 질문을 두 번 이상 물어보는 것도 한 방법이다.

넷째, 면접자들이 조사대상자를 대할 때 일관성을 유지해야 신뢰성 있는 자료를 획득할 수 있다. 응답은 조사자의 외모나 태도, 언어, 면접기술 등에 따라 응답 내용이 달라져 오류가 개입될 여지가 있으므로 면접자는 신중하게 일관성을 가지고 자료수집에 임해야 한다.

제3절 타당도의 개념과 측정방법

1. 타당도의 개념

타당도(validity)란 "측정하고자 하는 개념을 얼마나 정확히 측정하였는가"라는 질문과 관련 있다. 즉, 타당도란 측정한 값과 대상의 진정한 값과의 일치 정도를 의미한다. 타당한 측정도구는 측정하고자 하는 바를 정확하게 측정하며, 또 측정대상이 서로 다를 경우 그만큼을 정확하게 다른 값으로 나타내 주어야 한다.

2. 타당도의 종류

타당도를 평가하는 방법은 〈그림 6-2〉과 같이 크게 내용타당도(content validity), 기준타당도(criterion), 구성타당도(construct validity)로 분류할 수 있다.

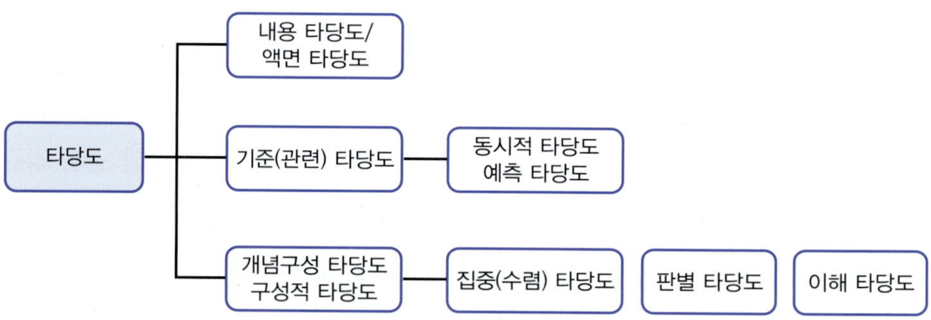

[그림 6-2] 타당도의 종류

3. 타당도의 측정방법

타당도(validity)는 체계적 오류와 관련된 타당도는 측정하고자 하는 개념의 의미를 실제로 측정도구를 이용해 잘 측정하였는지에 대해 평가하는 방법으로 내용타당도와 기준타당도, 개념구성타당도로 나누어 설명할 수 있다.

1) 내용타당도

내용타당도(content validity)는 액면타당도(face validity)라고도 불리며 측정하려는 개념을 각 문항들이 어느 정도 잘 포함하고 있는지를 연구자가 직관으로 판단하거나 이 분야의 전문가에게 견해를 물어 결정하는 방법이라고 할 수 있다. 즉, 측정하고자 하는 개념의 의미와 영역을 결정하기 위해서 문헌자료나 인터뷰, 집단상담 등을 통해 주제에 대한 구체적 범위와 조작적 정의를 통해 각각의 질문항목들이 측정하려는 개념을 잘 반영하고 있는지에 대해 알아보는 방법이다.

이와 같이 내용타당도는 연구자의 주관적 판단에 의지하여 타당도를 확인하는 방법이므로 문항 간 속성의 차이를 확인할 방법이 없어 통계적 분석에는 사용되지 않으며 보다 정교한 절차를 요한다(이팔환 외, 2004).

ex) "기말고사에서 예상하지 못한 지엽적인 문제가 나왔다. 기말고사는 1학기 전반에 걸쳐 배운 내용이 나와야 학생들의 학업성취를 제대로 측정하는 것이므로 큰 문제들이 출제되는 것이 바람직하다면 이 기말고사는 학기 중에 배운 내용을 대표하고 있다고 말하기 어렵고, 따라서 학업성취를 측정하는 척도로서의 타당도가 떨어진다. → 내용타당도의 문제(측정도구의 대표성 정도 평가)

2) 기준타당도

기준타당도는 전문가의 주관적 판단에 따라 측정도구의 타당도를 따지는 것과 달리, 보다 객관적인 외부의 기준에 의거해 측정도구의 타당도를 따지는 타당도 평가 방법을 말한다. 이미 타당도를 인정받은 기존의 측정도구와 새로운 측정도구에 의한 결과를 비교하여 새로운 측정도구의 타당성을 평가한다(사회복지교육연구센터, 2017).

(1) 예측타당도

측정도구를 이용하여 측정한 결과가 미래의 사건이나 행위, 태도, 결과 등을 얼마나 잘 예측할 수 있는가를 통해서 타당도를 평가하는 방법이다.

ex) 대학수학능력시험에서 A학생은 성적이 높게 나왔고, B학생은 성적이 낮게 나왔지만 두 학생 모두 같은 학과에 합격하였다. 입학 후에 B학생이 A학생보다 공부를 더 잘하는 것으로 나타났다면 입학시험의 원래 목적인 입학 후의 수학능력의 예측이라는 측면에서 측정도구인 입학시험은 측정목적인 입학 후 수학능력과의 상관관계가 결여됐으므로 수학능력을 예측하는데 실패했기에 예측타당도가 낮다고 할 수 있다.

(2) 동시타당도

예측타당도를 확인하려면 예견된 사건이 일어나는지를 확인하기 위해 일정 정도의 시간을 기다려야 한다. 그와 달리 동시타당도는 측정도구의 측정값을 외적인 기준과 동시적인 시점에서 비교하여 타당도를 평가하는 방법이다. 기준이 되는 다른 측정도구의 측정값 혹은 이미 존재하고 있는 측정도구와 비교하여 그 결과가 얼마나 일치하는가를 따짐으로써 측정도구의 타당도를 평가하는 방법을 말한다.

ex) 우울을 측정하기 위해 만든 측정도구가 타당도가 있는지 알아보기 위해 타당도가 이미 검증된 다른 우울 측정도구를 측정대상들에게 동시에 적용한 뒤, 두 측정도구의 값을 비교하는 것은 동시타당도에 해당된다. 혹은 우울을 측정하기 위해 만든 측정도구의 타당도를 알아보기 위해 측정대상들에게 해당 측정도구에 응답하게 한 뒤 바로 정신과 의사를 면담하게 한 후 정신과 의사가 우울이 의심된다고 지목한 사람이 측정도구에서의 측정값도 높았는지를 비교하는 방법 역시 동시타당도에 해당된다. 정신과적 질환을 판별하는 것과 관련해 이미 존재하는 공인된 외적 기준이라고 볼 수 있기 때문이다.

3) 개념구성타당도

개념구성타당도(construct validity)는 가장 높은 수준의 평가방법으로 측정하고자 하는 개념이 여타 관련을 맺고 있는 개념이나 가정을 토대로 하여 그 개념인 전반적인 이론적 틀 속에서 측정도구의 타당성을 경험적으로 평가하는 방법이다(이창희 외, 2011). 예를 들어 결혼만족도 척도를 새로 개발하여 이 척도의 타당도를 측정한다고 가정해 보자.

이론적으로 결혼만족도가 낮을수록 가정폭력이 많이 발생한다면 경험적으로 개발한 척도에서 결혼만족도 점수가 높은 부부일수록 가정폭력이 적게 나타나야 한다. 만약 결혼만족도가 높거나 낮은 사람들이 가정폭력에서 별 다른 차이를 보이지 않으면 새로 개발한 결혼만족도 척도는 개념구성타당도가 떨어지는 것으로 판단할 수 있다. 그러나 이론적으로 예측한 결과가 반드시 나타나지 않아다 하더라도 반드시 개념구성타당도가 확보되지 않은 것은 아니다. 그 이유는 기존 이론에 문제가 있을 수 있거나 조사설계가 잘못되어 그럴 수도 있기 때문이다(채서일, 1998).

(1) 수렴타당도

동일한 개념을 측정하기 위해 서로 다른 두 가지 방법을 개발하고 측정결과 얻어진 결과들 간에 높은 상관관계가 존재할 때 수렴타당도(convergent validity)가 높다고 한다. 예를 들어 우울증 측정을 위한 두 가지 도구를 개발했다고 하자. 분석결과 우울증에 걸린 사람을 의사가 진단한 것과 새로 개발한 우울척도의 점수 간에 상관관계가 높았다면 수렴타당도가 높다고 할 수 있다.

(2) 판별타당도

같은 측정도구로 서로 다른 개념을 측정했을때 얻어진 측정치들 간에 상관관계가 낮다면 판별타당도(discriminant validity)가 있다고 한다. 예를 들어 동일한 척도로 언어적 능력검사와 수리력 능력검사를 실시한 결과 다른 결과가 나타났을 때 판별타당도가 높다고 말할 수 있다.

(3) 이해타당도

이해타당도(nomological validity)는 특정 구성개념을 이론적 구성도에 따라 체계적, 논리적, 포괄적으로 이해하고 있는 정도를 의미한다. 여러 개념을 체계적으로 이용한 이론이나 측정도구가 이해타당도가 높다고 할 수 있다. 예를 들어 지능의 경우 창조력, 문제해결능력, 판단력, 순간적인 대처능력 등으로 다양하게 정의될 수 있는데, 이를 모두 측정도구에 적합하게 담고 있다면 이해타당도가 높다고 할 수 있다.

제4절 신뢰도와 타당도와의 관계

신뢰도와 타당도의 관계를 이해하기 위해서는 각각의 의미를 잘 파악해 두 가지를 동시에 충족할 수 있는 최상의 방법을 선택해야 한다.

이와 같은 관계를 이해하기 쉽도록 사격선수가 과녁을 향해 사격을 시작할 때 벌어질 수 있는 상황에 대한 비유를 예를 들면 다음과 같다.

〈그림 6-4〉의 ②번과 같이 사격선수가 고장 난 총을 가지고 과녁이 아닌 곳에 집중적으로 쏘았다고 가정해 본다. 결과는 일관되게 한곳에 집중되어 일관된 결과에 따른 신뢰도는 높다고 할 수 있으나 처음에 과녁을 명중하고자 했던 의도는 빗나가 과녁을 벗어났으므로 타당도는 낮게 된다.

이번에는 〈그림 6-4〉의 ③번과 같이 제대로 된 총으로 과녁을 명중했다고 가정한다. 이때는 타당도도 높을 뿐 아니라 계속해서 과녁을 중심으로 쏘게 되어 신뢰도 또한 높아지게 됨을 알 수 있다.

이와 같이 신뢰도가 높다고 반드시 타당도가 높은 것이 아님을 알 수 있겠으나, 이를 다시 생각해 보면 신뢰도가 높다고 반드시 타당도가 높은 것이 아님을 알 수 있다. 그러므로 타당도를 확보하면 신뢰도는 당연히 높으나 신뢰도만의 확보는 타당도의 높음을 뜻하지 않음을 알 수 있다. 즉, 타당도는 신뢰도의 충분조건이며 이에 반해 신뢰도는 타당도의 필요조건일 뿐이라는 것을 알 수 있다.

현재 이루어지는 대부분의 조사연구는 연구하고자 하는 목적에 부합되는 합당하고 정확한 측정이 이루어졌는지를 알아보는 타당도의 확보가 우선시된다. 그러므로 기본적으로 개념에 대한 충실한 반영을 전제로 하는 타당도의 확보는 신뢰도 또한 높일 수 있는 가장 기본적인 방법이므로 특히 양적 조사를 실시하는 경우 타당도와 신뢰도를 동시에 밝힐 수 있도록 노력하여야 한다(최성재, 2005).

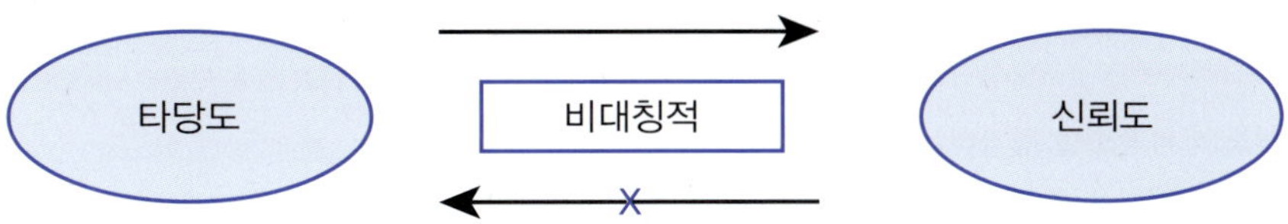

[그림 6-3] 타당도와 신뢰도의 관계

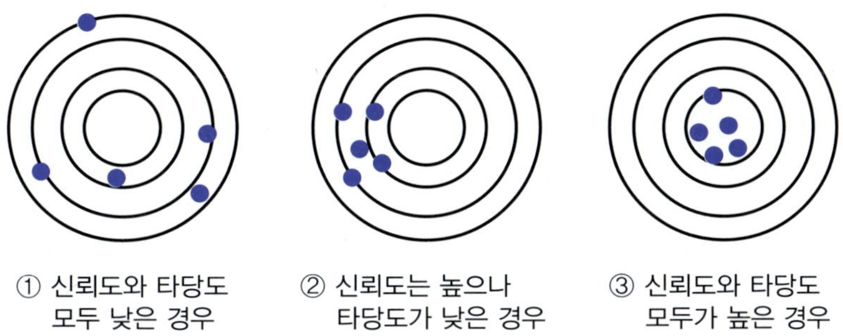

[그림 6-4] 타당도와 신뢰도와의 관계 예

연습 문제

신뢰도에 관한 설명으로 옳은 것을 모두 고른 것은? (20회 기출)

① A　② B　③ A, B　④ A, C　⑤ A, B, C

✍ 해설: 신뢰도를 평가하는 방법에는 관찰자 간 신뢰도, 재검사법, 대안법(=유사양식법, 평행양식법, 복수양식법), 반분법, 크론바의 신뢰도계수 등이 있다. 신뢰도는 타당도의 필요조건이지만 충분조건은 아니다. 또한 타당도는 신뢰도의 충분조건이다. 측정할 때마다 실제보다 5g 더 높게 측정되는 저울은 타당도는 낮지만 신뢰도는 있다.

2. 척도의 타당도를 평가하는 기준이 아닌 것은? (20회 기출)

① 하나의 개념을 측정하는 개별 항목들 간의 일관성
② 이론적으로 관련성이 없는 두 개념을 측정한 두 척도 간의 상관관계
③ 어떤 척도와 기준이 되는 척도 간의 상관관계
④ 개념 안에 포함된 포괄적인 의미를 척도가 포함하는 정도
⑤ 개별 항목들이 연구자와 의도한 개념을 구성하는 요인으로 모이는 정도

✍ 해설: 하나의 개념을 측정하는 개별 항목들 간의 일관성은 척도의 신뢰도를 평가하는 기준에 해당한다.

- 신뢰도의 키워드는 일관성, 타당도의 키워드는 정확성
- 타당도의 평가방법: 내용타당도, 기준타당도(예측타당도와 동시타당도), 개념타당도(수렴타당도, 판별타당도, 이해타당도)

3. 타당도와 신뢰도에 관한 설명으로 옳은 것은?

① 타당도는 측정하고자 하는 개념을 일관성 있게 측정하였는가와 관련 있다.
② 타동도 문제는 자료수집 과정에서, 신뢰도 문제는 측정도구 작성 과정에서 발생한다.
③ 복수양식법을 통해 동시 기준타당도를 확인할 수 있다.
④ 타당도는 신뢰도의 필요조건이다.
⑤ 신뢰도는 타당도의 필요조건이다.

✍ 해설: 신뢰도가 높다고 해서 타당도가 높은 것은 아니다. 즉, 신뢰도를 타당도의 충분조건이라고 볼 수는 없다. 그러나 타당도를 갖추려면 신뢰도가 필요하다. 따라서 신뢰도는 타당도의 필요조건이다.

정답: 1. ④ 2. ① 3. ⑤

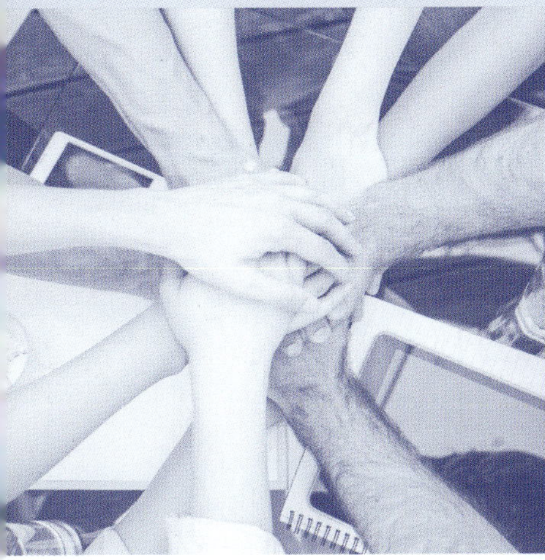

제7장

표집(표본추출)

제1절 표집의 기본 개념

1. 표집의 정의

일반적으로 사회과학분야에서는 연구대상으로 삼는 사람, 집단 또는 사건의 전수를 모두 조사하고 분석하지 않고 전체 대상 가운데 일정한 범주에 속하는 일부를 선택하여 조사를 실시한다. 즉, 전수조사를 실시하지 않고 표본조사를 실시한다. 〈그림 7-1〉에 나타난 것처럼 조사목적을 달성하기 위해서 연구대상 전체인 모집단(population)으로부터 모집단을 대표하도록 선택된 일부를 표본(sample)이라고 한다. 이러한 표본을 선택하는 과정을 표집(sampling) 또는 표본추출이라고 하며, 추출된 표본으로부터 모집단의 특성을 추정하는 과정을 추리통계의 과정이라고 한다(이창희 외, 2011).

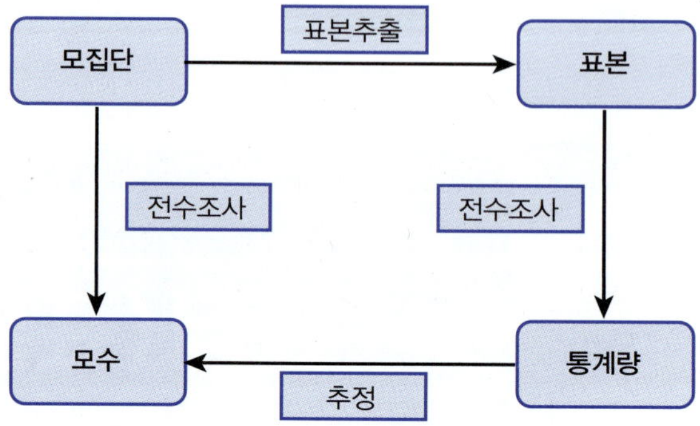

[그림 7-1] 전수조사와 표본조사의 관계

출처: 김병진 외(2006).

2. 표집의 장점·단점

1) 표집의 장점

- 경제성: 전수조사보다 물적·인적 자원이 절약된다.
- 신속성: 시간이 많이 걸리지 않기 때문에 연구가 지체되지 않고 조사기간 동안에 상황이 변할 수 있는 등의 단점을 극복할 수 있다.
- 가능성: 모집단 전체를 파악할 수 없는 경우가 있고 수가 너무 많아서 조사가 현실적으로 불가능할 수 있으므로 표본을 사용한다.
- 정확성: 조사량이 많지 않기 때문에 유능한 조사자들에 의해 조사될 수 있으므로 연구대상을 정확히 파악할 수 있다.
- 응답률: 응답자로부터 높은 응답률과 협조를 받을 수 있다.
- 조직적 반발의 방지: 표본을 사용함으로써 많은 사람들의 감정을 상하게 하지 않을 수 있으며 감정이 상한 사람은 똑같은 질문을 접한 다른 응답자의 신원을 모르기 때문에 공통된 관심을 가지고 조직화될 가능성이 적다.
- 신뢰도: 전수조사를 하기 위해서는 상당수의 면접자 또는 조사자가 필요하기 때문에 조사자 간의 신뢰도 문제가 발생할 가능성이 높다.

2) 표집의 단점

- 모집단을 대표할 수 있는 표본을 찾기 어렵다. 표본은 모집단의 부분 집합으로서 대표성을 가져야 하는데 표본이 모집단을 대표하지 못할 경우 일반화 가능성이 낮아진다.
- 모집단의 크기가 작은 경우에는 표집의 큰 의미가 없다. 모집단이 작으면 모집단을 조사하면 되기 때문에 표집을 추출하여 조사하는 것이 의미가 없어진다.
- 표본설계가 복잡한 경우에는 시간과 비용이 더 소요될 수 있고 표본설계가 잘못된 경우에는 오차가 발생할 수 있다.

3. 표집 관련 용어

1) 표본조사(sampling)

전체 모집단에서 일부만을 선정해 표본을 추출하고 추출된 표본을 가지고 다양한 조사를 실시하는 방법이다.

2) 전수조사(population study)

전수조사란 연구하고자 하는 모든 대상 전체를 조사하는 방법이다.

3) 표집요소(sampling element)

자료를 수집할 때 조사대상의 기본단위를 뜻하며 자료분석과정에서 분석단위(unit of analysis)와 일치하는 경우가 많다. 표집요소로 개인이나 집단, 조직들을 들 수 있다.

4) 전대상(universe)

특정연구를 위해 연구하고자 하는 모든 사물이나 현상 등이 대상이 될 수 있다. 만약 조사하려는 요소가 청소년이라면 모든 청소년이 전대상이 되며 구체적으로 이론화되지 않아 거의 사용되지 않는 개념이다.

5) 모집단(population)

연두대상인 전대상 중에서 실제로 조사할 수 있는 현실적인 연구대상을 말한다. 즉, 시간, 공간, 자격을 구체화시켜 정의한다. 모집단 가운데 표본이 실제로 추출되는 모집단을 연구 모집단(study population) 또는 조사 모집단(survey population)이라고 한다.

ex) 장애인에 대한 비장애인의 편견 조사의 경우
19세~60세 사이의 장애범주에 있지 않은 성인
도시지역에 살고 있는 등록 장애범주에 있지 않은 초등학생

6) 표집(sampling)/(표본추출)

모집단에서 표본을 선택하는 과정이며 표본추출이라고도 한다.

7) 표집단위(sampling unit)

표집과정 중에 대상이 되는 단위로서 주로 개인이나 집단 등이 표집단위가 될 수 있다.

ex) 전국단위 조사에서 시 · 도를 1차 표집하고, 표집된 시 · 도에서 시 · 군 · 구에서 읍 · 면 · 동을 표집하고, 읍 · 면 · 동에서 개인을 표집할 경우 표집단위는 시 · 도 · 군 · 구 · 읍 · 면 · 동, 개인이 되는 것이다.

8) 표집틀(sampling frame)

표본이 실제 추출되는 연구대상 모집단 전체의 목록을 말한다. 일반적으로 표집틀을 평가하는 3가지 기준은 포괄성(comprehensiveness), 추출될 확률(probability of selection), 효율성(efficiency)이다.

표집틀을 선정할 때 유의할 사항은 첫째, 표집틀이 연구대상인 모집단 전체를 얼마만큼 포함하고 있는지에 대한 포괄성에 주의해야 한다. 둘째, 표집틀에서 모집단의 요소들이 표본으로 골고루 추출될 확률이 동일해야 한다. 셋째, 조사자가 연구하고자 하는 필수요소들만 있는 표집틀을 선택해야 시간과 비용을 절약할 수 있다(오혜경, 2005).

ex) 한 고등학교 학생들 중 일부를 표본으로 추출한다면 학생들의 출석부나 학생명부 등이 표집틀이 될 수 있다.

9) 관찰단위(observation unit)와 분석단위(analysis unit)

자료수집의 단위가 관찰단위이고, 자료수집 내용에서 실제 분석하는 단위가 분석단위이다. 일반적으로 관찰단위와 분석단위는 동일하지만, 동일하지 않는 경우도 있다.

ex) 가구주와 면접을 통해 가구구성원에 대한 정보를 수집하는 경우가 있는데, 여기서 관찰단위는 가구주가 되지만, 분석단위는 가구구성원이 된다.

10) 변수(variable)

모집단의 요소가 가지는 상호배타적이고 서로 다른 속성을 말한다. 변수는 반드시 변량(variation)을 가지고 있어야 하며, 반드시 2개 이상의 변수값(values)을 갖는다.

11) 통계치(statistic)

모집단에서 추출된 표본의 변수를 요약하여 기술한 수치이다. 표본에서 관찰한 통계치를 활용하여 모수를 추정하는데, 전형적으로 표본의 평균연령이나 소득 등이 바로 통계치이다.

ex) 표본조사에서 나타난 장애인 근로자의 월 평균수입이 100만원이라면 이 값은 통계치이다.

12) 모수(parameter)

모집단에서 변수를 요약한 수치이다. 한 도시의 범죄율이나 가구 소득 등이 바로 모수이다. 대부분 사회조사에서는 모수를 정확히 알지 못하며 다만 표본관찰에 근거해서 모집단의 특징인 모수를 추정하는 것이다.

ex) 장애인 근로자의 월 평균수입이 100만원이라는 값의 통계치를 토대로 모집단인 우리나라 장애인 근로자의 월 평균수입이 100만원이라고 추정하면 이것은 모수이다.

13) 표집간격(sampling interval)

모집단으로부터 표본을 체계적 표집방법(systematic sampling)으로 추출할 때 사용하는 용어로서, 추출되는 표본사이의 간격을 의미하며, (모집단의 크기/표본의 크기)로 구해진다.

ex) 전국의 150만 국민기초생활보장대상자 가운데 100,000명을 뽑아 실태조사를 실시할 경우 표집간격은 15이다.

14) 표집오차(sampling error)

표집과정에서 발생하는 모집단과 표본과의 통계적 차이를 말한다. 표본의 통계치들이 모집단의 모수와 정확히 일치하지 않고 그 주위에 분산되어 있는 정도이다. 즉, 통계치가 모수와 다른 정도이다. 표본조사를 통해 얻은 모수의 추정값은 전수조사에 의한 모수 만큼 정확하지는 않다.

15) 신뢰수준(confidence levels)/신뢰구간(confidence interval)

통계치를 가지고 모수를 추정할 때, 이 추정값은 오차범위를 의미한다. 즉, 신뢰수준 95%라고 하는 경우에 실제 모수와 추정된 모수 사이의 오차범위가 ±5%라는 의미이다.

ex) 신뢰수준 95%로 통계치의 평균이 100만원이라면, 실제 모수의 평균은 95만원에서 105만원 사이에 있다.

4) 표본설계

표본설계는 연구대상이 되는 모집단을 확정하고, 적당한 표집틀을 선정한 후 표집의 방법과 표본의 크기를 결정하고 실제로 표본을 추출하는 과정을 거친다. 표본설계과정을 살펴보면 〈그림 7-2〉와 같다(사회복지교육연구센터, 2011).

[그림 7-2] 표본조사 설계과정

(1) 모집단의 확정

연구목적에 부합되는 자료를 얻기 위해서는 가능한 정확한 모집단의 규정이 필요한데 이를 위해서는 연구대상, 표본단위, 범위, 시간의 네 가지 요소를 명확히 해야 한다.

ex) 모집단의 규정

연구대상	18세부터 30세까지의 여성
표본단위	18세부터 30세까지의 여성
범위	전국
시간	2012년 3월 1일~4월 1일

연구대상	S기업에서 생산하는 전자제품
표본단위	백화점, 대형유통업체, 대리점
범위	전국
시간	2012년 4월 1일~4월 30일

(2) 표집틀 선정

표집틀은 모집단의 구성요소 목록을 의미한다. 좋은 표집틀이란 모집단의 구성요소 모두를 포함하면서 어떠한 요소도 이중으로 포함되지 않는 목록이다.

ex) 표집틀

- 물리적인 형태의 표집틀: 대구광역시 전화번호부
- 비물리적인 형태의 표집틀: 매 시간마다 상점 내에 머물고 있는 구매자를 표본으로 추출

(3) 표집방법의 결정

표집틀이 선정되면 어떤 방법으로 모집단을 대표할 수 있는 표본을 확보할 것인지에 대한 검토가 있어야 한다. 확률 표집방법과 비확률표집방법이 있다.

(4) 표본추출

결정된 표집방법으로 표본을 수집한다.

제2절 표집방법의 유형

표집방법의 유형은 〈그림 7-3〉과 같이 확률표집(probabilistic sampling)과 비확률표집(non probabilistic sampling) 두 가지를 들 수 있는데, 확률표집은 연구자의 개입 없이 모집단의 모든 요소들이 동일하게 추출될 수 있는 확률이 사전에 결정된 확률에 의해 표본추출이 이루어지는 방법이다.

비확률표집은 모든 요소들이 표본으로 추출될 확률을 알 수 없을 때 사용하는 방법으로 연구자의 주관에 의해 표집이 이루어지는 방법이라고 할 수 있다. 확률표집과 비확률표집의 유형별로 그 특징을 살펴보면 다음과 같다(Royse, 2004).

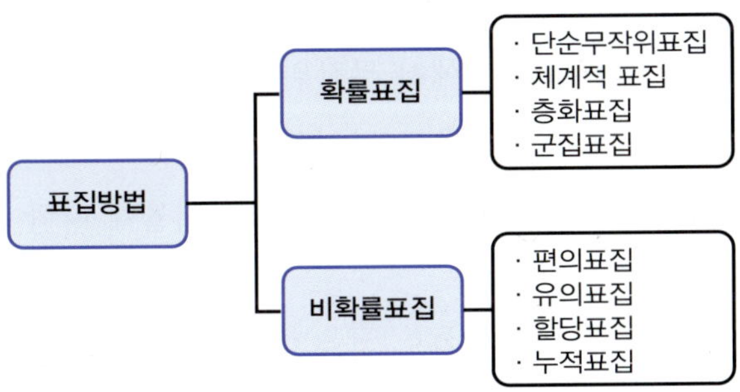

[그림 7-3] 표집방법의 유형

1. 확률표집

1) 단순무작위표집(simple random sampling)

확률표집 가운데 가장 기본적인 유형으로 모집단의 각 요소가 표본으로 뽑힐 확률이 동일하다는 원칙이 적용되고 이론적으로 모집단의 특성을 가장 잘 반영해 주는 표집방법이다. 그러므로 다른 확률표집을 활용한다고 하더라도 기본적 혹은 최종적 단계에서 이 원리가 적용된다.

단순무작위방법의 대표적인 예로는 조사 대상자 모두에게 번호표를 부여한 후 바구니에 번호표를 다 집어넣고 하나씩 번호표를 뽑아내는 것을 들 수 있다. 이 경우 각 번호표는 표본으로 뽑힐 확률이 항상 일정하다. 또는 난수표를 활용하여 원하는 표본의 수만큼 난수표에 해당되는 번호를 추출해 낼 수 있다. 이렇게 단순무작위표집은 손쉽게 표집 할 수 있는 장점이 있지만, 현실적으로 모집단의 규모가 큰 경우에는 기본적인 조건의 모집단의 각 요소에 일련번호를 부여할 수 있어야 하는데 실제로 모집단의 규모가 클 경우 일련번호를 모두 부여하는 것이 불가능하게 되어 단순무작위방법을 사용하기 어렵다.

2) 체계적 표집(systematic random sampling)

무작위표집의 장점을 살리면서 모집단에서 일정한 순서에 따라 표본을 추출하는 방법이다. 우선, 전체 모집단에서 무작위표집의 표집틀(sampling frame)−모집단의 구성원 리스트−에 일련번호를 부여하고 전체 모집단을 원하는 표본 수로 나누어 표집비율을 정한다. 이렇게 결정된 표집비율에 따라 모집단에서 일정 비율로 표본을 반복적으로 뽑는다.

예를 들면 모집단이 1만 명인 경우 표본을 100명으로 결정하면 표집비율은 1/100(0.1)이 된다. 이때 최초의 시작점은 난수표 등을 이용하여 무작위로 결정하며 여기서 시작하여 매 100번째 시작점은 표본으로 결정한다. 만약, 시작점의 숫자가 7로 결정되었다면 7, 107, 207……의 순서로 100명이 될 때까지 계속 뽑게 된다.

3) 층화표집(stratified random sampling)

모집단을 우선 층화(소집단)로 나누고 각 층화에서 무작위표집을 하는 방법이다. 층화표집은 모집단의 속성에 대한 이해를 바탕으로 한다. 즉, 모집단에 대해 알고 있는 속성을 기초로 모집단을 층화로 나눈 후 각 층화별로 무작위표집을 하는 것이다. 일반적으로 층화를 구분하는 기준은 성별, 지역 등 모집단의 특성에 따라 나누는 것으로 조사하고자 하는 목적에 따라 다르게 적용할 수 있다. 예를 들면 학생 수 3만 명의 대학에서 300명의 학생을 대상으로 총장 선출 방식에 대한 의견을 묻고자 한다. 이때 모든 학년을 대상으로 하지는 않고 다만 1학년과 4학년만을 대상으로 하며, 1학년의 수가 4학년의 두 배라고 한다면 1학년에 200명 4학년에 100명을 각각 배정한다. 그리고 각 학년에서 무작위로 200명 및 100명을 추출하게 되는 경우다.

4) 집락표집/군집표집(cluster sampling)

표집 단위를 개인이 아닌 집락 즉, 자연집단을 단위로 하는 표본추출방법이다. 집락표집은 모집단을 기존의 지리적 구획 또는 행정적 구분단위로 나누어진 집락을 기초로 해서 몇 개의 부분 단위로 나누고 이러한 부분 단위에서 무작위로 표본을 추출하는 방법이다.

집락표집 중 단순집락표집(또는 1단계 집락표집)보다는 다단계집락표집을 더 자주 사용한다. 단순집락표집은 한 번 추출된 집락을 근거로 그 집락에서 무작위표집으로 표본을 선정하는 반면, 다단계집락표집은 몇 단계로 집락을 무작위표집 한 다음 최종 표지 단위에서 개별 요소를 무작위로 추출한다. 예를 들면 지역 단위 또는 지리적 단위를 집락으로 할 경우 행정구역(예: 광역자치단체, 기초자치단체 등)을 주로 활용한다. 이렇게 표본 지역이 집락으로 선정되고 나면 선정된 표본 지역의 가구 명부를 기초로 표본 가구를 선정한다. 그런 다음 이들 선정된 가구의 가구원을 모두 조사하거나 가구원 중에서 다시 표본을 선정하여 조사할 수 있다.

2. 비확률표집(non-probability sampling)

1) 편의표집/임의표집/우발적 표집(convenience sampling/accidental, availability, haphazard sampling)

시간과 공간을 정해 두고 표본을 편리성에 기준을 두고 선택하는 방법이다. 예를 들면 조사자가 어떤 이슈에 대한 조사를 위해 특정 시간과 장소를 정해서 그곳을 지나가는 사람이나 그곳에 모인 사람을 대상으로 편의적으로 표본을 선정하여 조사를 하는 것이다. 하지만 이 방법은 표본의 임의성 때문에 모집단을 대표할 수 없다.

2) 유의표집/판단표집/ 의도적 표집(purposive sampling)

조사자가 조사 의도에 맞는 대상을 표본추출하는 것으로써 그 대상은 조사 목적을 가장 잘 반영하는 사람들이 된다. 그러나 이렇게 선정된 표본은 모집단의 전형적인 사례가 될 수 있지만, 확률적 표집 절차를 따른 것이 아니므로 모집단을 대표할 수는 없다. 예를 들면 학생운동을 하는 학생의 이념적 성향을 조사하기 위해 운동권 학생을 조사할 경우 학교에서 쉽게 접촉할 수 있는 운동권 학생들을 대상으로 일정 규모에 이를 때까지 표본으로 선정할 수 있다. 하지만 이 경우 표본으로 선정된 학생들이 전체 운동권 학생을 대표한다고 볼 수 없다.

3) 눈덩이 표집/누적 표집/(snowball sampling)

눈덩이 표집은 최초의 표본에서 시작하여 조사 대상자를 점진적으로 확대해 나가는 방법이다. 조사자는 우선 최초의 표본에서 얻은 정보를 바탕으로 다음 표본으로 연결범위를 확대해 나간다. 이 표집은 모집단에 대한 사전 정보가 거의 없어 탐색적으로 조사할 때 주로 사용되는 방법이다. 예를 들면 자폐아동에 대한 부모의 양육부담을 조사한다면 한 자폐아동 부모에게서 다른 부모에 대한 정보를 얻고, 여기서 다른 부모에 대한 정보를 통해 점차 표본을 확대해 나가는 것이다.

4) 할당표집(quota sampling)

조사자가 임의로 만든 할당표본 틀을 이용하여 표본을 선정하는 방법이다. 즉, 모집단의 여러 속성을 참고로 하여 표본 수를 할당하고 각 할당된 범위 내에서 표본을 선정하는 것이다.

ex) C 복지관에서 이용자 300명의 표본을 할당표집할 경우 이용자 성별 비율(남 4: 여 6)을 고려하여 표본 수를 할당하면(남 120명, 여 180명) 할당표집이 된다. 층화표집과 유사하지만 실제 표본추출에 있어서 무작위 추출 방법을 사용하지 않는다는 차이가 있다.

〈표 7-1〉 표집 유형 비교

확률표집	구분	비확률표집
• 모두 표본추출이 가능 • 사전에 확률 값을 알 수 있음	표본요소의 표집확률	• 표본으로 추출될 확률이 0인 경우 • 확률 값을 사전에 모름
정확한 표본프레임이 필요함	표본 프레임	표본프레임이 사전에 모름
높음	표본의 대표성	대표성을 보장할 수 없음
추정 가능	모수에 대한 추정오차	추정 불가능
많이 소요됨	소용시간과비용	적게 소요됨
• 단순무작위표집 · 체계적 표집 • 층화표집 · 집락표집	표집방법의 종류	• 편의 표집 • 유의표집 • 눈덩이 표집 • 할당표집

〈표 7-2〉 표집방법별 장 · 단점

구분	표집방법	장점	단점
확률표집	단순무작위표집	• 이해가 용이 • 활용이 용이	• 표집틀 구축이 어려움 • 낮은 정밀도 • 대표성을 보장할 수 없음
	체계적 표집	• 단순무작위표집보다 이해가 용이 • 대표성이 증대됨	• 대표성이 떨어질 수 있음
	층화표집	• 가능한 모든 부분집단이 포함 • 정밀도 역시 증가됨	• 층화가 관련된 변수선택 어려움 • 변수가 많을 경우 층화가 어려움 • 비용이 많이 소요됨
	집락표집	• 적용이 용이 • 비용이 효율적임	• 정밀하지 못함 • 계산과 결과해석에 어려움
비확률표집	편의표집	• 최소의 비용과 최소의 노력 • 최소의 시간 소비	• 표집에 편의가 발생 • 대표성 없는 경우가 있음 • 설명적 조사에는 부적합
	유의표집	• 낮은 비용과 편의성 • 시간소비가 없음	• 일반화의 어려움 • 연구결과에 대한 신뢰성 한계
	눈덩이 표집	• 표본은 특정한 특성에 의해 통제	• 표집에 편의가 발생 • 대표성을 보장할 수 없음
	할당표집	• 모집단 특성이 많지 않은 경우 적합	• 많은 시간이 소요 • 일반화와 계량화의 어려움

제3절 표본의 대표성 및 크기와 오차

1. 표본의 대표성

표집을 실시할 때 모집단의 특성과 표본의 특성이 거의 비슷하다면 대표성(representativeness)이 높다고 할 수 있다.

예를 들어 전국의 사회복지학과 대학생을 대상으로 자원봉사에 대한 인식과 실천에 관련된 조사를 실시하고자 할 때 모집단인 전국의 대학생 중에 표본으로 추출된 대학생들은 다양한 요인과 특성이 골고루 반영되어 있어야 한다. 즉, 대도시와 농어촌 학생, 비장애인학생, 성적이 높은 학생과 낮은 학생 등의 인식과 실천에 영향을 미칠 만한 요인들이 표본에 모두 포함되어 있어야 한다. 그러나 추출된 표본이 어느 한 특성만을 갖고 있는 대학생에게만 편중되어 표집이 이루어졌다면 이 같은 과정에서 측정된 표본통계치에 대해 신뢰할 수 없게 된다. 이처럼 모수란 반드시 대표성이 확보된 표본을 통해 구해진 통계치에 의한 모수추정이 가능하며 특히 양적 연구 확률표집의 방법을 사용해 모든 요소가 동일하게 뽑힐 수 있는 표본의 대표성을 확보할 수 있다. 이와 반대로 좀 더 중점적인 깊은 연구만을 목적으로 하는 비확률표집인 경우에는 표본의 대표성 여부와는 별개로 더 많은 정보를 얻고자 할 때 쓰인다(김환준, 2007).

2. 표본의 크기

모집단을 대표할 수 있는 정확한 모수를 구하기 위해서는 많은 표본의 수를 뽑아 통계치로 분석하는 것이 가장 바람직하다. 그러나 현실적으로 너무 많은 노력과 경비가 들 수 있으므로 연구목적에 맞는 모집단의 특성을 반영한 표본을 추출해 정확한 통계분석 결과를 얻으려면 표본의 크기를 결정하는데 다음과 같은 원칙을 고려해 표집이 이루어져야 한다.

첫째, 표본의 크기가 크면 클수록 모수의 정확한 추정이 가능해진다. 예를 들어 다문화가족 자녀의 장애발생률을 구하고자 할 때 8%의 통계치가 나온 결과와 9%의 나온 결과와의 차이는 매우 크다고 할 수 있다. 이와 같이 정확한 모수를 측정하려 한다면 표본의 수를 크게 잡아야 한다.

둘째, 모집단 내의 특성들이 서로 상이한 정도를 고려하여 표본의 크기를 증가시켜야 한다. 이는 모집단을 구성하고 있는 요소가 서로 동일하다면 단 하나의 표본만으로도 모집단의 특성을 정확하게 반영할 수 있으나 서로 이질성 정도가 큰 경우에는 다양한 특성들이 골고루 표본으로 뽑혀져야 모집단의 특성을 잘 반영할 수 있기 때문이다.

셋째, 변수 간의 상관관계를 분석하고자 할 때에는 사용되는 변수의 수와 표본의 수는 비례하여야 한다. 예를 들어 노인의 자살에 미치는 영향을 분석하고자 할 때 '연령, 성별, 경제력, 질병, 교육수준 등'의 속성에 관련된 자료들은 위의 5개 변수들을 골고루 측정할 수 있도록 더 많은 대상을 필요로 하는 충분한 표본의 수가 고려되어야 한다. 왜냐하면 표본이 너무 적어 몇 개 안되는 변수 간의 분석은 특성에 큰 차이를 찾기가 어려워 상관관계를 추정해 내기가 어렵기 때문이다(김환준, 2007).

3. 표본오차

표본오차(sampling error)는 모집단의 값과 표본의 값 간의 차이를 의미한다. 실제적인 의미에서는 모집단 전체의 값을 알 수 없기 때문에 표본으로부터 얻어진 값을 토대로 연구자가 정한 일정한 신뢰수준에(예: 95% 또는 99%) 하에서 나타날 수 있는 오차의 범위를 추정하게 된다.

예를 들면 여론조사 결과에 대한 언론 보도에서 "전국의 성인남녀 1,000명에게 조사한 결과 ○○당에 대한 지지도는 25%인데, 이 조사의 오차는 신뢰수준 95%에서 ±3%이다"라고 명시되어 있는 경우를 볼 수 있다. 이때의 ±3%는 모집단 전체인 국민의 지지율을 가지고 계산하는 것이 아니라, 표본의 값들을 가지고 추정한 확률적인 의미로서 모집단과 표본이 차이가 날 가능성을 의미하며,

이것이 표본오차이다.

일반적으로 표본오차(standard error of mean)를 계산하여 표준오차에 일정한 신뢰수준에서의 Z값(모집단의 표준편차를 알고 있을 때)이나 t값(모집단 표준편차를 모르고 있을 때)을 곱해서 추정한다. 표본오차를 추정할 때 영향을 주는 요인은 표본의 크기, 신뢰구간 등이다. 신뢰수준을 높게 잡으면 오차가 커지고, 표본의 크기가 커지면 표본오차는 작아진다. 표본의 크기에 영향을 주는 요인들은 직 · 간접적으로 표본오차와 관련되어 있다. 즉, 모집단의 동질성 정도, 표집방법 및 조사방법의 유형, 분석범주 및 변수의 수, 이론과 표본설계, 비용 · 시간 · 인력 등도 표본오차와 관련이 되어 있다.

1) 표준오차

표준오차에 대한 개념을 이해하기 위해 분산(variance) 및 표준편차(standard deviation)의 개념을 살펴보자. 분산이란 각 관찰 값이 평균으로부터 떨어진 거리를 제곱한 것을 평균한 것이며, 표준편차란 분산을 제곱근한 값이다. 즉, 표준편차란 각 관찰 값이 평균으로부터 떨어진 거리를 제곱한 것의 평균에 대한 제곱근이다. 이를 공식으로 나타내면 다음과 같다.

$$\sqrt{\frac{\Sigma(\mathbf{x}-\bar{\mathbf{x}})^2}{N}}$$

S=표본편차, $\mathbf{x}$=각 사례의 관찰 값, $\bar{\mathbf{x}}$=산술 평균, N=총 빈도

ex) 모집단 10만 명 중 100명을 표본추출해서 설문조사를 한 결과 그들의 점수가 100점 만점에 10점, 15점, 18점,··· 98점이었다면, 그 표본의 산술평과 표준편차를 구하라.

〈풀이〉

산술평균 : $\bar{x} = \frac{10+15+18.......+98}{100}$

표준편차 : $S = \sqrt{\frac{\Sigma(10-\bar{x})^2+(15-\bar{x})^2+(18-\bar{x})^2+ \cdots +(98-\bar{x})^2}{100}}$

표준오차는 N예의 무작위적인 표본추출을 계속했을 때 그 표본평균들의 표준편차(σx)이다. 즉, 표준오차(σx)란 각 표본평균들(x)이 표본평균(x)으로부터 떨어진 거리를 제곱한 것을 더하여 표본들의 수로 나누어 제곱근을 취한 값으로 이를 구하는 공식은 다음과 같다.

$$\sigma_{\bar{x}} = \sqrt{\frac{\Sigma(\mathbf{x}-\bar{\bar{\mathbf{x}}})^2}{N}}$$

$\sigma_{\bar{x}}$=표본편차, $\bar{x}$=각 표본의 평균, $\bar{\bar{x}}$=산술 평균, N=표본평균들의 수

그러나 표준오차(σx)를 구하기 위해서는 무수히 많은 표본들을 전부 조사해서 그들의 평균과 표준편차를 구해야 하는데, 이는 현실적으로 어려운 일이다. 따라서 표준오차는 모집단의 표준편차(σ)를 표본수의 제곱근으로 나눈 다음의 공식에 의해 구해진다.

$$\sigma_{\bar{x}} = \frac{\sigma}{\sqrt{N}}$$

$\sigma_{\bar{x}}$=표본오차, σ=모집단의 표준편차, N=표본수

2) 비표본오차

비표본오차는 표본추출 과정에서 유발되는 오차가 아니라 설문지나 조사자료의 작성, 또는 인터뷰 과정에서 비롯되는 오류, 분석된 자료의 그릇된 해석, 자료집계나 자료를 분석하는 도중에 발생되는 요인들, 응답자의 불성실한 태도 등에 야기되는 오차를 의미한다. 표본의 크기를 크게 하면 표본오차는 감소하지만, 비표본오차의 가능성이 높아진다(이창희 외, 2011).

연습 문제

다음 사례의 표집에 관한 설명으로 옳은 것은? (20회 기출)

> 400명의 명단에서 80명의 표본을 선정하는 경우, 그 명단에서 최초의 다섯 사람 중에서 무작위로 한 사람을 뽑는다. 그 후 표집간격 만큼을 더한 번호에 해당하는 사람을 표본으로 선택한다.

① 단순무작위 표집이다.
② 표집틀이 있어야 한다.
③ 모집단의 배열에 일정한 주기성을 가지고 있어야 한다.
④ 비확률표집법을 사용하였다.
⑤ 모집단에 대한 대표성이 부족하다.

✍ 해설: 위의 문제에서 제시된 사례는 체계적 표집(혹은 계통표집)에 해당한다. 체계적 표집은 확률표집방법 중 하나로 표집틀을 필요로 한다. 제시된 사례에서의 표집틀은 400명의 명단이다.

2. 할당표집방법에 관한 설명으로 옳지 않은 것은? (21회 기출)
① 모집단의 주요 특성에 대한 정보를 활용한다.
② 모집단을 구성하는 주요 변수별로 표본을 할당한 후 확률표집을 실시한다.
③ 지역주민 조사에서 전체주민의 연령대별 구성 비율에 따라 표본을 선정한다.
④ 표본추출 시 할당틀을 만들어 사용한다.
⑤ 우발적표집보다 표본의 대표성이 높다.

해설: 할당표집방법은 비확률표집방법에 속하며, 모집단을 구성하는 주요 변수별로 표본을 할당한 후 작위적인 표집(ex: 편의표집이나 의도적 표집 등)을 실시한다.

3. 다음에서 사용된 표집 방법은?

> 대구광역시 전철역 주변 노숙인에 대한 사람들의 태도를 연구하고자 오전 9시경 대구역과 동대구역, 서대구역 전철역에 조사원을 배치하여 전철을 이용하는 시민들 중에서 조사에 협조하는 400명을 조사하였다.

① 의도적 표집 ② 편의표집 ③ 할당표집
④ 단순무작위표집 ⑤ 체계적 표집

해설: 편의표집은 표본 선정의 편의성에 기준을 두고 접근하기 쉽고 자료수집이 용이한 조사 대상자를 표본으로 추출하는 비확률표집 방법이다. 전철 이용자들을 만나기 쉬운 전철역에 조사원을 배치하여 조사에 협조하는 사람들을 조사했으므로 이 사례는 편의표집에 해당한다.

4. 비확률표집에 관한 설명으로 옳은 것은?
① 표집 과정에 비용과 시간이 많이 든다.
② 표집틀의 각 요소가 표본으로 선정될 확률을 계산할 수 있다.
③ 모집단을 대표하는 표본을 선출할 수 있다.
④ 일반화가 용이하다.
⑤ 모수를 추정할 때 편의(bias)가 발생한다.

해설: 비확률표집의 특징
- 표본오차를 추정할 수 없다.
- 각 요소가 표본에 포함될 확률을 알 수 없다.
- 비용이 적게 든다.
- 표집 절차가 복잡하지 않다.
- 모든 추정 시 편의(편향, bias)가 발생한다.
- 모집단에 대한 표본의 대표성이 낮고 일반화에 제한점이 있다(외적 타당도가 떨어진다).

정답: 1. ② 2. ② 3. ② 4. ⑤

제3부 자료수집

제8장

설문지

제1절 설문지의 기본 개념

1. 설문지의 의의

설문지는 커뮤니케이션 도구이다. 다시 말해 설문지는 조사자와 조사대상 간 한 가지 이상의 이야기 주제에 관해 의사소통할 수 있도록 도와주는 도구이다. 따라서 조사자가 표현이라는 의도를 설문지를 통해 조사대상은 명확하고, 단순하며, 충분하게 이해해야 하고 그 이해한 바를 조사대상이 원활하게 표현할 수 있도록 충분히 배려되어야 한다.

2. 설문지를 이용하는 이유

첫째, 조사결과의 비교가능성을 높일 수 있다.

둘째, 빠른 시간 안에 핵심적인 정보만 선별하여 객관적이고 정확한 정보를 얻을 수 있다.

셋째, 불필요한 내용은 설문지에서 삭제할 수 있고, 응답자가 무기명으로 응답을 기록하는 경우 솔직한 응답이 가능하며 응답의 용이성과 정확성을 높일 수 있다.

3. 설문지의 구성요소

첫째, 응답자에 대한 협조요청이다. 이는 조사자나 조사기관의 소개, 조사취지 설명, 개인적 응답항목에 대한 비밀보장을 확신시켜 준다.

둘째, 식별자료이다. 각 설문지를 구분하기 위한 일련의 번호, 응답자의 이름, 조사자의 이름, 조사일시 등이다. 이는 대부분 설문지의 첫 장에 나타낸다.

셋째, 지시사항이다. 우편조사의 경우 응답자가 혼자서 전체 설문지를 완성시킬 수 있도록 상세한 작성법을 기록한다. 지시사항에는 일반적 지시사항과 문항별 응답요령을 알려 주는 구체적 지시사항이 있다.

넷째, 필요한 정보를 획득하기 위한 문항이다. 설문지에는 가장 중요한 부분으로 연구목적에 필요한 대부분의 자료가 수집되는 부분이다.

다섯째, 응답자의 분류를 위한 자료이다. 이는 응답자의 특성을 파악하기 위한 자료이다. 학력, 성별, 연령, 종교, 주거, 소득, 직업 등과 같은 인구통계학적 또는 사회경제적 변수들을 질문하게 된다. 이는 개인적 질문에 해당하기 때문에 자칫 응답자의 인격이나 프라이버시 침해가 되지 않도록 주의하여야 한다(김갑용 외, 2011).

4. 설문지의 작성과정

일반적으로 설문지 작성은 필요한 정보의 결정, 자료수집방법의 결정, 개별항목의 내용 결정, 질문형태의 결정, 개별항목의 완성, 질문순서의 결정, 설문지의 외형 결정, 설문지의 사전검사, 설문지의 완성의 순으로 진행된다. 구체적인 내용을 살펴보면 다음과 같다(최세영 외, 2017; 이창희 외, 2011).

1) 필요한 정보의 결정

설문조사를 통해 필요한 정보를 결정할 뿐만 아니라 그 정보를 얼마나 자세한 정도 까지 측정대상자들에게 측정해야 조사목적을 달성할 수 있는지도 고려되어야 한다. 예를 들어, 청소년의 개인적 특성과 학교적응에 관한 연구의 조사 항목표를 만들어 보면 다음과 같다.

〈표 8-1〉 조사 항목과 세부 사항의 예

	조사 항목	세부 사항
일반적 사항	인구사회학적 특성	성별, 학년, 성적
	경제수준	매우 나쁘다, 나쁘다, 보통, 좋다, 매우 좋다
	교사와의 관계, 또래와의 관계, 학교행사 참여, 학교규칙	

2) 자료수집방법 결정

대인면접조사, 전화조사, 우편조사, 인터넷조사 등과 같은 어떠한 자료수집방법을 이용할 것인지에 따라서 설문지의 형태, 양과 표현방식 등이 큰 영향을 받는다. 따라서 설문지를 작성하기에 앞서 이용할 구체적인 자료수집방법을 미리 결정하고 이에 적합한 설문지를 작성해야 한다.

3) 설문문항

필요한 개념 혹은 변수를 측정하기 위해서 어떠한 내용의 문한이 포함되어야 할 것인지를 결정하는 것이다. 따라서 연구자는 조사대상자의 모든 정보를 수집하는데 있어 응답과 관련된 모든 문항들이 정확하게 기재되었는지 확인해야만 각종 오류를 최소화할 수 있다. 따라서 설문문항 내용을 결정할 때 고려해야 할 사항들을 살펴 보면 다음과 같다.

(1) 꼭 필요한 문항인가?

조사목적을 달성하기 위해 통계분석에 직접 사용하지 않을 문항을 포함시키기도 하지만 가급적 조사대상의 현상과 관련이 없는 문항은 삭제하는 것이 좋다.

(2) 한 문장으로 충분한가?

하나의 질문에 두 개 이상의 응답이 가능한 경우나 혹은 하나의 질문으로는 조사 하고자 하는 개념을 측정하지 못할 때 문항수를 늘려야 한다.

(3) 응답자가 필요한 정보를 알고 있는가?

응답자가 응답할 수 있는 정보를 갖지 못하는 경우나 혹은 정부나 경험이 있어도 기억이 잘 나지 않는 경우에는 무응답 또는 불명확한 응답을 할 우려가 있다. 사전에 응답자 입장에서 정보의 소지 여부와 기억 기능 여부를 평가해야 한다.

(4) 응답하는데 시간적 정신적 노력이 많이 들지 않을까?

질문에 대한 응답자의 응답 능력에 문제가 없다고 하더라도 많은 시간적 정신적 노력이 요구된다면 응답을 거부하거나 부정확하게 응답할 수 있다.

(5) 응답자가 기꺼이 정보를 제공할까?

응답자가 민감하게 생각하는 개인정보를 묻는다면 응답을 회피하거나 정확한 응 답을 얻기가 어렵다.

4) 질문형태의 결정

질문내용이 결정되면 질문의 내용별로 질문의 형태와 방법을 선정한다. 즉, 어떠한 형태 또는 어떠한 문구를 사용하여 질문을 구성하는 것이 가장 적합한 것인가를 결정하는 것이다. 이는 질문을 어떠한 형식으로 제시하고 요구하는 응답형식을 어떻게 표현하는가에 따라 응답의 질문과 내용이 달라질 수 있기 때문이다.

(1) 질문형태

구분	개방형(open-ended) 질문
정의	• 응답범주가 상세히 구체화되지 않은 채 질문만 던지는 형태이다.
장점	• 어떤 상황에 대한 기본적 쟁점이 무엇인지 탐색하려고 할 때 유용하다. • 응답자의 감정을 개인적으로 진술하는데 압력을 가하지 않는다.
단점	• 응답률이 낮다는 것과 외적 타당도의 감소: 개방형 질문이 많으면 설문지가 길어지고 대답할 용기를 잃게 한다. • 응답자에게 심리적 부담을 준다. 글로써 표현할 능력을 요구하기 때문에 심리적 부담을 준다. • 측정오차의 문제인 내적 타당도의 문제: 한 가지 질문에 대한 여러 가지 답이 동일한 범주에 속하는지 여부를 판단하는 과정에서 오류발생 가능성을 배제하지 못한다.

ex) 개방형 질문: 귀하는 대구시 침산동에 거주하는 노인들을 위하여 어떠한 새로운 사회복지 서비스가 필요하다고 생각합니까?

구분	폐쇄형(closed-ended) 질문
정의	• 질문문항과 미리 범주화된 일정한 수의 응답범주를 제시하여 응답자로 하여금 선택하도록 하는 질문이다. • 예, 아니오, 또는 찬성의 정도, 응답범주 목록에서 선택 등의 형식이다.
장점	• 신뢰성 있는 응답의 확보 가능 • 소득수준과 같이 구체적으로 밝히기 어려워하는 질문에 유용하다.
단점	• 컴퓨터 프로그램 패키지에는 적합하지 못하다. • 응답을 범주로 묶음으로써 자료를 얻지 못하게 된다.

ex) 폐쇄형 질문: 귀하는 부모님을 모시고 계십니까?

① 예 ② 아니오

(2) 응답범주의 형식

이분형 질문과 이분형 응답방식

- 폐쇄형 질문의 한 형태로서 "예–아니오", "찬성한다–반대한다"와 같이 간단한 찬반양론을 묻는 질문에 적당한 방법이다.
- 때로는 두 선택지 사이에 "차이가 없다"는 중간응답이 필요한 경우가 있다.
- 의견이 없거나 찬반이 아닌 의견을 가질 수 있기 때문에 "모르겠다", "의견없다"등의 응답자를 제공해야 한다.

선다형 질문과 선다형 응답방식

- 3개 이상의 응답범주 가운데 하나를 선택하도록 하는 질문으로 보통 3~5개의 선택항목으로 구성된다. "기타"라는 범주도 포함시켜야 하는데 "기타"란에도 구체적으로 답을 기입하도록 하는 것이 좋다.
- ex) 절대빈곤을 타파하기 위한 책임은 누구에게 있다고 생각하십니까?

  ① 정부 ② 종교기관 ③ 기업 ④ 지역사회 ⑤ 기타( )

척도법

- 양적이고 연속성을 가진 내용으로 구성된 선다형 응답방식이다. 가능한 한 동일한 영역에서 연속성을 갖도록 하고 높은 곳에서 낮은 것으로, 좋은 것에서 나쁜 것으로 또는 그와 반대로 질서있게 열거한다.
- ex) 당신은 귀사의 장애인 편의시설에 어느 정도 만족하고 계십니까?(ㅇ 하십시오)

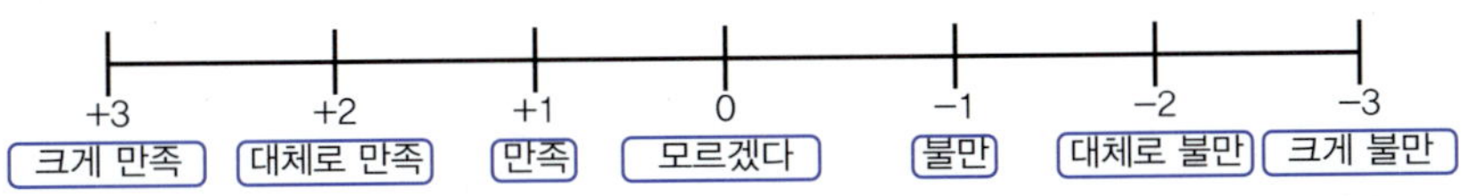

서열형 질문

- 일련의 응답 카테고리들에 대한 중요성, 선호나 우선순위 등에 따른 순서에 따라 응답하도록 하는 질문이다.
- ex) 교회의 사명 가운데 가장 중요하다고 생각하는 운선순위를 표시 하십시오

  (1 = 가장 중요, 3 = 보통 중요, 5 = 가장 중요하지 않음)

  전도( ) 예배( ) 교육( ) 봉사( ) 친교( )

평정형 질문

- · 강도를 달리하여 서열화 된 응답 카테고리들 중 하나를 선택하게 하는 것이다.
- · ex) 산재보험을 민영화하는 것에 대해 어떻게 생각하십니까?

  1. 적극 찬성 2. 중립 3. 절대 반대

행렬식 질문

- 동일한 응답항목을 가진 질문들을 체계적으로 묶어서 하나의 질문세트를 만드는 것으로 평정형 질문의 응용형태이다.
- ex) 장애인근로자 직장 만족도에 관한 조사에서 귀하가 근무하는 직장은 어떻습니까?

	매우 그렇다	그렇다	중립	그렇지 않다	전혀 그렇지 않다
1. 일한 만큼 임금을 지급한다.					
2. 상사는 고충을 잘 해결해 준다.					
3. 편의시설이 잘 되어 있다.					

평정형 질문

- 사물이나 개념에 대한 응답자의 반응을 평가한다는 점에서 평정형 질문의 유형이다.
- 서로 반대되는 형용사 어의를 양극단에 두고 이 사이에 5~7개 단계의 어의차 척도로 응답범주를 제시하여 어떤 대상이나 개념에 대한 응답자의 반응을 측정한다.
- ex) S노인복지회관에 근무하는 사회복지사들이 노인들을 대하는 태도가 어떠하다고 생각하십니까?

	3	2	1	0	−1	−2	−3	
친절한	—	—	—	—	—	—	—	불친절한
신속한	—	—	—	—	—	—	—	느린
명랑한	—	—	—	—	—	—	—	우울한
적극적	—	—	—	—	—	—	—	소극적

5) 설문문항의 작성

설문문항 작성 시 주의해야 할 사항은 다음과 같다.

① 질문의 내용을 응답자가 정확하게 파악할 수 있도록 작성한다. 애매성과 모호성을 예방하기 위한 가장 좋은 방법은 사전조사를 통해 점검하는 것이다.

② 가급적 짧게 질문한다. 즉, 이해할 수 있도록 짧고 쉬운 문장으로 질문한다.

③ 언어구성을 적절한 수준에서 유지한다. 용어의 난이도, 언어의 형식, 속어, 구어 등 응답자의 능력과 특성을 고려하여 적절하게 구성하여 작성한다.

④ 추상적으로 질문하기보다는 구체적으로 질문한다. 질문이 확고하고 구체적이면 대답도 명확하다. 개념과 응답범주가 명확하도록 질문을 구체적이고 경험적인 용어도 서술한다.

⑤ 유도질문(혹은 편향적 질문)을 피한다.

⑥ 직접질문과 간접질문을 적절히 사용한다. 사실적 내용을 알기 위한 질문은 직접질문으로 사용하며 응답자의 가치, 의식, 과거의 경험 등을 밝히기 꺼리는 질문은 간접질문이 효과적이다.

⑦ 부정적 문항은 피하고 이중질문을 하지 않는다.

⑧ 질문 내에 어떤 가정이나 암시가 있어서는 안 된다.

⑨ 편견을 내포하는 용어나 서술을 피해야 하며, 가치중립적인 표현을 사용한다.

⑩ 응답범주에 애매하거나 막연한 내용이 포함되지 않도록 한다.

6) 설문문항의 순서 결정

응답자들로부터 설문문항을 쉽게 응답할 수 있도록 최대한 노력을 해야 한다. 이를 위한 설문문항의 배열을 살펴보면 다음과 같다.

① 흥미롭고 답하기 쉬운 질문을 먼저 한다.

② 민감한 질문이나 개방형 질문은 뒷부분에 배치한다.

③ 질문을 논리적으로 배열한다.

④ 신뢰도를 검사하는 질문은 서로 떨어지게 배치한다.

⑤ 일반적인 것을 먼저 질문하고 특수한 것을 뒤에 질문한다.

⑥ 질문지에는 표지, 응답지침 등을 포함하거나, 질문지에 응답하기 전 설명을 자세하게 한 후 질문지에 응답하도록 한다.

7) 설문지 사전조사

연구자가 설문지와 같은 자료수집도구를 아무리 주의 깊게 설계하더라도 오류의 가능성은 항상 존재한다. 연구자는 사람들이 응답할 수 없는 애매한 질문 등의 실수를 때때로 하게 된다. 이러한 오류를 가장 확실히 방지하는 방법은 본조사를 시 행하기에 앞서 작성된 설문지를 가지고 사전에 조사하는 것이다. 사전조사 시에는 많은 측정대상자가 필요하지 않고 대략 20부에서 50부 정도가 적당하다.

8) 설문지 확정 및 인쇄

사전조사를 통해서 설문지의 문제점을 수정 보완하여 설문지를 최종적으로 확 정한 후 인쇄한다. 이때 인쇄된 설문지가 응답자에게 호감을 주고 설문의 중요성이 부각될 수 설문지의 글자크기, 표지, 활자, 용지, 공간, 부호, 번호 등을 면밀히 검토 해야 한다.

5. 서베이 조사

1) 서베이 조사의 의의

서베이 조사(survey research)는 설문지, 면접, 전화 등을 이용하여 응답자로 하여금 연구주제와 관련된 질문에 답하게 함으로써 체계적이고 계획적으로 실증적 자료를 수집, 분석하는 연구조사방법이다(최성재, 2005).

서베이 조사는 대학에서는 물론 사회 각 분야에서 가장 많이 활용되는 사회조사방법으로서 위상을 차지하고 있다. 하지만 질적 조사방법의 도전과 더불어 조사기술상 해결해야 할 많은 과제에 직면해 있기도 하다.

서베이 방법은 일정한 시점에서 다수의 조사대상자로부터 직접 자료를 수집하는 방법을 말한다. 구체적으로 어떤 수단을 활용하여 자료를 수집하느냐에 따라 우편조사, 면접조사, 온라인 조사 등으로 분류할 수 있다. 우편조사와 면접조사는 서베이 조사에서 가장 많이 사용되는 방법이고, 통신기술의 발전으로 다양한 방법들이 개발되고 있다(사회복지교육연구센터, 2011).

2) 서베이 조사의 장점

① 대규모 모집단으로부터 적은 비용으로 정보를 얻을 수 있다. 규모가 큰 모집단의 특성을 묘사하는데 유용하다.
② 현실상황에서 이루어지기 때문에 현실의 상태를 정확하게 반영하는 자료를 획득할 수 있다. 여기에서 정확도는 표본오차의 범위 내에서의 정확도를 의미한다.
③ 표본오차가 있긴 하나 비교적 외적 타당도가 높은 정보를 얻을 수 있다.
④ 동일한 자료를 이용하여 다양한 주제에 대해 연구할 수 있다.
⑤ 자료의 범위가 넓어 일반화의 수준이 높다.
⑥ 일괄적인 설문지를 사용함으로써 객관적으로 측정할 수 있다.
⑦ 비교적 공간에 구애받지 않고 사용할 수 있다.

3) 서베이 조사의 단점

① 응답자의 심리적인 상태를 알 수 없으므로 피상적인 결과가 나타나기 쉽다.
② 외생변수의 통제가 불가능하기 때문에 변수들 간의 인과관계를 규명함에 있어 내적타당도가 결여될 수 있다.
③ 한 시점에서 끝나는 경우가 많아 시계열적인 정보를 얻기 어렵다.
④ 고도의 조사지식과 기술을 요한다.
⑤ 설문지는 모든 응답자들을 대상으로 구성하기 때문에 소수의 특수한 집단을 대상으로 하는 질문은 누락될 수 있다.
⑥ 분석단위가 개인이기 때문에 광범위한 사회적 맥락을 다루기 어렵다.
⑦ 연구설계를 변경하지 않고 유지하기 때문에 현장연구에 비해 돌발적인

연구상황에 대한 대처가 유연하지 못하다.

⑧ 서베이 조사로는 사회적 행동을 측정하지 못한다. 오직 과거행동에 대한 회상의 기록이나 미래에 대한 가설적 행동에 관한 기록을 수집할 수 있을 뿐이다.

⑨ 태도를 측정한다는 것 자체가 태도에 영향을 미칠 수 있다.

제2절 설문조사의 유형 및 장·단점

설문조사방법은 면접조사법, 전화면접법, 우편조사법, 인터넷조사법, 집단조사법 등으로 구분된다. 이들 조사방법은 각각 장 · 단점을 가지고 있기 때문에 어느 조사의 형태가 보다 우월하다고 단적으로 말할 수 없다(Babbie, 2001; Neuman, 2006). 응답자로부터 필요한 정보를 수집할 때 어느 방법을 이용하는가 하는 문제는 연구목적에 따라 다르기 때문에 신중을 기해야 한다. 각각 유형을 구체적으로 살펴보면 다음과 같다(황창순 외, 2011).

1. 면접조사법

면접조사법은 면접자가 응답자를 일대일(face to face)로 만나서 설문지에 따라 질문을 하고 응답을 기록하는 방법이다. 따라서 다양한 조사내용을 비교적 긴 시간에 걸쳐서 상세하게 조사할 수 있고 회수율이 높으며 면접자가 응답의 내용을 점검할 수 있어서 응답의 오류를 줄일 수 있고 설문지에 포함된 내용 외에 연구에 필요한 기타 관련 정보의 수집이 가능하다(강종수, 2011). 그러나 시간이 많이 들고, 면접오류가 발생할 수 있고, 조사원의 부정행위가 가능하며, 특수층의 사람을 만나기가 어려운 단점이 있다(〈표 8-1〉 참조).

〈표 8-2〉 면접조사법의 장 · 단점

장점	단점
• 응답률을 높일 수 있음 • 응답자의 확인이 가능함 • 모르겠다와 무응답이 줄어들 수 있음 • 혼동을 일으키는 설문문항에 대해 안전장치를 제공할 수 있음 • 질문뿐 아니라 관찰도 할 수 있음	• 면접비용이 많이 소요됨 • 면접자를 감독하고 통제하는 일이 어려움 • 면접자의 편견이 개입되기 어려움

2. 전화면접법

전화면접법은 조사원이 응답자를 직접 만나는 대신 전화를 이용하여 응답자로부터 정보를 수집하는 방법이다. 이 방법은 전화번호부를 이용하여 비교적 쉽고 정확하게 모집단에서 표본을 추출할 수 있고, 빠른 시간에 저렴한 비용으로 조사를 실시할 수 있으며 최근에는 정치, 경제, 사회적인 문제에 대한 여론수렴이 필요할 때 많이 사용된다. 그러나 질문내용이 복잡하고 면접시간이 길어지면 응답자들로부터 협조를 얻어 내기가 어렵다는 제한점이 있다. 또한 조사할 수 있는 양이 제한되어 있다. 면접은 10~15분이 적당하다. 응답자를 통제할 수 있는 방법이 한정되어 있기 때문에 양질의 많은 정보를 얻기는 어렵다는 단점도 있다(〈표 8-2〉 참조).

〈표 8-3〉 전화면접법의 장 · 단점

장점	단점
• 조사가 간단 신속함 • 조사 기간과 비용이 절감됨 • 조사대상자에 대한 접근이 용이함 • 사회적으로 용인되지 않은 응답을 얻을 수 있음	• 시간적 제약을 받아 간단한 질문만 해야 함 • 의사소통의 제약이 있음 • 응답이 쉽게 중단될 수 있음

3. 우편조사법

우편조사법은 우편을 이용하여 설문지를 보내고 응답자가 편리한 시간이나 장소에서 응답한 후 이를 반송용 봉투를 이용하여 회수하는 방법이다. 이 방법은 설문지의 인쇄비와 발송 및 회수를 위한 우편료 정도의 비용 외에는 큰 비용이 들지 않기 때문에 자료수집을 위한 비용이 가장 저렴하다. 또한 면접조사법이나 전화면접법으로 질문하기 힘든 내용도 조사할 수 있어 응답자가 조사문제에 대해 관심이 있는 경우에는 설문지의 양이 길어도 대답을 해줄 가능성이 높다는 장점이 있다.

그러나 면접조사법이나 전화면접법에 비해 상대적으로 응답률이 낮아 우편조사의 응답률은 10~40% 정도밖에 되지 않는다. 대표성에 문제가 있다면 신뢰성 있는 자료를 구하기 어렵고 응답자가 질문내용을 이해하지 못할 경우 보충설명이 불가능하기 때문에 응답률이 낮아질 수 있다. 왜냐하면 전화면접에 비해 상대적으로 자료수집 기간이 길어진다는 단점도 있다(〈표 8-4〉 참조).

〈표 8-4〉 우편조사법의 장점 · 단점

장점	단점
• 광범위한 지역을 조사할 수 있음 • 조사비용과 노력이 절약됨 • 조사자의 편견이 개입될 우려가 없음 • 피조사자가 충분한 시간을 갖고 솔직하게 답변할 수 있음	• 회수율이 낮고 회수에 대한 시간이 많이 걸림 • 무응답률이 높음 • 응답자 주변 사람의 의견이 반영될 우려가 있음 • 보충설명이 불가능함

그 밖에 우편조사에서 응답률 혹은 회수율이 매우 중요한 문제가 되기 때문에 어떤 요인이 회수율에 영향을 미치는지를 잘 이해하여 회수율을 높이기 위해 노력하는 것인 중요하다. 따라서 우편조사의 회수율을 높이기 위한 전략은 다음과 같다(생각의마을 기획, 2024).

〈우편조사의 회수율을 높이기 위한 전략〉

- 연구주관자나 후원자를 명시한다. 특히 정부기관, 대학 등이 연구주관자나 후원자가 될 경우 질문지 응답에 효과적인 동기를 부여할 수 있다.
- 응답자의 도움이 꼭 필요하다는 호소나 사례 제공을 통해 응답 동기를 높인다.
- 질문지와 봉투를 관심과 매력을 끌 수 있도록 디자인한다.
- 다음 사항이 포함된 안내 서신(안내문 혹은 표지)을 동봉한다.

연구주관자 또는 후원자, 연구주관자의 연락처, 응답자 선정의 경위, 조사 결과의 유용성, 응답자의 협조 요청 호소, 응답에 걸리는 시간, 선물(있는 경우), 익명성 및 비밀 보장, 질문지 반송 기한 등

- 응답한 설문지를 반송하는 과정도 최대한 응답자 입장에서 번거롭지 않도록 한다.
- 우송 시기: 휴가철이나 연휴 기간, 명절 때는 상대적으로 설문지에 신경을 덜 쓸 수 있으므로 피하는 것이 좋다.

4. 인터넷 조사법

인터넷에서 설문조사를 실시하여 정보를 수집하는 방법으로써 온라인 조사방법이라고도 하며, e-mail을 사용하는 방법, 홈페이지를 활용하는 방법, 전문조사기관의 사이트에 의뢰하는 방법 등이 있다.

인터넷조사는 일반 조사법인 면접조사법이나 전화면접법, 우편조사법과는 달리 별도의 자료수집이나 코딩 등의 과정이 생략되기 때문에 상대적으로 인력, 시간, 비용을 절약할 수 있다. 또한 응답자에 대한 접근이 용이하고 음악이나 동영상 등의 멀티미디어의 활용이 쉬우며 실시간 분석과 연속적인 조사가 가능하다는 장점이 있다.

그러나 인터넷조사에서는 응답자 기록이 남기 때문에 응답자의 익명성이 보장되기 어렵고, 확보된 이메일 목록이나 자신의 사이트에 들어온 응답자 외에는

조사를 할 수 없기 때문에 조사대상 표본집단의 대표성을 보장하기 어렵다. 또한 응답자의 신분을 확인할 방법이 제한되어 있는 경우에는 응답자의 중복응답 여부 등을 통제하지 못한다는 단점이 있다(〈표 8-5〉 참조).

〈표 8-5〉 인터넷 조사법의 장 · 단점

장점	단점
• 인력, 시간, 비용 절약 • 응답자에 대한 접근이 용이 • 상호작용적 설문문항 작성 가능 • 실시간 분석과 연속조사 가능	• 익명성 보장이 어려움 • 표본집단의 대표성 보장하기 어려움 • 응답자의 중복응답 여부 통제 못함

5. 집단조사법

집단조사는 여러 사람이 한 자리에 모이게 하여 조사원의 지도하에 일시에 설문 조사를 실시하는 방법이다. 이 방법은 조사대상자를 개인적으로 만날 수 없거나 각 개인의 연락처를 알 수 없을 때, 다시 말해 우편조사나 개별면담이 불가능할 때 사용한다. 집단조사의 장점은 무엇보다 조사대상자를 한꺼번에 조사함으로써 소요 시간과 경비를 최소화할 수 있다는 장점이 있다. 조사자가 있는 장소에서 조사가 이루어지기 때문에 응답과정에서 타인의 개입을 차단할 수 있고, 설문지에 대한 문제점과 질문을 해결할 수 있어 완전한 응답을 구할 수 있다. 하지만 조사자가 원하는 표본(조사대상)을 동시에 집단적으로 구하기가 쉽지 않다는 단점이 있다(〈표 8-6〉 참조).

〈표 8-6〉 집단조사법의 장 · 단점

장점	단점
• 소요 시간과 경비의 최소화 • 응답과정에서 타인의 개입 차단 • 설문지에 대한 의문과 질문 해결	• 원하는 표본을 구하기 어려움(응답자들이 모집단을 대표하지 못 하는 경우 발생)

제3절 설문조사방법의 선택기준

일반적으로 자료수집방법은 조사목적과 내용, 자료의 특성 등에 따라 결정된다. 자료수집방법 선택은 여러 가지가 고려될 수 있지만, 질문의 내용과 유형, 자료수집에 소요되는 시간과 비용이 중요하다(채서일, 2003; 강영걸 외, 2008).

1) 설문의 내용과 유형

자료를 어떤 방법으로 수집할 것인가에 대한 결정은 연구자가 조사하고자 하는 질문의 내용과 질문유형이 어떻게 구조화되어 있느냐에 달라진다. 질문의 내용이 복잡하고 심층적인 경우나 질문유형이 다양하고 개방형으로 구성된 질문이 포함되어 있을 경우에는 면접조사법이 효과적이다. 질문내용에 그림이나 색채 음악이나 동영상 등의 시청각적 자료가 포함되어 있을 때는 멀티미디어의 활용이 쉬운 인터넷조사법이 효과적이다.

2) 자료수집에 필요한 시간과 비용

자료수집에 필요한 시간은 연구자가 고려해야 할 중요한 요인 중의 하나이다. 자료수집기간과 처리기간은 면접조사법 우편조사보다 전화조사가 상대적으로 짧으며, 인터넷조사법이 가장 짧다. 단시간에 많은 정보를 수집하고자 한다면 전화면접법도 가능하지만 인터넷조사법을 적용하는 것이 가장 효과적이다. 비용을 결정하는 주요 요소들은 설문지 제작비용, 설문문항 수, 표본들의 지역적 분포, 응답자 선정방법, 재조사 여부, 훈련된 조사원의 이용 여부 등이며 우편조사와 전화조사는 면접조사법에 비해 비용이 대체로 적게 들며, 인터넷조사가 가장 저렴하다.

연습 문제

1. 설문지 작성에 관한 설명으로 올바르지 않은 것은?
① 사전검사(pre-test)에 참여한 사람은 본조사에 참여해서는 안 된다.
② 부정적인 문항은 피하는 것이 좋다.
③ 개방형 질문은 포괄적이면서 상호배타적이어야 한다.
④ 신뢰도를 파악하기 위한 문항은 서로 떨어뜨려 놓는다.
⑤ 질문은 간결할수록 좋다.

✍ 해설: 포괄성과 상호배타성은 폐쇄형 질문의 응답 범주를 구성할 때 지켜야 할 원칙이다.

2. 우편조사의 장점에 해당하는 것끼리 바르게 묶인 것은?

A. 미취학 아동이나 어르신들 조사에 유용하다. B. 응답률이 높다. C. 질문과정의 유연성이 크다. D. 면접자로 인해 발생할 수 있는 오류를 줄일 수 있다.

① B, C ② A, B ③ C, D ④ A, D ⑤ D

✍ 해설: 우편조사는 면접자로 인한 편견이 발생하지 않는다는 장점이 있다.

3. 폐쇄형 질문에 관한 내용으로 적절하지 않은 것은?
① 구체적으로 밝히기 어려운 내용에 적합하다.
② 응답자에게 심리적 부담감을 준다.
③ 신뢰성 있는 응답확보가 주목적이다.
④ 이분형 질문(예-아니오)도 이에 해당한다.
⑤ 응답범주를 제공한다.

✍ 해설: 응답자에게 심리적 부담감을 주는 것은 글로써 표현할 능력을 요구하는 개방형 질문의 단점에 해당하는 내용이다. 폐쇄형 질문은 질문문항과 미리 범주화된 일정한 수의 응답범주를 제시하여 응답자로 하여금 선택하도록 하는 질문형태이다.

4. 질문문항의 조건으로 적절하지 않은 것은?
① 복잡한 질문은 나누어서 한다.
② 질문은 간단명료해야 한다.
③ 일반적인 사람이 이해할 수 있는 수준의 단어와 문장을 구사한다.
④ 모호하고 중복의 의미를 갖는 표현은 피한다.
⑤ 가능한 한 전문용어를 사용하되 특정인의 이름을 삽입하지 않는다.

해설: 가능한 한 전문적인 용어를 피하는 것이 좋으나, 꼭 필요하다면 정확한 정의를 곁들어 주어야 한다.

정답: 1. ③ 2. ⑤ 3. ② 4. ⑤

제9장

면접법

제1절 면접법의 의의

1. 면접법의 개념

면접법(interviewing)이란 연구가설의 적합한 대답들을 획득하기 위해, 그에 적절하도록 고안된 질문들을 면접자와 응답자가 서로를 맞대고 상호작용 하면서 필요한 자료를 수집, 얻어 내는 방법. 즉, 일정한 조건하에서 언어를 매개로 하여 질문과 응답을 통해 자료를 얻는 방법이다.

면접법은 질문지법과 함께 사회과학 연구, 특히 통계적 처리가 필요한 연구의 자료수집에서 가장 많이 활용되는 방법의 하나이다. 면접법은 응답자에게 질문지가 주어지지 않고 응답자에게 질문을 읽어주고 면접자가 직접 응답내용을 기입한다는 점이다. 질문지법의 단점을 보완하기 위해서 면접법의 기술을 발전시키게 되었다. 그 후 심리학자들에 의해 면접기술이 더욱 발달되어 자료를 수집하는 방법으로 널리 활용됨에 따라 다른 사회과학에서도 연구 조사 시 자료를 수집하는 방법으로 광범위하게 활용되고 있다(양정하 외, 2011).

제2절 면접법의 종류 및 장·단점

1. 면접법의 종류

면접법은 면접목적에 따라 정보수집 혹은 사회조사 면접, 진단적, 결정적 면접, 치료적 면접, 면접 형태에 따라 전화면접, 대면면접, 면접에 참여하는 응답자 수에 따라 개인면접과 집단면접, 면접에 소요되는 시간에 따라 단기면접과 장기면접 등으로 분류할 수 있다. 여기에서는 면접내용의 구성형식에 따라 표준화 면접, 비표준화 면접, 반표준화 면접으로 나누어 설명하고자 한다(양정하 외, 2011).

1) 구성형식 정도에 따른 분류

(1) **표준화 면접**(Standardized interview)

사전에 조사표 또는 질문지를 만들고 모든 응답자에게 같은 순서와 언어로 질문하여 면접하는 방법이다. 조사표는 면접자가 응답자와 면접할 때 사용하는 조사항목들의 한 묶음을 의미한다. 조사표에 따라 면접하므로 면접자가 임의로 질문의 표현을 바꾸거나 새로운 질문을 추가하거나 질문순서를 바꾸는 등의 행위를 할 수 없다. 표준화 면접은 다음과 같은 장 · 단점을 가지고 있다(김태성 외, 2006).

- 장점

① 질문문항이나 질문순서에서 오는 오류를 최소한으로 줄일 수 있다.
동일한 질문을 같은 순서에 따라 조사하기 때문에 질문문항이나 질문순서가 바뀜으로 발생하는 오류를 방지할 수 있다.

② 응답의 차이를 비교할 수 있다: 응답자에게 동일한 질문을 하지 않은 경우, 응답의 차이가 질문의 차이에서 오는 것인지 실제 차이에서 오는 것인지 알 수 없다. 그러나 표준화 면접법은 동일한 질문을 하기 때문에 질문에

의한 차이를 배제할 수 없다.

③ 표준화 면접은 비표준화 면접에 비해 신뢰도가 높다. 비표준화 면접은 질문을 달리할 가능성과 응답을 달리할 가능성이 있어 신뢰도가 떨어질 수 있으나, 표준화 면접은 같은 질문에 응답자가 다르게 응답할 가능성만 있어 신뢰도가 높다.

④ 동일한 순서에 의해 동일한 질문을 사용하기 때문에 자료의 수량적 표준화와 통계적 처리가 가능하다. 동일한 순서에 의해 동일한 질문을 사용하기 때문에 질문문항만 수량화할 수 있도록 작성하면 통계처리가 가능하다.

• 단점

① 응답자의 지식을 충분히 끌어낼 수 있는 융통성이 없기 때문에 오히려 타당도가 저하될 수 있다.

② 표준화된 조사표에 의해 조사해야 하기 때문에 애매한 상황에서 캐내는 질문을 하거나 융통성 있는 질문을 할 수 없어 응답자의 정확한 의견을 파악하기가 어려울 수도 있다.

(2) 비표준화 면접(Unstandardized interview)

질문의 문항이나 순서가 미리 정해져 있지 않고, 면접상황에 따라 적절히 변경될 수 있도록 되어 있는 비교적 자유로운 면접방법이다. 조사되어야 하는 문제의 범위만 결정되어 있고, 구체적인 내용은 면접자가 면접상황에 따라 융통성 있게 조사하도록 하는 방법이다. 질문 자체가 고정되어 있지 않기 때문에 자유응답식인 경우가 많고, 응답자에게 응답할 내용에 대해 최소한의 지시나 방향을 제시할 뿐이다. 비표준화 면접이라 할지라도 연구주제가 설정되어 있거나 연구를 통해 얻고자 하는 목적이 있다면, 그러한 목적을 달성할 수 있도록 인도해주는 면접지침이 있어야 한다. 예를 들면, 정신치료 분야에서 발전되어 온 것으로 응답자의 숨은 감정과 경험을 캐내고 면접 이전에 파악하지 못했던 정서, 태도, 믿음 등을 밝혀내는데 이용되고 있다. 비표준화 면접은 다음과 같은 장 · 단점을 가지고 있다.

• 장점

① 비표준화 면접은 면접상황에 따라 융통성 있게 진행될 수 있다. 면접자는 응답자의 개인적인 특수상황에 따라 질문의 어구나 순서를 조절할 수 있다.

② 비표준화 면접은 표면적인 측면보다 의미의 표준화를 가능하게 한다. 같은 말이라도 사람에 따라 다른 의미를 가질 수 있으므로 표면적인 표현만으로는 표준화가 될 수 없는 경우가 있다. 이 경우 표준화된 질문에만 의존하게 되면 더 큰 오류를 범할 수 있다.

③ 표준화 면접은 신뢰도가 높은 반면, 비표준화 면접은 면접결과의 타당도가 높다. 응답자의 개인적인 상황을 고려하여 질문을 할 수 있어, 라포를 형성하기가 쉬우며, 결과적으로 응답자의 협력을 얻게 됨으로써 보다 정확한 자료를 얻을 수 있다.

④ 비표준화 면접은 표준화 면접에서 필요한 질문을 만드는데 유용한 자료를 제공해 줄 수 있다.

• 단점

표준화 면접이 가지고 있는 장점이 곧 비표준화 면접의 단점으로 작용할 수 있다.

(3) 반표준화 면접(Semi-standardized interview)

반표준화 면접은 표준화 면접과 비표준화 면접의 장 · 단점을 보완한 것으로 일정한 수의 중요한 질문을 표준화하고 그 외의 질문을 비표준화 하는 방법이다. 이 방법은 면접의 목적과 질문목록이 기재되어 있는 면접지침을 사용하되, 이 지침의 범위 내에서 연구자가 어느 정도 융통성을 가지고 면접하는 방법이다.

이상의 세 가지 면접방법 중에서 어느 것이 더 좋은 방법인가를 정할 수 있는 기준도 없고, 조사목적과 범위, 대상 및 면접상황 등을 고려하여 결정하여야 할 것이다.

① 조사의 준비단계에서의 면접은 문제점 발견에 초점을 두고 있기 때문에 비표준화 면접이 더 좋을 것이고,
② 많은 수를 조사하거나 숙련된 연구자가 없는 경우에는 표준화 면접이 더 좋을 것이다.

2) 상황에 따른 분류

(1) 면접법

면접법은 일반적으로 서베이(survey)의 한 형태로서 응답자에게 질문을 하고 응답 내용을 면접자가 직접 기록하는 설문조사이다. 즉, 면접자와 응답자 간의 상호작용이 이루어지기 때문에 면접자의 역할이 매우 중요하다. 면접자은 응답자들을 조사에 참여토록 독려하고 질문의 내용을 전달, 그 결과를 기록하는 것을 수행한다, 그러므로 면접조사에서 면접자는 응답의 충실성, 응답 오류의 정도, 조사결과의 신뢰도와 타당도 및 응답률 등 조사의 성패에 결정적인 영향을 미치게 된다(김환준, 2004; 김태성 외, 2006).

(2) 전화면접(Telephone interview)

전화면접은 전화를 매개로 면접을 하는 방법이다. 전화를 이용하는 간편함과 시간과 비용의 절감이 있다. 또한 전화가 없는 계층이나, 전화를 공개하지 않은 사람들은 표본에서 배제하며, 질문이 극히 단순명료해야 하기 때문에 심층적인 정보를 얻어내기에 어려움이 있다(원석조, 2012).

(3) 집단면접(Group interview)

집단면접은 집단을 대상으로 구체적인 연구가설을 정립하기 이전 단계로서 질문문항에 필요한 정보를 얻기 위해 사용되는 면접방법이다. 집단면접은 면접자가 가능한 많은 정보를 제공할 수 있는 10명 내외의 응답자 집단으로 구성된다.

2. 면접법의 장점과 단점

면접법의 장점과 단점은 다음과 같다.

1) 장점

첫째, 교육정도에 관계없이 모든 사람에게 적합한 자료수집방법이다. 질문지법은 읽고 쓸 줄 알아야 하기 때문에 응답자가 어느 정도 교육을 받은 사람이어야 하는 데 반해, 면접법은 특히 한국의 농촌과 같이 교육수준이 낮고 노인이 많은 지역에서는 면접법이 적합한 자료수집 방법이다.

둘째, 질문지법보다 더 공정한 표본을 얻을 수 있다. 질문지법은 회수율이 낮고(특히 우편조사의 경우) 회수된 것은 대개 그 문제에 대해 관심을 가지고 있는 사람들의 것이기 때문에 회수된 자료를 가지고 모집단의 특성을 추정하기가 어려워진다.

셋째, 개별적 상황에 따라 높은 신축성과 적응성을 가진다. 응답자가 이해하지 못하거나 잘못 이해했을 때, 질문을 반복할 수 있고 알아듣기 쉽게 설명할 수 있거나 적합한 추가질문을 하는 등 융통성이 있다. 추가질문, 응답자의 표정, 태도까지 관찰할 수 있기 때문에 진실이 의심되는 것에 대해 추가 질문을 할 수 있다.

넷째, 복잡한 질문을 사용할 수 있고 정확한 응답을 얻어낼 수 있다. 경험이 있고 훈련된 면접자는 부수질문을 통해 응답자가 복잡한 질문에 응답하는 데 도움을 줄 수 있고, 캐묻는(probing) 질문 등을 통해 응답자의 정확한 의도를 얻어낼 수 있다.

다섯째, 조사환경을 통제하고, 표준화할 수 있다. 질문지법과 달리 면접자는 다른 사람의 방해를 받지 않고 개별적으로 진행될 수 있도록 면접환경을 통제하고 표준화할 수 있다. 질문지조사는 다른 사람의 방해를 받을 수 있을 뿐만 아니라 산만한 주위환경에 의해 영향을 받을 수 있는데, 면접조사는 이러한 것을 방지할 수 있다.

여섯째, 제3자의 영향을 배제시킬 수 있다. 질문지법의 경우 우편조사나 배포조사의 경우 친구, 친척, 가족 등 다른 사람의 영향을 받을 수 있다.

일곱째, 관찰법에서는 현재 나타나고 있는 행동에 대해서만 조사할 수 있으나, 면접법에서는 응답자의 과거 행동이나 사적 행위에 관한 정보도 얻을 수 있다.

2) 단점

첫째, 절차가 복잡하고 불편하다. 질문지법은 어떠한 방법으로든지 질문지를 보내고 회수하기만 하면 되는데, 면접법은 사전에 전화를 해서 협조를 얻어야 하고, 응답자의 편리한 시간에 맞추어 일정을 잡고 직접 찾아가서 만나야 하며, 더 나은 응답을 얻을 수 있도록 질문을 준비해야 한다.

둘째, 시간과 비용, 노력이 많이 들어간다. 면접자가 응답자를 현장에서 직접 만나 면접을 실시해야 하기 때문에 많은 시간과 비용이 소요되며, 면접에서 얻은 자료를 정리하는 데에도 많은 시간과 노력이 요구된다.

셋째, 면접자에 따라 면접내용이 달라질 수 있다. 그러한 오류로는 면접자가 질문의 언어구성을 변경하거나 특정문항을 빠뜨리거나 필요이상의 질문이나 적대감을 유발시켜서 응답에 부정적인 영향을 미치거나 기록의 잘못이나 미완성된 응답을 보충함으로써 발생할 수 있다(채구묵, 2011).

넷째, 응답자가 피곤하거나 다른 일에 전념하는 등 조사에 응하기 불편한 상황에서 면접이 이루어지면 피로, 짜증, 불편 등이 초래되어 응답에 부정적인 영향을 미칠 수 있다.

다섯째, 응답에 대한 표준화가 어려울 수 있다. 응답자에 따라 다른 질문을 하고 캐묻는 질문을 해야 하는 경우가 많은데, 이러한 것은 융통성을 높일 수 있다는 장점이 되기도 하지만 응답자의 응답을 표준화해서 비교할 때 곤란을 초래할 수도 있다.

여섯째, 넓은 지역에 걸쳐 분포된 사람을 대상으로 면접을 실시하는 경우 어려움이 많다.

일곱째, 익명성이 결여되어 사적인 질문에 대하여 정확한 응답을 얻기 어렵다.

여덟째, 응답자에 따라 자기의 상황을 노출시키는 것을 꺼려 조사 자체에 부담을 줄 수 있다. 면접의 경우 응답자를 개인적으로만 만나는 것이 아니라 집에 가서 가정환경, 가족, 이웃 등 개인의 사생활을 관찰하게 되는 데, 이러한 일들이 응답자에게 부담을 줄 수 있다.

제3절 면접자의 역할과 선정 및 훈련

1. 면접자의 역할

1) 조사협조의 요청

표본추출로 선정된 응답자와 연락이 쉽지 않을 때가 있다. 응답자의 협조를 구하기 위해서 면접자는 인내심을 가지고 꾸준하게 응답자와 접촉을 시도하고 그를 설득하기 위해 노력을 해야 한다. 면접자가 확신을 가지고 조리 있게 조사의 목적을 설명하거나 응답자와의 원활한 의사소통을 통해 인간적 친밀감을 유지 할 수 있는 능력이 필요하다.

2) 정확한 응답의 도출

조사에 적극적으로 임하도록 해서 정확한 응답을 하도록 대화를 이끌어 가는 것이다. 응답자는 질문에 대해 오해도 있을 수 있고 이해를 못할 수 도 있기 때문에 이에 대해 자세히 설명해 주고 응답자가 자신의 생각이나 상황을 올바르게 표현하도록 격려함으로써 조사의 정확성을 높일 수 있다.

3) 객관적 조사와 기록

면접자는 객관적이고 표준화된 조사와 기록을 하여야 한다.

응답자들의 응답내용이 서로 다른 것은 그들의 생각이나 경험, 처한 상황이 서로 다르기 때문에 면접자가 질문을 달리 하거나 면접의 분위기가 달라서 또는 기록을 잘못하여서 응답이 서로 다르게 나타나면 안 된다.

면접자는 가능하면 응답자에 따라 면접환경에 차이가 나지 않도록 유의하여야 한다. 특히, 면접분위기를 편안하게 하기 위해 사적인 대화를 나누는 것을 가급적 자제하고 설문조사는 본연의 목적에 충실하여야 한다(금기윤 외, 2012).

2. 면접자의 선정

면접자를 선정할 때 연령, 인종, 성, 언어구사, 목소리 등도 고려해야 한다. 면접자 선정은 면접대상자의 특성, 면접대상자에 대한 접근 용이성, 조사목적 및 질문내용 등에 따라 결정되어야 한다. 면접자와 응답자가 그 특성에 있어서 상이하거나 유사하다는 점은 수집될 자료의 유용성에 영향을 미칠 수 있다. 면접자 선정 시 고려사항은 다음과 같다(김경동 외, 1995).

1) 면접자의 수

면접자의 수를 결정하기 위해서 고려해야 할 사항

① 연구에 소요되는 경비의 규모, ② 면접대상자의 수(표본의 크기)

③ 면접 당 소요되는 평균시간(이동시간, 면접장소를 찾는 시간, 실제 면접 시간, 방문 시 부재중인 사람을 재방문하는 시간 등 포함)

④ 면접조사의 종결에 필요한 총 조사기간

⑤ 면접자의 수는 가급적 20명 이내로 하는 것이 바람직하며, 면접자가 증가하면 면접자의 다양성으로 인해 편기가 발생하기 쉽다.

2) 면접자 모집

면접자는 전문조사기관이나 자원봉사기관, 자원들로는 조사를 후원하는 기관에서 모집하기가 쉽다. 가급적 전문적인 훈련을 받은 면접자를 쓰는 것을 권하고 있다.

3) 면접자 선발기준

면접자를 선발할 때는 면접자의 객관적 · 주관적 사항들이 고려되어야 한다.

(1) 객관적인 측면

면접자는 피면접자와 성별, 사회경제적 지위, 출신지역 등이 비슷한 사람이 좋고 건강상태가 양호해야 하며, 용모도 단정하고 조사경험이 있는 사람은 더욱 좋다.

(2) 주관적인 측면

면접자는 우선 정직해야 하며, 모든 사람과 잘 이야기할 수 있고 다양한 응답을 논리 정연하고 정확하게 기록할 수 있어야 함. 또한, 강한 인내력을 가지고 어떤 문제든지 열성과 관심을 가질 수 있어야 하며, 상황 판단이 빠른 사람이 좋다.

3. 면접자의 훈련

선발과정을 통해 좋은 면접자들을 얻는 것은 매우 어렵기 때문에 면접자에 대한 교육과 감독의 필요성이 더욱 중요해진다. 면접자에 대한 교육훈련의 과정은 설문조사의 종류, 난이도, 면접자의 경험자 자질 등 다양한 요소에 따라 달라질 수 있다. 훈련시간은 면접내용에 따라 대개 3~4시간이 바람직하며, 면접내용이 복잡하지 않으면 1~2시간 이내에 훈련을 마칠 수 있다. 모든 면접자들은 이전의 조사경험에 관계없이 교육이나 훈련에 의무적으로 참가하도록 해야 한다.

면접자 훈련 또는 교육은 개인적 훈련과 그룹훈련이 있으나 그룹훈련이 바람직하다. 그룹훈련은 훈련시간을 단축시킬 뿐만 아니라, 훈련기간 중 제기된 문제점들은 모든 참가자에게 도움이 될 수 있다.

일반적으로 면접자 훈련과정은 사전준비, 일반교육, 심화교육, 역할놀이의 네 단계로 구분할 수 있다(김태성 외, 2006).

1) 사전준비

사전준비는 면접자들에게 면접훈련을 시작하기 전 제공되어야 할 자료나 물품들을 미리 준비하는 것으로 시작되며, 면접자의 훈련은 집단으로 이루어지기 때문에 훈련 일정표, 면접자의 지침서, 질문지, 면접기술에 관한 조언, 지역사회의 긴급연락망 및 자원 목록, 필기도구, 기타 관련 정보 및 자료 등을 제공하는 것이 바람직하다(김태성 외, 2006).

2) 일반교육

① 면접자들에게 조사에 대한 개괄적인 이해를 시키는 것을 목적으로 한다. 즉 연구사업의 목적에 대한 설명은 면접자들에게 연구사업의 본질과 중요성에 대한 명백한 이해를 갖도록 하는데 도움이 되며 개별 질문들의 이해를 높일 것이다.

② 조사후원기관과 표본의 추출방법 등에 대한 정보를 제공해야 한다. 면접자가 질문지의 작성과정, 표본추출방법, 자료의 수집방법 및 분석방법과 같은 조사의 전반적인 절차에 대해 이해함으로써 조사에서 면접자 역할의 중요성을 인식하게 되고 조사에 보다 적극적으로 참여할 수 있다.

③ 정확한 자료수집, 지역사회나 응답자와 좋은 사회적 관계 및 정해진 기간에 면접을 완성하는 것이 왜 중요한지 등에 대해 충분히 설명하여야 한다.

④ 구체적인 면접기간, 요구되는 주당 면접시간, 보상의 수준 및 방법 등과 같은 요소들에 대해 명확하게 하는 것이 바람직하다(Babbie, 1990; 김태성 외, 2006).

3) 심화교육

심화교육은 면접자에게 사업계획 추진에 필요한 전체적인 연구방법에 대해 설명해 주어야 한다. 각각의 질문을 실시하는 방법과 그에 대한 반응을 기록하는 방법에 대한 특정한 지시와 함께 조사도구에 수록된 질문들을 충분히 검토해야 한다. 각 질문들은 그 질문이 포함되어야 하는 이유에 대해 충분한 설명을 해 주는 것이 바람직하며, 면접자들로 하여금 조사도구에 익숙해져서 이를 사용하는데 편안함을 느끼도록 해야 한다(Babbie, 1990; 김태성 외, 2006).

4) 역할놀이

면접자들 간에 서로 짝을 지어 면접 실시 과정을 연습하도록 하는 것은 유용한 방법이다. 역할놀이 과정은 면접자가 면접도구와 면접절차에 익숙해지도록 도움을 줄 수 있다. 면접자와 응답자 입장에서 각각 역할놀이는 그들에게 다양한 질문에 대한 양측의 입장을 이해하도록 하고, 얻어진 응답 속에 무엇이 포함되어야 하는가에 대한 이해를 증진시킨다(Babbie, 1990; 김태성 외, 2006).

〈표 9-1〉 면접요원의 선발과 훈련

구분	내용
면접요원 선발 시 유의사항	• 면접요원의 수 결정: 조사대상자의 수, 조사연구의 예산(비용) 조사기간, 면접당 소요시간 등을 고려 결정. • 자질을 갖춘 요원의 선발: 전문적인 훈련을 받은 또는 면접조사 경험이 있는 사람을 선발 • 면접요원의 선정 기준: 면접요원 선정기준은 면접대상자의 성격에 따라 다르게 결정
면접요원의 훈련	• 조사의 종류, 조사의 난이도, 면접요원의 경험과 자질에 따라 그 수준을 달리함 • 조사의 목적, 질문의 목적, 면접요원의 역할, 면접 도중 발생 가능한 문제에의 대응방법, 면접시 유의사항 등을 교육 • 과정: 사전준비→일반교육→심화교육→사전모의 면접

출처: 원석조(2012).

제4절 면접 조사의 과정

1. 면접의 시작

면접의 과정은 소개와 방문으로 시작한다. 면접원은 문 앞에서 만나고 공식 허가서를 보여준다. 응답자로부터 협조를 얻고 재확인한다. 면접조사에 대한 협조를 요청하는 과정은 지역사회의 협조를 요청하는 방법과 응답자 개인의 협조를 얻는 방법으로 구분할 수 있다.

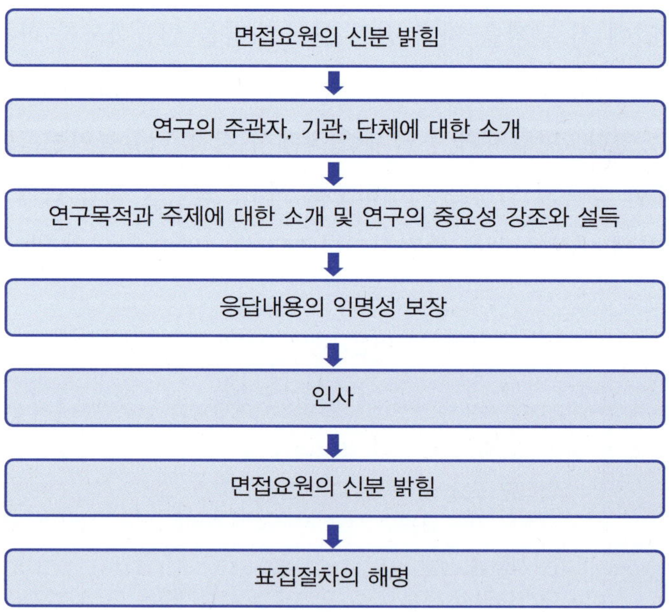

[그림 9-1] 면접 개시 절차

출처: 원석조(2012).

1) 지역사회의 협조를 얻는 방법

한지역의 주민들을 대상으로 면접을 하고자 하는 경우 연구주제와 관련이 있는 다양한 여러 지역단체나 인물들의 협조를 구하는 것이 바람직하다. 한편 그 지역의 행정관서의 협조를 얻는 것도 중요하지만, 그 지역의 이장, 유지, 마을 어른 등을 예방하고 조사의 취지를 잘 설명하여 협조를 얻는 것이 중요하다. 지역에서의 표본추출을 할 때는 지정한 면접대상자 수보다 10~20% 더 선정하는 것이 좋다(채구묵, 2011).

2) 응답자 개인의 협조를 얻는 방법

면접을 시작하기 전이나 시작할 때, 응답자의 협조를 구하기 위해 다음과 같은 사항을 고려해야 한다.

① 방문시간에 대한 사전약속
② 좋은 첫인상: 호감을 갖게 하는 신체적 용모 및 태도
③ 기본사항(면접자 소개, 연구목적, 표본 선정방식 등) 소개
④ 응답자가 가지고 있는 심리적 장애 제거
⑤ 바쁘거나 부재중일 때 대처방법

2. 면접조사 시행 - 다양한 면접기술의 적용

면접자들은 면접을 효과적으로 실시하기 위해서 또는 면접 시 발생할 수 있는 상황에 적절히 대처할 수 있기 위해서 다양한 면접기술을 습득하고 이를 적용해야 한다.

1) 면접 시 의사소통

목소리의 적절한 사용, 음조의 변화, 긍정적 태도 등

2) 면접 시 질문하는 태도와 방법

면접자는 어느 정도 여유를 가지고 위엄 있게 보여야 하며 면접대상자와 면접 과정을 신중하게 다룬다는 것을 응답자가 느끼도록 해야 한다. 너무 경직된 분위기를 조성해서는 안 되며, 자유롭게 응답할 수 있는 상황을 조성해야 한다. 사전에 조사표(질문지)를 점검하고, 질문할 때는 응답자와 마주보고 자연스럽게 대화하는 것처럼 진행하는 것이 바람직하다.

3) 질문의 순서와 내용

면접자는 조사표의 순서대로, 조사표에 있는 질문을 그대로 해야 한다. 특히, 구조화 면접의 경우에는 이 원칙이 지켜져야 한다.

4) 반대질문을 받았을 때

면접자의 말이 응답자의 응답에 영향을 미칠 수 있기 때문에 신중하게 대처해야 한다.

5) 응답에 필요한 시간

응답자에게 대답에 필요한 적절한 시간적 여유를 주는 것이 바람직하다.

6) 응답자가 잘 이해하지 못하거나 오해했을 경우

질문을 한번 더 그대로 반복하여 응답자가 문항을 이해할 수 있도록 하고, 그래도 이해하지 못할 때는 질문을 알아듣기 쉽게 바꾸어 물을 수도 있다.

7) 모른다는 대답을 했을 경우

면접자는 응답자가 정말 모르는 것인지 아니면 다른 이유가 있는 것인지를 주의 깊게 파악하여 가능한 한 구체적이고 정확한 응답을 얻도록 노력해야 한다.

8) 면접 중 응답자의 대답이 먼저 말한 내용과 상반될 경우

면접자는 응답자의 체면을 지켜 주면서 정확한 정보를 얻을 수 있도록 밝혀내야 할 필요가 있다.

9) 면집의 내용이 주제에서 일달하거나 말이 길어질 경우

응답자가 말하고 있는 내용을 주제와 관련시켜 질문함으로써 그의 말이 주제에서 벗어났다는 것을 알게 해주고, 응답내용을 전환하도록 한다.

10) 라포의 형성 및 유지

면접조사를 성공적으로 수행하기 위해서는 면접을 시작할 때 라포(rapport)를 형성하는 것이 중요하며, 이러한 관계는 면접의 전 과정을 통해 유지되어야 한다. 면접자와 응답자간의 라포 형성은 면접의 협조와 면접기간 동안에 가장 많은 영향을 미치는 요소 중의 하나라고 해도 될 것이다(양정하 외, 2011).

3. 프로빙 기술

응답자의 대답이 불충분하거나 정확하지 못할 때 추가질문을 하여 충분하고 정확한 대답을 얻을 수 있도록 캐묻는 질문이다

1) 간단한 찬성적 응답

응답자가 대답할 때 "예, 그렇겠군요" 등의 찬성적 어구를 자연스럽게 사용함으로써 응답자의 대답에 관심을 표명하는 것이 좋다.

2) 무언의 암시에 의한 자극

면접자는 다음 말을 기대하는 듯 한 표정으로 상대방을 응시함으로써 응답을 계속할 수 있도록 자극을 줄 수 있다.

3) 명확한 대답의 요구

응답자의 응답이 모순되거나 애매하거나 일관성이 없는 경우에는 추가적인 질문에 의해 명확한 대답을 얻어낼 필요가 있다. 예를 들면 “죄송하지만 지금 말씀하신 내용을 좀 더 자세히 말씀해 주시겠습니까?” 등의 질문을 할 수 있다.

4) 비지시적인 질문을 사용

캐묻는 질문은 비지시적이어야 한다. 즉, 질문에 대답의 방향을 지시하거나 암시하는 요소가 들어가서는 안 된다. 예를 들면 “그것에 대해 긍정적으로 생각하는 견해는 없는지요.”라고 질문하는 것보다 “그것에 대해 선생님의 더 자세한 설명을 듣고 싶습니다.” 같이 비지시적으로 질문을 하는 게 좋다.

5) 적절한 곳에서 종결

캐묻는 질문은 적절한 시점에 끝내야 함. 때때로 질문을 계속해서 하게 되면 응답자가 불안을 느껴 라포(rapport)를 손상시킬 수 있다.

제5절 면접 결과의 기록 및 종결

1. 면접 결과의 기록

1) 면접을 기록하는 방법

① 현장에서 면접 중에 기록하는 방법: 현장에서 면접내용을 모두 기록하는 방법과 중요한 내용만 기록해 주었다가 이후에 자세하게 기록하는 방법이 있다.

② 응답내용을 기억해 두었다가 면접을 마친 후 기록하는 방법

③ 녹음기와 같은 기계를 사용하여 기록하는 방법

2) 면접결과를 정확하게 기록하기 위한 원칙(이만갑, 1976)

① 중요한 내용은 면접 중에 바로 기록해 두어야 한다.

② 응답자가 말한 내용을 그대로 정확하게 기록한다.

③ 면접목적에 관련된 것이면 사소한 내용이라도 전부 기록한다.

④ 캐묻는 질문과 응답내용을 모두 기록한다.

⑤ 면접상황, 즉 면접자와 피면접자의 태도면접에 영향을 미쳤다고 생각되는 모든 사실을 기록해 두어야 한다.

⑥ 기록에 집중하여 면접을 진행하는 데 소홀해서는 안 되며, 응답자가 흥미를 잃지 않도록 주의해야 한다.

2. 면접법의 종결

① 면접자들은 면접의 종결에 대해 필요한 사항을 숙지하도록 훈련되어야 한다.

② 면접이 끝났다고 해서 친절함을 잊어서는 안 되며, 응답자의 협조로 인해 면접이 성공적으로 진행되었다는 점과 응답해준 내용이 지역사회의 문제해결에 많은 도움이 될 것이라는 점을 말하는 것이 좋다.

③ 응답자가 면접과정에서 가지고 있었던 질문이나 의심을 모두 해결해 주어야 한다. 예를 들어 다소 민감한 질문에 대한 반응이나 면접과정에 발생한 일을 기록해 두는 것도 연구에 도움이 된다.

연습 문제

1. 면접조사의 장점으로 옳지 않은 것은?
① 무응답 가능성을 줄일 수 있다.
② 질문 순서를 통제할 수 있다.
③ 높은 응답률을 기록할 수 있다.
④ 환경 통제의 가능성이 높다.
⑤ 면접자의 편의에서 자유롭다.

✍ 해설: 면접조사는 편의(편향, bias)에서 자유롭지 못하다는 단점을 갖는다. 이를 면접자 효과(면접자가 자료수집 과정과 결과에 영향을 미치게 되는 것)을 통제하기 어렵다고 표현하기도 한다.

2. 면접조사와 비교하였을 때 우편조사가 갖는 장점은?
① 융통성이 있다.
② 추가적인 정보를 수집할 수 있다.
③ 익명성을 보장할 수 있다.
④ 문제를 정확히 전달할 수 있다.
⑤ 환경을 통제할 수 있다.

✍ 해설: 면접조사는 익명성을 보장하기 어렵지만, 우편조사는 익명성을 보장할 수 있다.

3. 면접조사의 장점으로 적절한 것을 모두 묶은 것은?
① A, B, C ② A, C ③ B, D ④ D ⑤ A, B, C, D

✍ 해설: 면접의 장점은 융통성, 높은 응답률, 비언어적 행위의 관찰, 질문순서의 통제, 무의식적 응답 기록, 환경을 통제, 모든 질문에 대한 응답 확인, 면접 일자, 시간, 장소, 기록, 복잡한 질문의 사용, 응답자의 응답 촉진

정답: 1. ⑤ 2. ③ 3. ⑤

제10장

관찰법

제1절 관찰법의 의의 및 특성

1. 관찰법의 개념

관찰(observation)은 조사대상자가 행동을 통해 나타내는 태도나 의견 등을 조사하고 분석하는 것이다.

조사대상자의 특성, 상태, 언어적 행위, 비언어적 행위, 기능, 업적, 환경적 특성 등을 감각적 기관을 통해서 자료를 수집하는 방법이다.

실험연구에서 많이 사용되며, 관찰자의 주관성과 편견이 개입될 우려가 높아 과학적 관찰이 필요하다.

여기서 과학적 관찰(scientifie observation)의 주요 내용은 다음과 같다(Selltiz, et, al., 1976; 채구묵, 2011).

① 일정한 조사목적에 도움을 주고,

② 체계적으로 계획되며,

③ 그 결과가 체계적으로 기록되며,

④ 타당도와 신뢰도에 대한 검증과 통제가 가능해야 한다.

관찰은 과학적 연구를 위해서 다양한 목적으로 사용될 수 있다(체구묵, 2011).

① 질문지조사나 면접조사에서 얻기 어려운 자료를 수집하는데 사용된다.

② 다른 조사에서 얻은 자료를 보완하는데 사용된다.

③ 문제 형성이나 가설 구성을 위한 정보를 얻는데 사용된다.

관찰조사는 자료수집상 부적합한 경우가 많으므로 질문지 조사방법과 함께 쓰이는 경우가 많다.

관찰법에서 예를 들면, 인간 관계론을 탄생시킨 호손 실험이다. 1924년 미국 호손(Hawthone)시 소재 웨스턴 일렉트릭(Western Electric) 회사 근로자를 대상으로 하버드대 심리학과 E. Mayo가 작업조건(조명, 소음, 습도 등)이 생산성에 미치는 영향을 조사했는데, 원래 가정은 작업환경을 개선하면 생산성이 향상된다는 것이었으나 조사결과 작업환경과 생산성은 별 관계가 없고 대신 일의 보람, 긍지, 동료 간의 우애 등 심리적 요인이 더 큰 영향을 미치는 것으로 나타났다(이를 확인하기 위해 1927년 재조사가 실시되었다). 그러나 호손공장 근로자의 생산성 향상은 근로자 본인 스스로 실험대상임을 자각하여 능동적으로 행동했기 때문이라는 비판이 있다(원석조, 2012).

제2절 관찰법의 장점 및 단점

관찰법의 장점 및 단점은 다음과 같다(사회복지사 국가자격시험 연구회, 2024).

1. 관찰법의 장점

① 비언어적 행동에 관한 자료수집이 용이하다. 특히 어린이나 지적장애인처럼 언어 표현이 부족한 대상에 효과적이다.

② 종단적 분석이 가능하다. 면접이나 실험은 시간에 의존적이지만 관찰은 자연적 상태에서 조사를 수행하므로 장기간에 걸친 조사가 가능하기 때문이다.
③ 조사의 현장성 및 즉시성을 특징으로 한다. 응답자의 행위가 일어나는 현장에서 즉시 사실을 포착할 수 있고 진실된 모습을 포착할 수 있다.
④ 응답과정의 오류를 최소화할 수 있다. 질문에 대한 응답이 아니라 행동으로 나타난 것을 관찰하기 때문에 응답 과정에서 발생하는 오류를 줄일 수 있다.
⑤ 연구 대상의 태도가 모호한 경우 자료수집에 유용하다. 특정 질문에 대해 응답자가 자신이 어떤 태도나 감정을 갖는지 스스로도 잘 모르는 경우 혹은 질문을 정확히 인지하기 어려운 경우 관찰을 통해 자료를 수집하는 것이 효과적이다.
⑥ 연구 대상의 무의식적 행동을 측정하기에 용이하다.
⑦ 연구 대상이 면접을 거부하거나 비협조적일 때에도 관찰을 통해 자료를 수집할 수 있다.
⑧ 개인이나 집단의 정보를 얻는 방법으로 적절하다. 예를 들면 가족이나 집단 구성원 간 의사소통의 형태를 연구할 때 사용할 수 있다.

2. 관찰법의 단점

① 자연적 환경에서 조사하기 때문에 외생변수를 거의 통제할 수 없다.
② 계량화하는 것이 어렵다.
③ 주관적이고 둘 이상의 관찰자가 수집한 자료를 쉽게 비교하기 어려우며, 비계량적이어서 신뢰도를 검증하기 어렵다. 따라서 수집된 자료를 객관화하기 어렵다.
④ 표본의 수는 실험보다는 크지만 서베이보다는 훨씬 작다.
⑤ 관찰하고자 하는 현장으로의 진입이 어려울 때가 많다.
⑥ 응답자의 익명성을 유지하기 어렵다. 따라서 범죄행위나 낙태, 부부관계

등 일반적으로 타인의 관찰을 꺼리는 예민한 이슈들은 조사하기 어렵다.

⑦ 관찰의 대상이 되는 행위를 포착하기 위해 현장을 찾아다니거나 기다려야 하기 때문에 시간과 비용이 많이 소요된다.

⑧ 관찰 과정에서 관찰자 주관이나 편견이 개입될 수 있다.

⑨ 관찰자 효과가 나타날 수 있다. 관찰자 효과란 일종의 반응성으로 누군가로부터 자신이 관찰당하고 있다는 것을 느낄 때 평소와는 다르게 행동하게 되는 경향을 말한다.

⑩ 사람의 행동은 다양성과 가변성을 가지기 때문에 관찰을 통해 얻은 결과를 일반화하는 데 제약이 따를 수 있다.

〈표 10-1〉 관찰법과 참여 관찰법의 장점 및 단점

구분		내용
관찰법	장점	• 전개되는 상황을 즉시 포착하여 기록할 수 있음 • 주어진 상황 하에서 벌어지는 행동과 같은 비언어적 자료를 획득할 수 있음 • 비인위적인 자연스러운 상황에서 관찰할 수 있음 • 장기간의 종단적 변화를 추적할 수 있음 • 질문지나 표준화검사에서 측정할 수 없는 개인의 내면적 특성을 파악할 수 있음 • 자기 보고서에 의해서 얻을 수 있는 자료보다 더 정확한 자료를 얻을 수 있음
	단점	• 수량화하기가 곤란 • 상황을 통제하기가 거의 불가능 • 대상이 소규모적일 수밖에 없음 • 익명성 결여 • 연구자에게 상당한 심리적, 경제적 부담을 줌 • 관찰자의 주관이 개입될 수 있음 • 관찰자에 의하여 관찰 상황이 변화됨(연구대상의 행동이 부자연스러워지거나 스스로 연구목적에 부합되는 행위를 하는 경우가 있음) • 많은 시간이 소요됨 • 자료수집과정이 상당히 복잡하며 많은 시간 작업

<table>
<tr><th colspan="2">구분</th><th>내용</th></tr>
<tr><td rowspan="2">참여관찰법</td><td>장점</td><td>• 연구대상에 의한 연구방해가 없음
• 언어구사력이 떨어지는 집단에 효과적
• 자료의 세밀함과 정교함을 담보할 수 있음
• 행동의 미묘한 차이를 연구 조사 할 수 있음
• 종단적 연구에 효과적
• 조사연구 설계가 항시 수정가능</td></tr>
<tr><td>단점</td><td>• 외적 타당도가 떨어짐
• 주관성 등으로 결론이 제한적
• 관찰자의 선입견이 개입될 수 있음
• 관찰자 효과가 발생
• 연구대상이 제한적
• 시간적 · 공간적 · 물리적 제약이 있음</td></tr>
</table>

출처: 원석조(2012).

제3절 관찰법의 유형

관찰은 연구목적에 맞게 다양하게 적용될 수 있다. 문제형성이나 가설을 찾기 위한 탐색적 수준에서도 사용되며, 다른 조사기술에 의해서 얻어진 사실의 해명을 돕기 위한 보충적 자료의 수집을 위해서도 쓰이고 정확한 사회적 상황의 기술을 위해서 그리고 인과관계의 가설을 검증하기 위한 자료수집에 이르기까지 폭넓게 적용되고 있다(남세진 외, 2001). 이처럼 관찰법은 그 용도와 방법에서 광범위하게 활용되기 때문에 다양한 형태로 분류될 수 있다.

1. 직접관찰과 간접관찰

1) 직접관찰

행동이 실제로 일어난 때에 관찰하는 것으로 연구자가 연구대상을 직접보고 그 관찰한 바를 기록하여 자료로 사용하는 것이다.

2) 간접관찰

과거행동의 결과로 나타나 물리적인 흔적을 관찰하는 것으로 연구대상인 행동이나 사건 등의 사회적 현상을 직접관찰 할 수 없는 상황이나, 조건 속에서 기록이나 문헌 또는 사후적인 흔적 등을 이용하는 것이다.

2. 참여관찰, 준참여관찰, 비참여관찰

연구자가 관찰대상인 집단에 참여하는 정도에 따라 다음과 같이 구분할 수 있다.

1) 참여관찰(Participant Observation)

연구자가 자신의 신분을 밝히지 않고 관찰대상 집단의 내부에 들어가서 그 집단구성원의 일부가 되어 공동생활에 참여하면서 관찰하는 방법이다.

연구자가 집단 구성원으로서 역할을 수행하면서 관찰하는 방법이다.

예를 들면 갱 집단에 들어가서 갱 활동을 하면서 관찰하거나, 뉴기니 등 섬에서 원주민과 같이 생활하면서 관찰하는 것 등이 이에 속한다.

(1) 장점

- 어떠한 특수한 행위의 동기나 사람들 간의 미묘한 감정관계 등 외부로 나타나지 않는 사실까지 직접 경험하면서 관찰할 수 있다.
- 관찰대상을 자연적인 상태에서 파악할 수 있다. 즉 관찰대상의 자연성과 유

기적 전체성을 보장할 수 있다.

(2) **단점**

- 관찰대상의 구성원으로 가장하고 역할을 수행하는 것이 현실적으로 어려움이 있다. 예를 들면 갱 조직이나 윤락여성 집단은 그 구성원으로 침투하기가 어려울 뿐만 아니라 구성원으로 행동하는 데 많은 애로점이 있다.
- 관찰자가 일단 관찰대상 집단에 들어갔다 하더라도 그 집단에서 어떤 업무를 수행하면서 관찰해야 하므로 관찰활동이 제약을 받게 된다. 따라서 역할이 너무 과중한 경우에는 충실한 관찰을 하기 어렵다. 참여관찰을 하더라도 부담이 많은 역할은 될 수 있는 대로 피하는 게 좋다.
- 조직 구성원들과의 접촉관계로 인하여 관찰자가 자신도 모르는 사이에 감정적 작용을 받아 관찰에 있어 객관성을 잃기 쉽다. 또 집단생활에 익숙해질 경우 외부 사람들이 보면 쉽게 즉시 알아볼 수 있는 집단의 생태나 특성을 간과하기 쉽다
- 관찰자의 특성, 주관, 관찰자와 피 관찰자 간의 관계 등으로 인해 다른 관찰자가 동일한 방법으로 관찰하기가 곤란하고 그 관찰에서 얻은 자료의 표준화가 어렵다.

2) 비참여관찰(Non-participant Observation)

관찰자가 조사대상 집단의 성원으로 역할을 수행하지 않고 제3자의 입장에서 자연스럽게 관찰하는 방법이다. 예를 들면 자폐아동들의 행동, 학교폭력 행위, 오토바이 폭주족의 행위 등을 제삼자의 입장에서 관찰이다.

비참여관찰의 장점으로는 비조직 구성원이 객관적인 입장에서 전체를 정확하게 관찰할 수 있다는 점이다. 비참여관찰의 단점으로는 관찰을 받고 있다는 사실이 관찰대상자들의 행위의 자연성을 해칠 수 있다.

3) 준참여관찰(Quasi-participant Observation)

참여관찰처럼 관찰대상의 생활 전부에 참여하는 것이 아니고 생활의 일부에만 참여하는 관찰방법이다. 이 방법에서는 주로 피 관찰자들이 관찰을 받고 있다는 사실을 알고 있다. 예를 들면 고등학교에 교생실습을 나가 있는 사범대학 학생들은 학교교원의 일부로서 참여하면서 관찰한다. 이때 교직원도 관찰자인 실습생들이 자신의 일을 관찰하고 있다는 것을 알고 있지만 일상 업무를 처리하는 데는 크게 지장을 받지 않는다. 준 참여관찰의 장 · 단점은 참여관찰과 비 참여관찰의 장 · 단점의 중간에 속한다.

예를 들면 위의 방법들 중 어떤 방법을 사용할 것인지는 조사대상이나 조사내용 등에 따라 선택할 수 있을 것이다. 조사대상자들의 생생한 삶을 깊이 있게 파악하고자 하면 참여관찰이 좋을 것이다. 그러나 자폐아동의 행동과 같이 스스로 그러한 입장이 될 수 없는 경우, 윤락행위와 같이 역할수행이 어려운 경우에는 비참여관찰을 수행해야 할 것이다. 일반적으로 참여관찰은 구성원으로서 역할을 수행하면서 관찰을 해야 하기 때문에 비조직적 관찰에 많이 사용되고, 비참여관찰은 조직적 관찰에 많이 사용된다. 그러나 참여관찰도 고도로 조직적인 관찰에 사용될 수 있다(채구묵, 2011).

3. 조직관찰과 비조직관찰

관찰대상, 내용, 절차를 통제하고 조직하는 정도에 따라 조직적 관찰과 비조직적 관찰로 구분할 수 있다.

1) 조직관찰(Structured Observation)

관찰대상, 내용(측정도구), 절차 등을 사전에 결정하여 체계적으로 관찰하는 방법이다. 관찰내용을 표준화하고 관찰표 등의 보조기구를 사용하여 관찰하는 것으로 주로 가설검증을 목적으로 하는 조사에 많이 활용된다.

조직적 관찰에서는 비참여관찰이 많이 활용된다. 예를 들면 집단 활동에서의 아동들의 긍정적 및 부정적 상호작용, 그러한 행동을 유발하는 원인적 요인 등을 관찰하여 상호작용에 영향을 미치는 원인을 분석할 수 있다. 조직적 관찰의 장점은 관찰을 보다 체계적으로 할 수 있고 자료처리를 표준화 할 수 있으며, 단점으로는 연구에 중요한 결과를 제공해줄 수 있는 요소를 놓칠 수 있다.

2) 비조직관찰(Unstructured Observation)

관찰대상, 내용(측정도구), 절차를 명백히 규정하지 않고 어떤 현상을 관찰하는 방법이다. 비조직관찰은 문제 형성이나 가설 구성을 위한 자료 수집을 목적으로 하는 탐색적 조사에 많이 사용되기도 한다. 비조직관찰에서는 주로 참여관찰이 많이 활용된다. 비조직관찰의 장점은 융통성을 가지고 조사 대상을 보다 생생하게 관찰 기록할 수 있다. 단점으로는 관찰을 조직적으로 할 수 없고, 자료처리의 표준화가 어렵다.

연구자 참여 여부

연구자 참여 알림여부		참여	비참여
	알림	관찰참여자	비참여 관찰자
	안 알림	완전참여자	완전관찰자

[그림 10-1] 관찰자의 유형

출처: 원석조(2012)

제4절 관찰의 기록

1. 관찰기록의 내용

어떤 대상을 관찰할 때 관찰해야 할 것이 무엇인지 선택해야 한다. 관찰에 있어서의 기록 문제는 언제 기록할 것인가의 문제와 어떠한 방향으로 기록할 것인가 하는 문제가 중요하다. 관찰표에 나열되어 있는 질문문항에 따라 관찰한 행위를 부호로 기록한다. 관찰표는 입증가능하고 계량화가 가능한 자료수집에 맞도록 작성되어야 한다. 여러 관찰자들이 다른 시간에 관찰하더라고 똑같은 기록이 나올 수 있도록 어구의 구성이 마련되어야 하며, 녹음기나 촬영기 등을 사용하기도 한다.

어떤 프로그램에 참여하는 집단을 관찰하는 경우 기록할 내용의 예를 설명하고자 한다. 일반적으로 관찰개요: 일시와 장소, 프로그램명 참가대상자(특징), 관찰자, 관찰목표, 관찰내용 요약, 관찰평가요약, 특기사항으로 구성 할 수 있다. 이렇게 구성하는 의도는 관찰개요 하나로 전체의 흐름을 알 수 있도록 하기 위함이다. 관찰기록의 내용은 〈표 10-2〉에서 보는 바와 같이 현장 상황에 대한 묘사, 참가자의 특징, 담당 사회복지사의 특징, 프로그램진행 과정, 기타 현장관찰 활동 특징 등으로 구성할 수 있다. 마지막으로 총평에서는 프로그램에 대한 요약과 총평, 이를 토대로 한 결론을 정리한 후, 프로그램 자체의 개선방안과 프로그램 활성화를 위한 정책적 제언, 그리고 기타 개인적 의견이나 느낌 등을 적도록 구성할 수 있다(우수명, 2002).

〈표 10-2〉 관찰기록지의 예

관찰기록	
1. 현장 상황에 대한 묘사	현장의 전경, 일반적 상황, 현장의 위험요인 현장이 주는 프로그램 적합성에 대한 이미지 기타 현장 상황
2. 참가자의 특징	자원봉사자: 외형, 참여자세, 인터뷰 기록과정 중 참여태도와 변화, 기타 사항 행사참가자: 외형, 참여자세, 인터뷰 기록과정 중 참여태도와 변화, 기타사항
3. 담당 사회복지사의 특징	이미지, 태도와 진행능력, 사회복지사의 성장, 평가, 기타 특징
4. 프로그램 진행과정	홍보와 준비과정, 진행과정, 종결과정, 성과의 효과, 프로그램 안전대책, 기타 특징
5. 기타 현장 관찰 활동 특징	
총평	
1. 프로그램 총평과 결론	요약, 총평, 결론
2. 의견과 제언	프로그램 개선방안, 정책적 제언, 기타제언

출처: 우수명(2002).

2. 관찰기록의 시기

관찰에 있어서의 기록 문제는 언제 기록할 것인가 하는 문제와 어떠한 방법으로 기록할 것인가 하는 문제가 중요하다. 주요 내용을 살펴보면 다음과 같다.

① 관찰을 즉시 기록하는 방법: 즉시 기록하는 것이 사후에 기억을 더듬어서 기록하는 데서 오는 약점들을 제거할 수 있어 더 효과적인 것은 말할 것도 없지만 실제에 있어서는 즉시에 기록 할 수 없는 경우가 적지 않다. 특히 이것은 참여관찰을 할 때 당면하는 문제인데 피관찰자의 면전에서 기록을 하면 그들이 어떤 의심을 품거나 하여 자연스런 상태의 진행을 저해할 우려가 있다. 또 기록에

전념하다 보면 주의가 분산되어 주요한 관찰 자체를 그르칠 수도 있다.

② 관찰 후 적당한 식기에 알맞은 장소에서 기억을 더듬어 기록하는 방법: 이 방법은 기록의 정확성을 저해시킬 염려가 있다는 단점을 가지고 있다.

③ 중요한 사건을 기억하는데 실마리를 제공해주는 글자나 기호에 기입했다가 후에 좀 더 완전한 기록을 하는 데 이용하는 기록하는 방법: 관찰자 나름대로 관찰대상 집단에서 자주 발생할 수 있는 사항을 나타내는 기호를 마련한 후 그런 상황이 발생하면 그 기호를 기입해 두었다가 후에 자세하게 기록하는 방법으로 비교적 정확하게 기록할 수 있고 기록으로 인한 관찰의 소홀함을 방지할 수도 있다.

④ 녹음기, 촬영기 등을 활용하는 방법: 촬영기나 녹음기를 사용하는 경우에는 후에 기록하게 된다. 이 방법은 현장을 생생하게 기록할 수 있으나, 법적 · 윤리적 문제가 제기될 수 있다(채구묵, 2011).

3. 기록자의 관점과 추리

관찰한 바를 기록할 때 기록자의 관점은 관찰된 행위를 행위의 주체자(의도한 바가 무엇인지)의 관점에서 작성할 수도 있고, 그 행위에 반응하는 사람(그 행위를 어떻게 해석하는지)의 관점에서 기록할 수도 있다. 또는 제3자의 입장에서 기록할 수도 있다.

관찰자의 추리의 정도는 관찰자로 하여금 정확한 동작이나 행동을 일어난 그대로 정확하게 기록하게 함으로써 최소화될 수 있다. 대부분의 경우 관찰자로 하여금 제3자의 관점에서 택하고, 추리도 중간 정도만 취하는 것이 좋다.

4. 기록의 형식

1) 설화적 서술

가장 기본적인 방법이며 관찰자가 노트에다 자기가 보고 느낀 대로 빠짐없이 서술하는 것이다. 이때의 서술은 일반적 행위에 대한 관찰자의 해석이 포함되어 있다. 연구목적에 비추어 가장 중요한 행동, 상호작용, 사건 등에 초점을 주고 가능한 한 완전하게 기록되어야 한다.

2) 척도에 따른 등급

관찰이 완전히 끝난 후 기록하게 되며, 특정한 행위를 요약 · 평가하는 것이다.

3) 범주체계

관찰하는 동안에 받은 행동에 대한 전반적인 인상을 요약하는 대신 각 행위를 단위로 분리해서 각각 부호화하도록 되어 있다. 이때 관찰내용의 범주들은 분명해야 하고 포괄적이어야 하며, 상호 배타적이어야 한다.

5. 관찰도구

관찰도구로는 사람을 이용하지만, 관찰한 바를 기록하기 위해서 기계를 사용하기도 한다. 사용되는 기계에는 여러 가지가 있다(김기원, 2001).

1) 동작영상카메라(motion picture camera)

영상카메라를 이용하여 관찰대상의 행동을 기록, 정확한 측정 가능, 반복 재생되는 장점이 있다.

2) 오디매터(audimeter)

라디오, TV 등을 켜면 작동하여 시청자의 시청 프로그램, 시청시간 등을 자동적으로 기록하는 기계이다.

3) 싸이코갤버노메터(psychogalvanometer)

어떤 사람에게 말, 그림 등과 같은 자극을 주었을 때, 그 사람의 감정 상태를 측정하게 위해 땀 흘리는 정도를 측정하는 것이다. 즉 좋아하는 인물이 나왔을 때 손바닥 등에서 미세하게 증가되는 수분의 양을 측정하여 응답자의 감정 상태를 측정하게 된다.

4) 동공카메라(eye camera)

눈동자의 움직임을 측정한다. 즉, 신문, TV 등을 볼 때 어느 순서로 보고 얼마 동안 보는가를 관측하여 관심이 있다는 것이 무엇인가 측정한다.

5) 퓨필로메터(pupilometer)

눈동자동공의 크기를 측정하는 것이다. 동공의 크기 변화에 따라 응답자의 반응을 측정한다.

6) MIDCRS(Minnesota Interaction Data Coding and Reduction System)

보통 녹음용 카세트에 목소리의 높·낮음 기록과 부호와의 채점, 시간 조절, 삭제 등을 위한 누름단추를 10개나 부착한 기계이다.

7) 일반녹음기

지나간 사건을 재검토하고 기록을 영구히 보존, 활용할 수 있다는 점에서 유리하지만, 여러 사람 간 언어적 상호작용을 판독 할 수 없거나 누구의 목소리인지 식별하기 어려운 경우 등 적절하지 못한 경우도 많다.

제5절 관찰자의 신뢰도, 타당도

관찰의 신뢰도(reliability)는 관찰대상을 여러 번 관찰 했을 때 일관된 결과가 나오는 정도이며, 관찰의 신뢰도는 관찰자의 질과 관련이 있다.

관찰자가 관찰경험이 부족하거나 훈련이 제대로 되어 있지 않음으로써 측정결과가 일관성이 없을 때 신뢰도의 문제가 제기된다. 그리고 관찰의 타당도(validity)는 본래 관찰하려고 한 것을 제대로 관찰하였는가의 문제이다. 관찰법에 있어서 타당도의 문제는 보통 실제 관찰한 것과 관찰하고자 한 것 사이에 차이가 발생하기 때문에 대두된다. 특히 관찰의 경우 관찰자 개인의 추리에 의한 기록과 해석이 있을 수 있으므로 즉, 관찰자가 본래 의도한 관찰을 하였는가 하는 타당도의 문제가 자주 제기된다(김기원, 2007).

관찰의 신뢰도와 타당도와 관련된 요인으로는 관찰대상, 관찰기구, 관찰자 등이 있다.

첫째, 관찰대상인 행위, 사건, 현상 등이 지속적인 것인가, 반복되는 것인가 하는 문제이다. 즉, 관찰대상의 지속적, 반복적 관찰되면 고정된 요인으로 간주 신뢰도가 높다.

둘째, 관찰기구의 명확성과 구체성과 더불어 복잡성도 문제가 된다. 관찰 틀, 기록 틀, 부호화의 틀에서 지정하는 범주체계와 적용규칙이 모호, 불분명하게 된 경우 타당도, 신뢰도는 떨어진다.

셋째, 관찰자의 일관성과 편의 그리고 오류의 문제이다. 관찰자의 피로, 긴장, 권태, 전혀 기대하지 않던 상황의 전개에 대한 놀라움의 충격 등이 이러한 문제를 발생 시킬 수 있다. 또는 관찰자의 개인적 욕구, 가치관, 과거의 경험 등이 관찰한 바를 왜곡시키는 경우도 있다(양정하 외, 2011).

관찰의 신뢰도와 타당도를 높이는 방법은 다음과 같다.

첫째, 관찰자의 훈련이 필요하다. 관찰의 타당도와 신뢰도는 관찰자의 능력에 달려 있으므로 관찰을 제대로 수행할 수 있도록 사전훈련이 필요하다. 사전훈련에는 충분한 시간이 배려되어야 하고, 관찰방법, 관찰 상황, 관찰내용, 기록, 부호화, 체계, 기록명부, 도구 등에 익숙하도록 교육해야 한다. 이론교육에 더하여 실습교육도 철저하게 실시될 때 신뢰도와 타당도를 높일 수 있다.

둘째, 두 사람 이상의 관찰자를 활용할 수 있다. 하나의 관찰대상을 여러 사람이 동시에 관찰한 후 그 결과를 서로 비교해 보고 편견을 끄집어냄으로써 관찰의 신뢰성을 높일 수 있다.

동일한 관찰 내용을 두 사람 이상의 관찰자가 관찰 · 기록한 후 비교 검토하는 방법이다. 이것이 오류를 최소화하는 방법이 될 것이다.

셋째, 피 관찰자를 활용할 수도 있다. 특히 관찰자가 이들과 친밀한 관계를 형성하고 있는 경우에는 조사에 대한 비밀을 유지할 수 있기 때문에 피 관찰자들의 설명은 매우 도움이 되는 것이다.

넷째, 관찰을 기록할 때는 실제적인 사건과 그것의 해석을 명백히 구분하여 기록함으로써 해석에 있어서 편견 개입 여부를 검토해 볼 수 있다.

관찰자가 관찰내용에 대한 기록에 있어 지나친 해석을 삽입하게 되면 그 관찰결과는 신뢰도와 타당도가 손상되게 된다(김기원, 2007).

다섯째, 관찰의 신뢰도를 높이기 위해서 같은 형태라든가 유사한 형태에 대해서는 동일한 용어로 기록 및 평가하도록 할 필요가 있다.

여섯째, 관찰된 것 모두 기록하는 것이 좋다: 관찰된 것을 선별적으로 기록하는 것이 아니라 완전하게 기록하는 것은 관찰자가 객관성을 유지할 수 있다.

일곱째, 동일한 관찰대상이라고 관찰시간이 달라짐에 따라 다른 내용으로 취급될 가능성이 있다는 것을 인식해야 한다. 예를 들면, 오전 10시에 근무태도와 점심 후의 근무태도가 달라질 수 있기 때문에 어느 한 시점만 관찰하고 그것이

전부인 양 평가하는 것은 잘못이다(채구묵, 2011)

여덟째, 면접법이나 질문조사 등 다른 수집방법을 병행하는 것이 좋다. 관찰법이 현실 상황을 직접 관찰하는 방법이라면 면접법이나 질문지법은 간접적 방법이므로 이를 병행하여 실시하는 것이 신뢰도와 타당도를 한층 높일 수 있는 것이다.

연습 문제

관찰법의 특징으로 옳은 것을 모두 묶은 것은?

① A, B, C ② A, C, D ③ B, C, D ④ A, C ⑤ A, B, C, D

해설: 관찰은 종단분석에 필요한 자료를 산출하는 데 유용하며, 우편조사나 면접조사에 응답하는 과정에서 발생할 수 있는 오류를 줄여준다. 자연스러운 환경 속에서 융통성 있는 조사가 가능하지만 관찰자의 주관적 판단이 자료수집 과정에 개입할 수 있다는 단점이 있다.

2. 관찰의 방법에 대해 예를 들어 설명하고 있는 보기의 내용은 어느 유형의 관찰에 해당하는가?

> 보육학과 학생들이 보육교사 실습을 보육 기관에서 받으면서 그 기관에 근무하는 보육교사들이 유아를 대하는 태도를 관찰한다. 이때 학생들은 보육교사들의 일상생활에 완전히 참여할 필요는 없으며, 기관에 근무하는 보육교사들도 실습생들이 자신에 대해 관찰하고 있다는 것을 알고 있지만, 일상적인 업무를 수행하는 데 아무런 지장을 받지 않는다.

① 준참여관찰 ② 참여관찰 ③ 비참여관찰
④ 조직적관찰 ⑤ 비조직적관찰

해설: 참여관찰: 조사자의 신분을 밝히지 않고 관찰대상인 집단의 일부가 되어 사회적 과정에 완전히 참여하면서 동시에 관찰하는 방법.
준참여관찰: 생활의 일부에만 참여한다. 조사 대상자는 관찰을 받고 있음을 알고 있다.
비참여관찰: 조사자의 신분을 밝히고 관찰한다. 주로 조직적인 관찰이 많이 사용된다.

3. 관찰의 신뢰도와 타당도를 높이는 방법에 대한 설명으로 옳지 않은 것은?
① 관찰자에 대한 훈련으로 관찰자의 질을 높인다.
② 관찰을 기록할 때 사실과 해석을 적절하게 배합한다.
③ 관찰의 신뢰도를 높이기 위해 동일한 용어로 기록한다.
④ 하나의 관찰대상을 여러 명의 관찰자가 관찰한 후 결과를 비교한다.
⑤ 기록에 대한 제3자의 검토를 받는다.

✍ 해설: 관찰을 기록할 때 사실과 해석을 명백하게 구분하여 해석의 편견 개입 여부를 검토해야 한다.

정답: 1. ① 2. ① 3. ②

제11장

내용분석법

제1절 내용분석법의 의의

1. 내용분석법의 개념

내용분석(content analysis)은 1930년대 후반 선전(propaganda), 여론(publico pinion)에 대한 관심의 증대에 따라 매스미디어를 분석하기 위해 활용되기 시작하였고, 2차 대전 중 연설이나 선전을 분석하기 위해서 널리 이용되기 시작하였으며, 그 후 사회과학 분야에서 주요 자료수집 및 분석방법으로 일반화되었다. 내용분석법은 사회복지분야에서 사회문제분석, 정책에 대한 여론분석, 사회사업방법론의 분석 등에 유용하게 이용될 수 있다(남세진 외, 2001).

예를 들면 의약분업에 대한 여론을 파악하기 위해 국내 중앙일간지 7개 신문을 선정하여 의약분업을 다룬 기사를 선별한 후, 의약분업에 대한 찬반 여부, 찬반의 강도 등을 분석해 볼 수 있다. 다른 예로 사회복지 학과에서 가르치는 교과목들이 시대에 따라 어떻게 변화되어 왔는지를 검토해 보기 위해 1960년대, 1970년대, 1980년대, 1990년대, 2000년대의 교과과정을 분석하여 신설되었던 과목들이 어떻게 변천되어 왔는가를 분석해 볼 수 있다.

내용분석법은 의사소통의 기록물인 시적, 신문, 잡지, 라디오, 텔레비전, 영화, 편지, 일기, 상담기록서 등을 통해서 연구대상자(물)에 대한 자료를 간접적으로 수집하는 방법이다(채구묵, 2011).

내용분석이란 인간의 의사소통의 기록을 객관적이고 계량적이며 체계적으로 분석하는 방법이다. 즉, 다른 사람이 같은 절차를 사용해서 분석하면 같은 결과를 가져올 수 있을 정도로 객관적이고 계량적, 체계적이어야 한다.

내용분석은 사회복지분야에서는 사회문제의 분석, 정책에 대한 여론분석, 사회사업방법론 분석 등에 유용하게 이용될 수 있다.

내용분석법을 다시 정의를 종합해 보면 "인간의 의사소통의 기록물의 현재적 및 잠재적 내용을 객관적이고 체계적이며 계량적으로 분석하며 누가, 무엇을, 어떻게, 누구에게 전달해서 어떠한 효과를 가져왔는지를 추리하는 연구방법"이라 할 수 있다. 이리하여 내용분석법은 그 성격상 문서 기록 자료를 대상으로 한 표본조사에 버금가는 사회과학 연구방법이라고도 할 수 있다(김경동 외, 1995).

제2절 내용분석법의 특징

1. 특징

내용분석법의 특징에 대한 여러 학자들을 종합해 보면 다음과 같은 요소를 포함하고 있다(김경동 외, 1995).

1) 의사전달의 내용이 분석대상

분석의 대상이 인간의 의사소통의 기록물로서 구체적으로 책 등의 출판물, 신문, 잡지, 라디오, TV, 영화 등의 대중매체, 각종 공문서, 연서, 개인의 편지 · 일기 · 자서전 · 회의록 · 상담에 관한 기록문, 녹음테이프, 녹화테이프, 그림 등이 있다.

2) 메시지의 현재적 내용뿐만 아니라 잠재적 내용도 분석대상이다.

분석의 측면으로는 분명히 파악될 수 있는 현재적인 내용뿐만 아니라 문맥이나 내용 속에 숨어있는 잠재적 내용을 포함하며 누가, 왜, 무엇을, 어떻게, 누구에게 전달해서 효과를 가져왔는지 등의 내용도 포함된다.

3) 문헌연구의 일종이다

분석의 방법이 객관적이고 계량적이며 체계적이다. 단순히 어떤 기록물을 읽고 그 내용에 대해서 보고하는 것은 내용분석이 되지 못하고 그 내용의 분석이 다른 사람도 같은 절차를 사용해서 분석하면 같은 결과를 가져올 수 있을 정도로 객관적이고 계량적이며 체계적이어야 한다.

제3절 내용분석법의 절차

내용분석법은 연구절차(연구문제선정, 가설설정 및 개념정의, 조사 설계, 자료수집, 자료 분석 및 해석)상의 자료수집단계에서 자료를 수집하는 한 방법이지만 인문 · 사회과학분야의 한 연구방법이기도 하다. 즉, 내용분석법은 인간이 만들어낸 의사소통의 기록물을 통하여 연구하는 방법이다(남세진 외, 2001). 다음과 같이 문제형성, 모집단 규정, 표본추출, 내용의 범주화, 분석단위 선정, 자료의 분석을 중심으로 살펴보기로 한다.

1. 문제형성

다른 모든 조사와 마찬가지로 내용분석에 의한 연구의 경우에도 먼저 연구문제를 선정해야 한다. 연구문제가 결정되면 이에 대해 개념적 정의와 조작적 정의를 통하여 가설설정과 검증이 가능한 형태의 변수로 명확히 표현한다. 여기에서 설명적 조사연구가 아닌 탐색적, 기술적 조사연구일 때는 가설을 설정할 필요는 없다.

예를 들면 2000년 서울 지역 사회복지관에서는 청소년 상담을 위해 어떤 기법들이 많이 활용되고 있는가의 내용분석의 주제로 선정할 수 있다.

2. 대상 모집단 선정

조사대상이 될 수 있는 신문, 문헌, 기록, 문학, 음악, 미술작품의 종류와 범위를 확정하며, 모집단은 연구주제와 관련하여 설정한다.

예를 들어 "1960년대 이후 대통령의 연두 국정연설에 나타난 사회복지정책의 내용은 어떻게 달라지고 있는가?"를 연구한다고 할 때, 1960년부터 2008년도까지의 대통령 연두 국정연설문 전체를 모집단으로 규정한다. 만일 "사회사업가 S가 개입과정 시 어떠한 의사소통방법을 사용하고 있는가?"에 대해서 연구한다면 사회사업가 S의 면담기록부가 모집단이 될 수 있다(남세진 외, 2001). 그런데 이러한 모집단을 결정하는 데 있어서 모집단이 너무 모호하거나 광범위해서 어려움이 있을 수 있는데 이때는 일정한 선정기준을 마련할 필요가 있다. 예를 들면 한국의 사회복지연구의 경향성을 조사하고자 할 때 한국의 사회복지연구과 관련하여 출판된 학술지가 모집단이 된다. 그러나 모집단이 너무 막연한 측면이 있다. 따라서 이런 모집단은 학술지 간행의 연속성, 발표자의 지역적 분포 및 전공의 다양성, 논문 게재편수 등을 기준으로 삼아서 모집단을 선정할 수 있다(김태성 외, 2006).

3. 문헌자료 표본추출

실제 조사대상이 될 문헌자료의 표본추출은 다른 조사의 표본추출방법과 같은 방법이 사용된다. 주로 다음과 같다.

① 타이틀의 선정(어느 신문, 방송국, 잡지를 선정할 것인가?)

② 어떤 호나 날짜를 선정할 것인가?

③ 선정된 호나 날짜 내에서 어떤 내용을 선정할 것인가?

예를 들면, 대통령 후보들의 선거공약을 분석한다면, 매 대통령 선거 시 다수 득표자 3인의 선거공약에 관한 서류를 표본으로 추출하고, 그들이 선거공약 관련 서류 중 사회복지 관련 분야 서류만 다시 선정한다(채구묵, 2011).

4. 분석단위

내용범주에 포함시켜 집계 할 수 있는 의사소통의 단위이다. 분석단위는 분석하고자 하는 내용의 특징 요소가 한번 일어난다는 것을 말하는 분석의 최소단위. 예를 들면, 대통령 후보들의 선거공약 분석의 경우, 항목 또는 주제를 분석단위로 사용할 수 있고, 성 역할의 변화에 대한 분석에서는 작품의 주인공을 분석단위로 사용할 수 있다.

5. 분석범주 설정

분석내용의 범주는 분석하고자 하는 내용의 분류, 기준 혹은 분류 항목이다. 분석내용의 범주가 확실히 규정되고, 문제에 적합해야 만이 좋은 범주라고 할 수 있으므로 연구결과에 매우 중요한 영향을 미친다.

내용분석법에서는 '무엇을 말하는가(주제 또는 내용)'와 '어떻게 말하고 있는가(의사소통 처리방법)'에 대한 범주가 중요하다. 이 때 주의해야 할 점은 범주가 연구목적과 연구주제를 적절히 반영할 수 있어야 하고, 포괄적이며 범주간 상호 배타적이어야 한다는 것이다(Nachmias & Nachrnias, 1981).

예를 들면, 대통령 후보들의 선거공약 분석의 경우, 사회보험, 공공부조, 사회복지서비스 등으로 범주를 설정할 수 있다.

6. 계량화의 체계(자료의 분석)

내용의 범주화와 분석단위가 선정되면 실제로 자료의 내용을 분석하는 작업을 하게 된다. 자료의 분석을 위해 분석단위가 출현하는 회수나 강도를 계산하는 것을 집계체계라고 하며, 이는 분석단위의 특성에 따라 출현유무, 빈도, 시간 및 공간, 강도체계 등으로 구분할 수 있다. 이렇게 하나의 형태 또는 다른 형태로 계량화 되는 과정을 자료 분석 과정이라고 한다.

계량화는 다음의 네 가지의 계량 체계 등 하나를 사용하여 이루어진다.

① 출현체계: 주어진 자료의 규정된 단위 속에 연구자가 찾고자 하는 현상의 특정 속성을 나타내는 내용의 요소가 있는지 없는지를 파악한다. 예를 들어 대통령 후보들의 선거공약 분석에서 각 단위 및 카테고리별로 공약사항이 있었는지 없었는지를 파악한다.

② 빈도체계: 특정 범주의 요소가 얼마나 자주 나타나는가를 파악하는 방법이다. 예를 들어 성역할의 변화에 대한 분석의 경우 시대별로 남성 및 여성 주인공들이 전통적인 역할을 얼마나 자주 수행 했는가 또는 전체 역할수행 중 몇 %나 전통적인 역할을 수행 했는가 등을 파악한다.

③ 시간 및 공간체계: 자료의 여러 범주들이 상대적 강조를 알기 위한 체계로서 할애된 시간의 길이나 지면의 크기를 측정하는 것이다. 예를 들어 방송매체에서는 한 요소, 한 범주가 나타나서 화면이나 방송에 남아 있는 시간의 길이로써 이를 비교할 수 있고, 인쇄매체에서는 그것들에게 할애한 공간의 크기에 의해 비교할 수 있다.

④ 강도체계: 어떤 진술의 힘이나 강도를 측정하는 것으로서 주로 태도나 의식 등을 다룰 때 적절하게 이용할 수 있다. 이것은 내용분석에 있어서 가장 수량화의 수준이 높은 분석방법으로써 갖가지 서열적 · 등간적 척도를 활용할 수 있는 분석법이다. 예를 들어 대통령 선거공약의 경우 각 카테고리별로 "① 매우 개선, ② 개선, ③ 현재와 같음, ④ 개악, ⑤ 매우 개악" 등으

로 서열척도를 구성하여 조사할 수도 있고 "10점 만점(가장 많이 개선된 경우가 10점)에 몇 점 정도라고 생각하십니까?"와 같은 등간척도를 적용하여 조사할 수도 있다.

7. 결론도출

보통 다음과 같은 네 가지 종류의 비교에 의해 결론을 도출한다(채구묵, 2011).

1) 경향비교

카테고리의 출현빈도의 시간적 변화에 대해 결론을 내는 경우이다. 장기간에 걸쳐 계속적으로 변화의 추이를 기술할 수도 있고, 두 시점 간의 변화를 파악할 수도 있다. 예를 들어 성역할의 분석에서 남녀 주인공의 전통적인 성역할 횟수가 줄어들었는지 늘어났는지를 파악하여 성역할의 변화를 분석해 볼 수 있다. 또 대통령 후보들의 선거공약 분석에서 복지정책에 대한 공약이 복지개선 쪽으로 변화되었는가, 복지개악 쪽을 변화되었는가를 분석할 수 있다.

2) 내용의 상이성 비교

어떤 사건에 대해 진보적인 신문과 보수적인 신문이 각각 어떻게 취급하고 있는가를 비교한다든지, 어떤 문제에 대해 양 적대국가에서 자기 국민들에게 어떻게 선전, 보도하는지 비교, 연구하는 것이다.

예를 들어, 대통령 후보들의 선거공약 분석에서 매 선거 시 진보적인 당과 보수적인 당의 공약 사이에 어떤 차이가 있는지를 분석할 수 있고, 또한 각 당의 차이가 시대별로 어떻게 변화되어 왔는지를 분석할 수 있다.

3) 한 가지 내용에서의 비교

시대별로 노인복지 프로그램이 어떻게 변화되어 왔는가, 시대별 또는 지역별로 청소년 상담을 위해 어떤 기법들이 많이 사용되었는가, 시대별 또는 연령별로 어떤 종류의 신문(일반신문, 스포츠신문, 경제신문 등)을 많이 구독 하는가 등을 분석할 수 있다.

4) 내용과 기준의 비교

내용과 그 내용의 준거가 되는 기준을 비교하여 결론을 내는 것이다. 예를 들면 대립적으로 투쟁 중인 사건의 보도가 정의, 공명, 균형이라는 기준에서 볼 때 얼마나 이탈되었는가를 보는 것이다.

제4절 내용분석법의 장점 및 단점

내용분석법의 장점 및 단점은 다음과 같다(사회복지사 국가자격시험 연구회, 2024).

1. 장점

① 시간과 비용 면에서 경제적이다.

② 안정성이 있다. 연구과정에서 실수를 하더라도 재조사가 가능하며, 분석상의 실수를 언제라도 수정할 수 있다.

③ 장기간에 걸쳐 일어난 과정을 시계열적으로 분석할 수 있다.

④ 조사 자체에 대한 반응성이 거의 문제가 되지 않는다. 즉, 내용분석은 비관여적인 연구방법이어서 연구 대상에 거의 영향을 미치지 않는다(비반응적 · 비관여적 연구 방법).

⑤ 내용분석은 계량화를 통해 자료에 대한 양적인 분석을 실시하여 연구 내용을 구체화하고 연구의 신뢰도를 높인다. 또한 연구자는 원하면 언제든지 재코딩을 통해 코딩의 일관성을 확보할 수 있다.

⑥ 양적 조사와 질적 조사에 공통으로 사용할 수 있다. 양적 조사에 사용하는 경우, 경우에 따라 가설 검증을 할 수도 있다.

⑦ 내용분석은 직접적 자료수집 방법으로는 수집이 불가능한 자료의 분석을 가능하게 한다. 따라서 역사 연구 등 소급조사가 가능하다.

⑧ 다음 조사 방법의 타당성 여부를 검토하기 위해 사용할 수 있다.

⑨ 기존의 자료를 활용하기 때문에 많은 분량의 자료를 다룰 수 있다.

⑩ 가치나 태도 같은 심리적 변수를 효과적으로 측정할 수 있다.

2. 단점

① 내용분석이 가능하기 위해서는 어떤 양식으로든 기록이 되어 있어야 하고 기록에 남아 있지 않은 것은 분석이 불가능하다.

② 실제를 잘 대표하지 못하는 조사 대상 선정으로 인한 선정상의 편향(selection bias)이 발생하여 실제적인 타당도를 확보하기 어렵다. 예를 들면 과거 특정 시대 문화에 대한 기록했다고 하자. 남아 있는 역사적 기록이 그 시대의 문화를 제대로 반영하는 자료인지 아닌지를 확보하기가 어렵다. 만일 남아 있는 기록이 당시의 상황을 제대로 반영하지 않는 문헌이라면 내용분석의 타당도는 떨어질 수밖에 없다.

③ 분석할 자료를 구하기 어려운 경우가 많다.

④ 표본의 크기가 큰 경우 분석에 시간과 노력이 많이 든다.

⑤ 부호화(코딩) 과정에서 오류가 발생할 수 있다.

⑥ 분석 결과의 신뢰도에 문제가 있을 수 있다.

⑦ 명백히 드러난 내용과 숨겨진 내용을 구분하고 평가하는 데 어려움이 있다.

제5절 내용분석법의 단위 및 카테고리

1. 내용분석법의 단위

내용분석을 위해서는 우선 내용요소를 수량화하기 위한 기준항목을 설정해야 하는데, 이를 내용분석법의 단위(unit)라 한다. 내용분석법을 위한 단위로 주로 다음과 같은 것이 많이 이용되고 있다(Nachmias and Nachmias, 1981).

1) 단어(word)

단어는 내용분석 단위 중 최하위 단위이고 내용분석에서 사용되는 최소 단위이다. 이 단위는 구와 복합어도 포함된다. 단어를 분석단위로 설정한 경우에는 선택된 단어가 얼마나 많이 사용되었는가를 분석함으로써 내용을 분석한다. 예를 들어 사회복지실천에 관한 책이나 논문에서 1960년대, 1970년대, 1980년대, 1990년대, 2000년대 별로 진단, 치료라는 용어와 사정, 개입이라는 용어가 얼마나 사용되는가를 비교, 분석해 볼 수 있다.

2) 주제(Theme)

주제는 어떤 내용의 중심이 되는 제목 또는 문제를 의미하며, 대개 한 문장으로 표시되지만 때때로 여러 개의 문장이나 문단 혹은 전체 본문에 나타나 있을 수도 있다. 명제 중에서 가장 간단한 것은 단문, 즉, 주어와 술어로 되어 있는 것이다. 이러한 측면에서 단어에 비해 경계선이 불분명하며, 문단 또는 본문 등에 여러 개의 주제가 있는 경우 어느 것이 더 중심적인 주제인가를 판단하기 어려운 경우가 많다.

대량의 자료를 다룰 때 가장 유용한 분석단위가 될 수 있고 선전물, 태도, 가치 등을 분석하는 데 많이 이용된다. 예를 들어 신문 경제면 톱기사들의 제목을 검토해 봄으로써 그 시대의 경제 상황을 파악해 볼 수 있다. 즉, 경제면의 경우

현 경제 상황을 파악해 볼 수 있고, 어떤 면을 다루는 주제가 많은가를 검토해 봄으로써 그 시대의 주요 경제 관심사항을 파악해 볼 수 있다.

3) 인물(Character)

인물은 의사소통에서 등장하는 개인 또는 집단을 말한다. 인물의 희곡, 소설, TV극 등에 있어서 분석단위로 많이 사용된다.

인물이나 주인공을 단위로 하는 경우 그 특성에 대한 시대별 변화를 파악해 볼 수 있다. 예를 들어 1960년대, 1970년대, 1980년대, 1990년대, 2000년대 별로 문학작품에 나오는 여자 주인공들의 인물적 특징을 남성에 대해 순종적인 여성과 저항적인 여성으로 분류해 봄으로써 각 시대별로 여성들이 남성을 대하는 태도가 어떻게 변화되어 왔는가를 파악해 볼 수 있다.

4) 문단(Paragraph)

문단은 여러 개의 문장으로 구성된 문장의 단락을 의미한다. 문단은 형식적으로 구분하기는 쉬우나, 한 문단에 다양하고 복잡한 내용이 담겨 있을 수 있어 이를 구분하여 부호화하기 힘들기 때문에 잘 이용되지 못한다.

문단에 주제나 내용이 들어 있을 경우에는 이를 분류하여 처리하기 어려운 경우가 있기 때문에 분석단위로 널리 활용되지 못한다.

5) 항목(Item)

소재를 크게 분류하는 것으로 빈번하게 사용된다.

어떤 의사소통 전체의 단위 서적(한 권), 잡지(잡지 한 편), 논문(한 편),하나의 TV 프로그램 등으로 분류할 수 있으며, 신문의 경우에는 국내문제, 국제문제, 노동문제, 사회문제 등으로 분류할 수 있다. 이 단위는 소재를 크게 분류하기 때문에 빈번히 사용된나. 예를 들면 신문의 종류를 시대별로 분석해 본 결과 1960년대에는 일반신문이 대부분을 차지했으나, 1970년대, 1980년대에는 스포츠

신문이 많이 늘어났으며, 1990년대, 2000년대에는 경제신문이 많이 늘어난 것을 볼 수 있으며, 이로 인해 어떤 독자층이 많이 증가했는지 알 수 있다.

6) 공간(Space) 및 시간(Time)

이것은 항목을 보다 세분화시킨 단위, 인쇄물의 경우 지면, 방송의 시간 등이 해당된다. 예를 들면, 신문의 사회면 또는 정치면, 소설의 페이지, 방송시간의 저녁 9시 등이 분석단위가 될 수 있다.

2. 내용분석법의 카테고리

내용분석의 범주는 커뮤니케이션 내용의 특징을 분류하는 체계를 의미한다. 내용분석의 단위가 커뮤니케이션 내용을 분석하기 위한 기준항목이라면, 범주는 그러한 기준항목의 특성을 파악하기 위한 분석틀이라 할 수 있다.

예를 들면, 문학작품의 주인공을 통해 시대별 성역할의 변화를 분석한다고 하면, 주인공 즉 인물은 단위이며, 주인공의 성역할은 카테고리에 해당 한다.다른 예로 지난 1년간 신문 1면 톱기사의 주제를 분석할 경우, 신문 1면 톱기사의 주제는 분석단위이고, 그 주제가 다루고 있는 내용, 즉, 그 내용을 정치 · 경제 · 사회 · 문화 · 노동 · 복지 등으로 구분하는 것은 범주이다.

내용분석의 범주 설정은 자료수집의 성패를 좌우한다. 즉, 범주가 명확히 규정되고, 문제를 파악하는 데 적합하게 만들어졌을 때 연구에서 추구하는 목적을 달성할 수 있다.

① 내용의 실체에 관한 범주(무엇을 말하는가)

② 내용의 형식에 관한 범주(어떻게 말하는가)로 분류할 수 있다.

1) 내용의 실체에 관한 범주

(1) 주제내용

가장 많이 사용하는 범주로서 단어, 주제, 항목 등이 무엇에 대해서 말하는가를 분석하기 위한 범주이다.

의사소통이 무엇에 관한 것인가? 즉, 주체는 무엇인가?

예를 들면, 신문1면 톱기사가 어떤 내용을 다루고 있는가, 저녁 9시 TV뉴스의 첫 번째 기사가 어떤 내용을 다루고 있는지를 분석할 때, 어떤 내용인지가 이에 해당한다. 이 경우 범주는 정치, 경제, 사회, 문화, 노동, 복지 등으로 분류할 수 있다.

(2) 방향

주제를 취급하는 찬반의 태도를 의미한다(호의적인가? 악의적인가?). 예를 들어 신문사설이 어떤 문제에 대해 찬성하는가, 반대하는가, 중립적인가를 파악하는 경우이다.

(3) 기준

이것은 '근거'라고 부르는 것으로 방향 분류의 기초가 되는 것이다.

방향에 의한 분류가 근거는 무엇인가? 가장 일반적인 기준 카테고리에는 강자-약자, 도덕성-비도덕성 두 가지가 있다. 즉, 주제가 승인되는 것은 그것이 강자이기 때문인가 도덕적이기 때문인가?

이 두 가지를 다시 세분할 수 있는데, 강자-약자 카테고리를 존경, 힘(재력, 권력, 무력 등), 권위, 착취 등으로 분류하고, 도덕적-비도덕적 카테고리를 선, 윤리, 정의, 공평, 자비, 진리 등으로 분류할 수 있다. 또한 안정, 발전, 보수, 진보, 효과, 효율 등이 기준 카테고리로 이용될 수 있다.

(4) 가치

기준과 밀접한 관련이 있는 것으로 사람들이 원하고 구하는 것을 파악하는 카테고리이다. 이것은 목표 또는 욕망이라고도 한다.

예를 들면, 사람들이 무엇을 추구하는가를 분석하기 위해 돈, 명예, 권력, 사랑, 지위, 출세 등의 가치를 분석의 카테고리로 이용할 수 있다.

(5) 방법

가치가 행위의 목적을 취급하는 데 반해 방법은 목적을 실현하기 위해서 사용되는 수단을 말한다. 즉, 목적이 여하한 방법에 의해 획득하는가 하는 문제이다

예를 들면 정치적 목적을 실현하기 위한 수단을 분석하기 위해 선전, 회유, 교섭, 조직, 재물, 폭력 등의 방법을 카테고리로 이용할 수 있다.

(6) 특성

이 카테고리는 능력, 주체의 상태라고 할 수 있다. 주로 개인적 특성이나 심리적 특성 등 사람을 묘사하는 데 많이 사용되지만, 제도나 정책의 특성을 밝히는 경우에도 사용된다. 사람을 기술하는데 사용된 특성은 무엇인가?

예를 들면, 개인적 특성을 분석할 때 성, 연령, 직업, 혼인관계, 사회적 계급, 종교, 거주 지역, 국적 등을 카데고리로 사용할 수 있다.

(7) 행위자

행동의 주도자로서 사람 또는 집단에 적용되며, 예를 들면, 어떤 행동을 하는데 주도자가 누구인가, 어떤 집단의 대표자가 누구인가 하는 것이다.

(8) 권위

한 사람, 집단, 대상이 어느 정도의 권위를 가지고 있는지 파악하는데 활용된다. 한편, 인용문의 근원을 파악하는 경우에도 활용된다. 예를 들면 뉴스에서 취급한 내용의 권위(신뢰도), 근원 등을 파악하는 것이다.

(9) 기원

권위가 커뮤니케이션 정보의 지위(신뢰도)를 의미한다면, 기원은 커뮤니케이션 내용의 발생지를 의미한다. 예를 들면 커뮤니케이션의 발생지로 국내, 국외, 시 · 도, 시 · 군 · 구 · 읍 · 면 · 동 등을 의미한다.

(10) 표적

커뮤니케이션이 누구를 향하여 이루어졌는가를 살펴보는 것이며, 주로 커뮤니케이션이 어떤 특수한 집단을 대상으로 이루어졌는가를 파악하는 데 사용될 수 있다.

(11) 갈등

갈등의 원인과 정도는?

(12) 갈등의 종결

갈등이 행복하게/모호하게/비극적으로 해결되었는가?

(13) 시간

행위는 언제 발생했는가?

2) 내용의 형식에 관한 범주

(1) 커뮤니케이션 형식

형식적 구별에 해당하는 것으로, 출판경향에 대한 분석에서 소설과 비소설, 라디오 방송의 내용연구에서 고전음악, 대중음악, 드라마, 뉴스 등으로 분류하는 것이다.

(2) 발언 형식

커뮤니케이션이 이루어지는 문법적 혹은 구문론적 형식을 보는 것이다. 발언 형식으로는 3가지 분류가 사용된다.

① 사실진술(fact statement)
(예) 한국인들은 대통령을 직접 선출한다.

② 선취진술(preference statement)
(예) 한국인들은 통일을 원한다.

③ 동일시진술(identification statement)
(예) 나는 민주주의자다.

커뮤니케이션이 가지는 힘 또는 강도를 분석하는 것으로, 신문에 있어서 활자의 크기, 지면의 크기, 위치 등은 강도를 다르게 나타낸다고 할 수 있다. 예를 들면, 어떤 내용을 큰 활자로 다룬 것과 작은 활자로 다룬 것, 많은 지면을 할당한 것과 적은 지면을 할당한 것, 신문의 톱에 기재된 것과 구석에 기재된 것은 강도의 정도가 다르다 할 수 있다.

연습 문제

1. 내용분석에 관한 설명으로 옳지 않은 것은? (18회 기출)
① 역사적 분석과 같은 시계열 분석에 어려움이 있다.
② 인간의 의사소통 기록을 체계적으로 분석한다.
③ 분석상의 실수를 언제라도 수정할 수 있다.
④ 양적조사와 질적조사에 공통으로 사용할 수 있다.
⑤ 기존자료를 활용하여 타당도 확보가 어렵다.

✍ 해설: 내용분석의 장점 중 하나는 역사적 분석과 같은 시계열 분석에 용이하다는 것이다.

2. 내용분석법에서 분석단위로 적합하지 않은 것은?
① 문장 ② 단어 ③ 항목 ④ 인물 ⑤ 소재

✍ 해설: 분석단위는 단어, 주제, 인물, 문장, 항목(사항), 시간이나 공간 등이 사용된다.

3. 청소년학회에 실린 논문들을 '청소년 정책', '청소년복지 시설론'의 범주로 나누어서 2010년대와 2020년대 각 범주에 속한 논문의 수가 어떻게 달라지는가를 내용분석법을 사용하여 연구하였다. 이때 분석의 단위는 무엇인가?
① 문장 ② 단어 ③ 항목 ④ 인물 ⑤ 주제

✍ 해설: 분석 시 논문 전체를 하나의 단위로 각 범주에 해당하는 논문 수를 분석하였으므로 이것은 항목(사항)에 해당된다. 주제는 문헌기록의 주장된 내용이거나 도덕적 목적에 따라 분석하는 단위이다.

4. 다음의 조사방법은 어떤 방법을 설명하는 것인가?

개인이나 사회의 의사소통 기록물인 신문, 잡지, 서적, 연설, 일기 등을 통하여 연구대상에 대한 자료를 간접적으로 얻는 방법

① 현상학 ② 인터뷰 ③ 관찰법 ④ 내용분석법 ⑤ 설문

✍ 해설: 내용분석법에 관한 것이다. 즉 내용분석은 2차 자료를 통해 연구 대상에 대한 정보를 간접적으로 확보한다.

정답: 1. ① 2. ⑤ 3. ③ 4. ④

Research Methods for Social Welfare

제3부 조사 연구의 응용

제12장

단일사례설계 조사

제1절 단일사례설계의 의의

1. 단일사례설계의 개념

1) 의의

단일사례설계(single-case design)은 개인, 가족 및 집단이 직면하고 있는 문제를 해결하기 위해 적용한 개입이 과연 효과가 있는지를 검증하는 것을 말한다. 사회복지프로그램에 의한 개입이 문제해결에 적용하고 있는지를 평가하는 것은 사회복지실천 이론을 과학화시키는데 있어서 핵심적인 과제이다. 다양한 분야의 실천현장에서 활동하고 있는 사회복지 전문가들은 각 사례에 대한 개입의 효과성을 과학적으로 입증하지 못할 경우 사회복지사의 전문성에 심각한 도전을 받을 수 있으며 서비스 자원의 낭비 또는 클라이언트를 문제를 오히려 악화시킬 수도 있다는 측면에서 윤리적 비판을 받을 수 있다.

개입(intervention)이란 문제에 직면한 대상자의 표적행동을 변화시키기 위한 심리치료, 상담 등과 같은 프로그램이나 실험 자극을 의미한다. 연구자에게 있어 개입은 독립변수에 해당되고 조사대상자의 표적 행동의 변화는 종속변수 또는 결과변수이다.

단일사례설계의 도입배경은 사회복지 실천의 효과성을 평가하고 개입의 효과성을 높이기 위해서이며 최근 현장에서 많이 적용되고 있는 방법이다.

1960년대 행동수정 연구에서부터 시작되어 치료특수교육 및 사회복지서비스 개입 평가에 확대 적용되고 있다. 사회복지 영역에서는 실천 지향적 자료의 필요성과 사회복지 현장의 실증적 기반의 발전이란 측면에서 단일사례설계의 중요성이 강조되고 있다. 왜냐하면 단일사례기법이 행동수정 연구에서 비롯되었기 때문에 임상과 관련된 대부분의 이론들은 인접 학문의 패러다임에 기반하고 있어 문제해결을 위한 개입이 실제로 얼마나 효과가 있는지를 평가하는 것은 사회복지 현장에 적용한 실천이론을 과학화한다는 취지를 지니고 있기 때문이다(정영숙, 2009).

2) 단일사례설계의 특성

단일사례설계에서는 단일대상으로 통제집단과 실험집단을 설정한 것과 같은 효과를 지니며, 개입이라는 독립변수와 표적행동의 변화라는 종속변수 간의 인과관계를 규명할 수 있어 과학적 방법으로서의 가치를 지닌다. 단일사례설계의 특성을 구체적으로 제시하면 다음과 같다(정영숙, 2009).

첫째, 사례수가 하나이다. 즉, 표본의 크기가 "1"이다. 여기서 1이라는 것은 표본 단위 또는 클라이언트의 체계가 개인, 가족, 집단, 지역사회 등으로 구분될 때 추출되는 표본수가 하나라는 의미이다. 다시 말하면, 클라이언트다 개인일 경우 한명, 가족일 경우 한 가족, 지역사회일 경우 한 지역을 대상으로 조사하는 것이다.

둘째, 개입 전과 개입 후의 효과성 검증을 할 수 있다. 개입 전 문제행동을 상태를 측정하고 개입 후 문제행동의 개선상태가 지속되는지를 측정하여 비교할 수 있다. 이러한 개입 전후의 비교는 표적행동에 대한 개입의 효과를 관찰하여 분석하는 것으로 개입방법의 효과를 규명하는데 초점을 두고 있다.

셋째, 반복 측정할 수 있다. 단일사례설계는 경향과 변화를 알 수 있도록 반복적인 관찰을 한다. 즉, 하나의 사례를 대상으로 반복되는 측정을 통해 종속변수 값의 변화를 관찰하여 개입이라는 독립변수의 효과를 파악한다.

넷째, 개입방법 수정가능하다. 즉각적인 피드백 즉, 단일사례설계는 개입도중 효과를 계속해서 측정할 수 있으므로 효과가 없는 개입은 수정하여 효과적인 방안을 강구할 수 있다.

다섯째, 개입효과를 관찰, 분석할 수 있다. 표적행동에 대한 개입효과를 관찰하고 평가하기 위해 적용하는 기법이다.

표적행동이란 개인이나 가족의 기능을 저해하는 문제행동을 말하며, 이러한 문제행동을 해결하기 위해 개입하는 것이다.

3) 집단설계와의 비교

단일설계와 집단설계는 조사대상의 규모에 따라 구분되지만 상호보완관계이다. 집단설계가 확률표본을 이용하고 가설을 검증하며 이론을 일반화에 기영하지만 개별적인 사례의 형태는 간과하게 된다.

단일사례설계는 가설검증이나 이론현상에는 기영하지 않지만 개인이나 소집단의 개별적인 속성을 깊이 있게 연구 할 수 있다.

제2절 단일사례설계의 과정 및 구조

1. 단일사례설계의 과정

1) 문제 확인 및 정의

클라이언트가 지닌 문제를 먼저 확인해야 하며 이 과정에서 클라이언트의 주요 문제는 자신이 직접 확인하거나 아니면 제 3자에 의해서 확인 될 수 있다. 해결되어야 할 문제가 복잡하고 다양할 경우 일차적으로 한 가지 또는 두 가지 정도에 초점을 맞추는 것이 필요하다.

클라이언트의 문제가 확인되고 나면 문제를 구체적이고 명확히 규정되어야 한다. 클라이언트의 문제가 명확하고 구체적이지 못하면 개입의 목표설정이 어렵고 문제해결과정이 성공적이지 못하다(남세진 외, 2001).

2) 사정 및 진단

확인된 문제가 무엇과 관련되어 있는가를 이론적 측면에서 검토한다.

문헌연구를 통해 개입방법과 클라이언트가 지닌 문제 사이의 관계에 대해 기술한다.

개입의 효과성을 높이기 위해서는 클라이언트의 문제해결에 적합한 개입을 제공하는 것이 매우 중요하기 때문에 선택한 개입방법이 클라이언트의 문제해결에 효과적인 방법인지를 선행연구 등을 통해 살펴본다.

3) 개입목표 및 표적행동의 설정

문제를 구체적으로 명확히 규정 후 개입의 목표를 설정한다.

목표는 문제를 제거하거나 문제의 영향을 감소시키거나 또는 문제에 관련된 요인들을 조정하도록 하는 것이다.

표적행동은 개입의 목표를 관찰 가능한 것으로 조작화 하는 대상

단일사례설계에서 신뢰성 있는 자료들을 산출해 내기 위해서는 먼저 표적행동을 명확하게 규정하는 조작화가 중요하다. 표적행동의 변화를 유발하는 것은 독립변수이고, 개입에 의하여 변화가 나타나는 것을 종속변수라고 한다.

〈표 12-1〉 단일사례설계에서 구체적인 표적행동과 개입목표의 설정사례

문제	구체적인 표적행동	명확한 개입목표
학교결석	일주일에 2~3일 무단 결석	일주일에 5일 모두 등교
아버지와의 나쁜 관계	아버지와 1년 동안 외출 1회 일주일에 말다툼 2~3회	일주일에 한 번은 상호 동의하에 2시간 이상 함께 보낸다. 이때 말다툼이 없어야 함
직장 스트레스	스트레스로 인한 위산과다로 제산제를 하루 2회 복용	제산제 복용 횟수 줄이기 (주 1 ~ 2회)
우울증	먹고 싶지 않음 우울증 점수가 높음 사회활동에 참가하지 않음	하루 세 끼 식사하기 우울증 점수를 유의미하게 줄이기 일주일에 세 번은 사회활동에 참여하기

출처: 최일섭 외(2001).

4) 조사설계

개입의 목표와 표적행동이 설정되고 나면 문제를 해결하기 위한 개입의 구체적인 설계가 수립되어야 한다.

조사 설계의 내용은 구체적인 설계형태, 기초선의 시기와 횟수, 개입의 시기와 기간, 자료수집방법, 자료의 출처, 자료기록방법 등이 포함되어야 한다.

5) 조사실시(자료수집)

선택된 조사설계에 의하여 개입 전후 및 개입 중에 자료를 수집한다.

수집된 자료는 도표나 그래프로 표시하고 자료의 변화경향을 검토한다.

검토 결과 변화가 없는 것으로 판명되면 개입의 계획 방법 등을 수정 할 수 있다.

6) 개입의 평가(자료분석)

자료수집이 완료되면 이에 따른 도표나 그래프가 완성되고 일차적으로 도표에 나타난 사항을 토대로 시각적 변화분석, 통계적 분석 그리고 임상적 관점에서 실질적 분석을 통하여 개입의 효과를 판단하게 한다.

2. 단일사례설계의 구조

1) 기초선(baseline)단계

연구자가 개입활동을 실시하기 전에 클라이언트의 표적행동의 상태를 관찰하는 기간을 의미하며 이를 기초선이라 한다. 즉 단순히 정의된 문제행동이 일상생활 중에 얼마나 빈번히 또 강하게 나타나느냐 만을 측정해 보는 것이다.

기초선을 설정하는 이유는 개입이 없는 상태에서 문제의 정도를 정확히 파악함으로써 개입으로 인하여 그러한 상태가 어떻게 변화되는지를 알아보기 위해서이다.

(1) 단일설계는 두 가지의 기본적인 단계로 구성

하나는 개입 전 단계인 기초선 단계로서 “A”로 표시하며, 다른 하나는 “B”로 표시한다. 단일사례설계의 구체적 형태는 기초선 단계(A)로 개입단계(B)의 결합 순서에 따라 다르게 나타난다.

(2) 다양한 기초선의 경향

표적행동(종속변수)의 유형이 A는 증가, B는 감소, C는 변화가 없으며, D는 같은 형태가 반복되고, E는 뚜렷한 경향을 알 수 없다는 것이다.

개입전의 표적행동이 일시적인 변화를 벗어나 안정적인 유형(C)을 보일 때까지 기초선단계의 측정 횟수를 늘여야 하지만, 현실적인 제약조건 때문에 기초선 연장이 불가능한 경우가 많다.

충분히 관찰이 이루어질 때 단일사례설계의 내적타당도가 향상되기 때문에 적어도 3회 이상의 기초선 측정을 계획하는 것이 바람직하다.

2) 개입단계

이 단계에서는 표적행동에 대한 개입활동이 이루어지며, 표적행동의 상태변화에 대한 관찰이 병행되어야 한다.

측정횟수, 기간은 기초선 단계와 같은 정도로 하는 것이 바람직하다.

제3절 단일사례설계의 유형

1. AB설계

AB설계는 가장 단순한 단일사례설계의 형태이며, 하나의 기초선 단계와 개입단계(B)로 구성한다. A단계에서는 아무런 개입이 없는 상태에서 표적행동의 변화에 대한 관찰이 이루어지고 B단계는 개입이 이루어진 이후의 표적행동 변화에 대한 관찰결과이다. 통제집단 후비교설계의 논리로서 A단계의 자료 수집은 통제집단의 역할에 속하고 B단계의 자료 수집은 실험단계의 의미를 지닌다.

AB설계는 다른 변수들이 전혀 통제되지 않는 상황에서 조사를 실시라는 것이므로 표적행동의 변화가 반드시 개입에 의한 것이라고 확신할 수 있는 정도가 낮다.

AB설계의 한계에도 불구하고 설계의 편리성 때문에 사회복지실천현장에서 상당히 유용하게 사용될 수 있다.

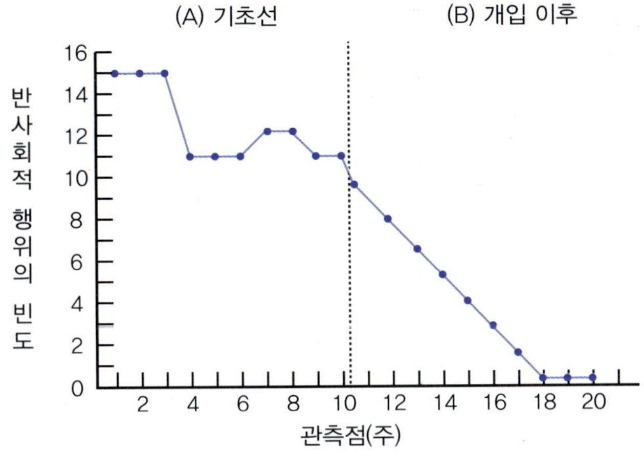

[그림 12-1] AB설계

2. ABA설계

ABA설계는 AB설계에 개입을 중단하는 A단계를 추가하여 AB설계의 단점을 보완한 형태로

첫 번째 기초선 단계(A)와 개입단계(B)관찰 이후 개입을 중단한 두 번째 기초선 단계를 설정하여 관찰한다.

두 번째 기초선 단계에서 표적행동이 악화되는 현상을 보이면 개입단계에서의 표적행동 변화는 개입의 효과였다는 확산을 높일 수 있다는 장점이 있다.

ABA설계의 한계점은 윤리적인 이유로 인해 실제 적용상에 문제가 제기됨, 즉, 충분한 개입기간을 갖지 않고 효과측정을 위해 도중에 개입을 중단한다는 점과 개입을 중단한 상태로 설계의 종료한다는 점에서 윤리적 비판을 피할 수 없다.

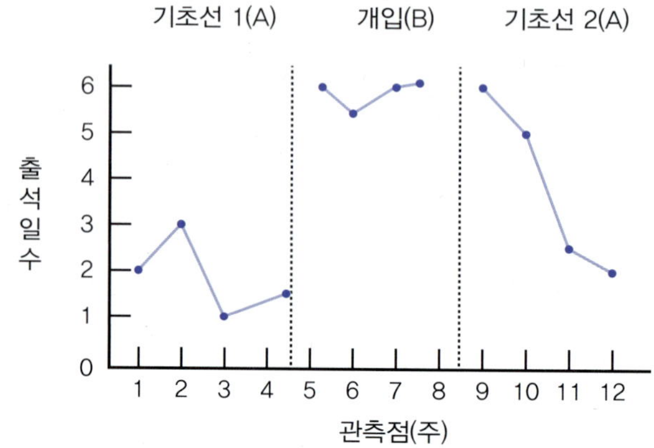

[그림 12-2] ABA 설계

3. ABAB설계

ABAB설계는 ABA 설계의 두 번째 기초선 단계(개입을 중단한 단계)에 이어서 다시 개입을 재개하는 B단계를 추가한 형태이다(반전설계= 철회설계)

외생변수의 영향을 효과적으로 통제하기 위해 기본적인 설계형태인 AB설계에 또 하나의 AB설계(두 번째)기초선 단계와 두 번째 개입단계를 추가한 구조이다.

ABAB설계에서는 개입을 하지 않은 상태와 개입을 한 상태를 두 번 관찰함으로써 개입의 변화를 일으켰다는 확신을 가질 수 있다.

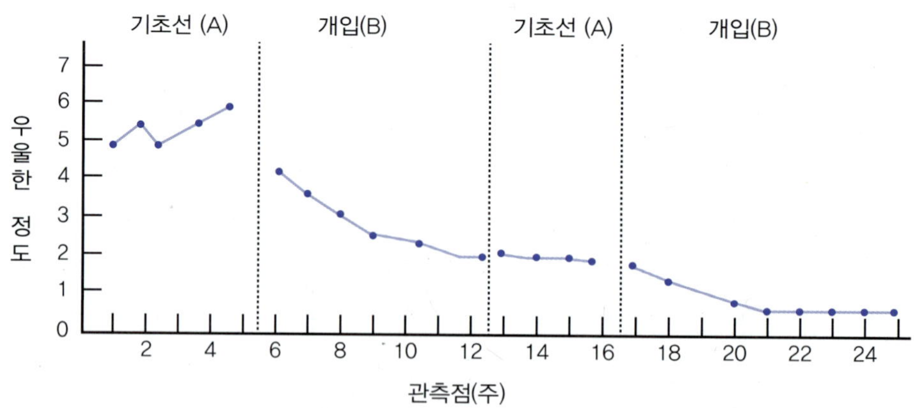

[그림 12-3] ABAB설계

4. BAB설계

BAB설계 기초선 단계의 설정 없이 개입을 먼저하고 이어서 개입을 중단하는 반전의 단계를 거쳐 다시 개입을 실시하는 형태이다. 기초선 단계에서 개입 이외의 다른 요인이 변화를 일으킬 수도 있고 개입의 효과가 지속적으로 나타나는 경우 개입의 효과를 평가하기 어렵다.

심각한 위기상황(불안)에서 개입(B)을 7주간 먼저 한 후 개입의 효과성을 학보하기 위하여 반전(A)단계를 7주간 가지고 다시 10주간 개입을 실시한 사례이다.

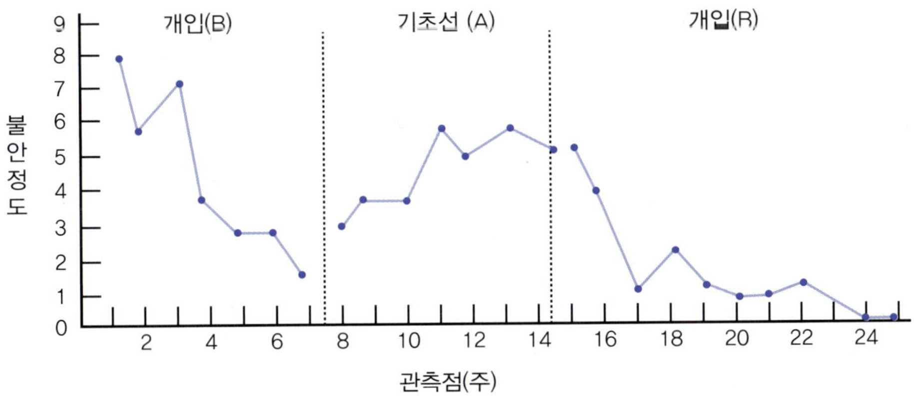

[그림 12 -4] BAB 설계

5. ABCD설계(다중요소 설계)

이 설계는 하나의 기초선 자료에 대해서 다수의 각기 다른 개입방법(B, C, D)를 연속적으로 도입하는 형태이다. ABAB 설계에서처럼 개입 도중에 기초선 단계를 재설정하고 그 후에 다시 동일한 개입을 재개하는 것이 아니라 B, C, D라는 각기 다른 개입방법들을 적용하여 비교하는 것이다.

클라이언트에게 도움 되지 않는 개입을 수정하거나 특정한 개입방법이 실제로 표적행동에 변화를 가져오는지 설명하고자 할 때 유용하다.

ABCD 설계는 융통성이 있어서 연속적인 단계에서 입증된 대로 개입계획을 변경할 수 있다.

ABCD설계 문제점을 보면 다음과 같다.

① 이월효과: 각각의 개입방법들이 개별적으로 적용했을 때에도 동일한 결과를 가져올 것인지 알 수 없다.

② 순서효과: D,개입방법을 B와 C와 순서를 바꾸어 적용했다면 D개입방법의 효과가 없는 것으로 나타났을 수도 있다. 즉, 개입방법이 BCD 순서로 적용되었기 때문에 D단계에 효과를 나타냈을지도 모른다.

③ 우연한 사건: B, C, D개입방법이 실제로 모두 효과가 없지만 D개입방법의 개입 직전 또는 개입과정에서 우연한 외부적 사건 등이 개입되어 효과를 나타냈을 가능성도 있다.

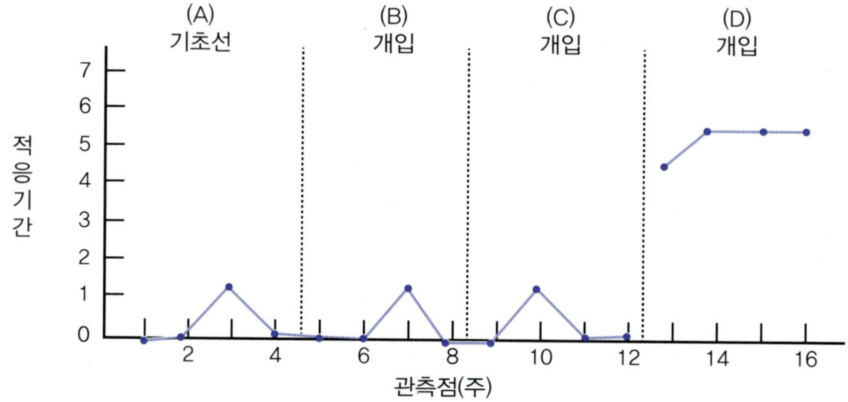

[그림 12-5] ABCD설계

6. 복수기초선 단계

1) 복수 기초선의 내용

인위적인 개입중단이라는 윤리적 문제점을 개선하면서 개입과 표적행동 변화 간의 인과적인 관계를 추정 할 수 있는 방법으로 개발된 것이 복수 기초선 설계이다. 복수 기초선 설계는 몇 가지 설계들로 구성되며, 둘 이상의 기초선 단계를 설정하지만 개입을 중단하는 것이 아니라, 둘 이상의 기초선을 동시에 시작한다. 하나의 동일한 개입방법(AB설계)을 복수의 문제(표적행동), 복수의 상황, 복수의 대상자들에게 반복적으로 적용하여 같은 효과를 얻음으로써 표적행동에 대한 개입효과를 추정하는데 신뢰성을 높이려는 설계이다.

2) 복수 기초설계의 종류

적용대상에 따라 문제 간 복수기초선 설계, 상황 간 복수기초선 설계,
대상자 간 복수기초선 설계로 구분할 수 있다.

(1) 문제 간 복수기초선설계

특정의 개입방법이 각각의 문제에 따라 복수기초선 설계하여 효과가 있는지를 평가하기 위한 방법이다.

(2) 상황 간 복수기초선설계

하나의 특수한 개입방법이 같은 대상자의 같은 문제를 두 가지이상의 다른 상황에서 치료하는데 효과가 있는지를 평가하기 위한 방법이다.

(3) 대상자간 복수기초선설계

특정 개입방법이 같은 상항에서 같은 문제를 가진 두 명 이상의 다른 대상자에게 적용 될 때 개입방법의 효과를 평가하는 방법이다.

각기 다른 대상자 3명을 사례에 대해서 동일한 개입방법이 표적행동(우울증 정도)의 개선에 효과적임을 보여주고 있는 대상자가 복수 기초선 설계이다.

각 사례별로 기초선 단계가 동시에 시작되지만 개입은 다른 시점에서 도입되는데 이것은 외부적인 사건이 개입에 영향을 미치었는지를 확인하기 위한 것이다.

제4절 단순사례설계의 개입평가

1. 개입평가 기준

개입평가의 기준은 변화의 파동, 변화의 경향, 변화의 수준으로 나누어 볼 수 있다. 구체적인 내용은 다음과 같다(사회복지사 국가자격시험 연구회, 2024).

1) 변화의 파동

관찰된 표적 행동의 특성이 시간의 경과에 따라 변화하는 진폭의 크기를 확인할 수 있다. 또한 파동이 적고 관찰 횟수가 많을수록 개입의 효과를 확실히 알 수 있다. 파동이 심한 경우는 효과 판단이 어려우므로 관찰의 횟수를 늘려야 변화의 일정한 유형을 판단할 수 있다.

2) 변화의 경향

기초선에서 특정 변화의 경향이 있었는지 확인할 수 있다. 기초선 기간의 변화 경향과 개입 기간의 변화 경향이 일치하면 개입의 효과를 판단하기 어렵고 상반되면 개입의 효과를 판단하기 쉽다.

3) 변화의 수준

관찰된 표적 행동의 점수가 어느 정도인지를 확인할 수 있다. 기초선에서의 점수와 개입 기간에서의 점수 간 차이가 클수록 개입의 효과에 대한 확신이 높아진다.

2. 개입의 유의성분석

단일사례설계에 의해 도출되는 자료 결과들을 분석하는 데는 일차적인 경향고 수준의 변화를 해석하는 시각적 변화분석과 통계학적인 분석 및 임상적 관점에서의 실질적 분석으로 나눌 수 있다(Rubin & Babbie, 2001).

1) 시각적 유의성

개입이 도입되거나 중단된 후에만 표적행동의 수준과 경향의 변화가 그래프에서 시각적으로 나타나 있는가를 분석한다. 기초선의 수준과 개입선의 변화들을 시각적으로 분석한다.

2) 통계적 유의성

개입단계 동안 관찰된 자료가 기초선을 연장하고 개입을 도입하지 않아도 일어날 것이라고 예상되는 파동과 어떻게 다른가를 통계적으로 분석한다. 평균비교(기초선 단계와 개입단계의 평균비교)나 경향선(기초선 단계에서 자연스럽게 진행될 것으로 예상되는 선)접근 등을 분석한다.

3) 실질적 유의성

개입으로 인한 표적행동의 변화 양이 실질적이거나 임상적 관점에서 판단하여 실천적 의미를 분석한다.

제5절 단일사례연구의 자료기록방법

단일사례설계는 체계적인 자료의 수집과 분석으로 완료된다. 자료는 개입의 전, 도중, 후에 있어서 표적행동의 변화를 비교할 수 있도록 계량화되어 기록된 정보를 말한다. 여기서는 자료기록의 방법으로 ① 시간간격, ② 빈도, ③ 지속기간, ④ 정도, ⑤ 간헐적 점검, ⑥ 영구적 생산물 등의 여섯 가지를 간략히 설명하기로 한다(남세진 외, 2001).

1. 자료기록의 준비

1) 행동관찰 규정준비

피험자의 행동은 표준화된 양식 즉, 행동관찰 규정에 의해 관찰되고 기록되어야 한다. 행동관찰규정이란 표적행동에 관한 구체적인 판단기준과 자료기록에 관한 규정으로 표적행동에 대한 조작적 정의, 기록원칙. 기록의 예 등이 포함되는데 조사가 시작되기 전 준비되어야 한다.

2) 관찰기록자의 선정

실천현장에서 활동하는 사람들이나 연구자가 관찰하고 기록하는 것이 바람직하다. 표적행동의 직접적인 관찰에 의해서 기록되어야 한다.

관찰 기록자는 개입 상황에서 자연적으로 관찰이 가능한 자, 개입의 자연적 환경에 속하지 않는 외부인, 조사연구자, 조사연구 또는 개입의 대상자가 될 수 있다.

2. 자료 관찰 및 기록방법

1) 시간간격기록

시간간격 기록(interval recording)은 일정한 관찰기간을 같은 간격의 짧은 시간으로 나누어 표적행동을 직접 관찰-기록하는 방법인데 시간이 짧을수록 더 정확히 관찰된다.

예를 들어, 10초의 시간간격에 있어서 손을 빠는 행동이 두 번 이상 일어나도 처음 일어난 행동만 기록하는 것이다. 즉, 시간간격 기록은 정해진 시간간격 내에 표적행동이 일어났느냐 일어나지 않았느냐를 기록하는 것이다. 이러한 시간간격 기록은 빈도가 아주 높은 행동의 관찰에 적합하다(양정하 외, 2011).

2) 빈도기록

빈도 기록(frequency recording)은 정해진 관찰기간 동안에 일어난 표적행동의 빈도를 기록하는 것이다.

빈도 기록은 쉬운 기록방법이고, 빈도가 높은 행동이나 낮은 행동 모두의 관찰에 적절하며 관찰기간을 길게 할 수 있는 것이 특징이다.

3) 지속시간기록

지속시간 기록(duration recording)은 정해진 관찰기간 동안에 일어난 모든 단위행동을 지속 시간을 직접 관찰하여 기록하는 방법이다.

지속시간 기록방법은 문제행동의 지속시간이 관심의 대상이 될 때 사용되며 일반적으로 빈도와 같이 관찰된다.

4) 정도기록

정도 기록(magnitude recording)은 정해진 관찰기간 내에 발생한 표적행동의 양, 수준정도를 관찰하여 미리 정도측정 척도에 의해 판단하여 정도를 나타내는 수치를 기록하는 것이다.

5) 간헐점검기록

간헐적으로 특정한 관찰시간을 정하여 관찰하는 순간에 표적행동을 하고 있는지 아닌지 기록하는 것이다. 간헐점검 기록은 가장 쉬운 기록방법이며, 사회적 상호작용, 놀이, 일 등 오래 지속되는 행동이나 빈도가 높은 행동을 관찰하는데 적절하다

6) 영구적 생산물 기록

영구적 생산물 기록(permanent product recording)은 반드시 직접관찰을 필요로 하지 않으며, 표적행동에 의하여 만들어진 것을 관찰하여 표적행동이 일어났음을 확인함으로써 이루어진다.

연습 문제

1. 단일사례설계의 개입효과에 관한 설명으로 옳지 않은 것은? (18회 기출)
① 개입 후 변화의 파동이 심하면 효과 판단이 어렵다.
② 기초선이 불안정할 경우 기초선의 경향선을 이용하여 통계적으로 개입효과를 판단한다.
③ 기초선에서 개입기간까지의 경향선을 통해 시각적으로 개입효과를 판단한다.
④ 기초선과 개입기간 두 평균값의 통계적 검증을 통해 개입효과를 판단한다.
⑤ 개입 후 상당한 기간이 지나 최초의 변화가 발생할 경우 개입효과가 있다고 판단한다.

해설: 최초의 변화가 개입 후 상당한 기간이 지나 발생할 경우 그것이 개입으로 인한 변화인지 다른 요인으로 인한 변화인지 판단하기 모호해 개입효과의 판단이 어려워진다.

2. 단일사례설계방법에 관한 설명으로 옳은 것은? (19회 기출)
① ABCD설계는 여러 개의 개입효과를 개별적으로 증명하기 위한 설계이다.
② AB설계는 외부요인을 충분히 통제할 수 있기 때문에 여러 유형의 문제에 적용 가능하다.
③ 복수기초설계는 기초선 단계 이후 여러 개의 다른 개입방법을 순차적으로 적용한다.
④ ABAB설계는 외부요인을 통제할 수 있어 개입의 효과를 확인할 수 있다.
⑤ 평균비교는 기초선이 불안정할 때 기초선의 변화의 폭과 기울기까지 고려하여 결과를 분석하는 방법이다.

해설: ABAB설계는 여러 개의 개입효과를 연속적으로 증명하기 위한 설계이다. AB설계는 외부요인을 통제하지 못해 내적타당도가 낮다. 기초선 단계 이후 여러 개의 다른 개입방법을 순차적으로 적용하는 것은 복수기초설계가 아니라 복수요소설계(다중요소설계 혹은 다중개입설계)이다. 기초선이 불안정할 때 기초선의 변화의 폭과 기울기까지 고려하여 결과를 분석하는 방법은 평균비교가 아니라 경향선 접근이다. 평균 비교는 개입효과 분석 시 변화의 폭만을 고려한다.

3. 단일사례실험에서 개입효과를 분석하면서 제기되는 개입의 유의성을 모두 고른 것은?

A. 시각적 유의성 B. 통계적 유의성 C. 실질적 유의성 D. 감성적 유의성

① A. B. C ② A. C ③ B. D ④ D ⑤ A. B. C. D

✍ 해설: 시각적 유의성: 개입이 도입되거나 중단된 후에만 표적행동의 수준과 경향의 변화가 그래프에서 시각적으로 나타나 있는가를 분석한다. 기초선의 수준과 개입선의 변화들을 시각적으로 분석한다.
통계적 유의성: 개입단계 동안 관찰된 자료가 기초선을 연장하고 개입을 도입하지 않아도 일어날 것이라고 예상되는 파동과 어떻게 다른가를 통계적으로 분석한다. 평균비교(기초선 단계와 개입단계의 평균비교)나 경향선(기초선 단계에서 자연스럽게 진행될 것으로 예상되는 선)접근 등을 분석한다.
실질적 유의성: 개입으로 인한 표적행동의 변화 양이 실질적이거나 임상적 관점에서 판단하여 실천적 의미를 분석한다.

4. 개입의 평가 기준으로 바르게 짝지어진 것은?
① 변화의 파동, 변화의 속도, 변화의 수준
② 변화의 파동, 변화의 경향, 변화의 수준
③ 변화의 파동, 변화의 경향, 변화의 요인
④ 변화의 간격, 변화의 경향, 변화의 요인
⑤ 변화의 간격, 변화의 경향, 변화의 수준

✍ 해설: 변화의 파동: 표적 행동이 시간의 경과에 따라 파동을 일으키며 변화하는 정도, 변화의 경향: 증진, 감퇴의 경향, 변화의 수준: 관찰된 행동 특성의 점수의 위치

정답: 1. ⑤ 2. ④ 3. ① 4. ②

제13장

실험조사 설계

제1절 조사 설계의 정의 및 목적

1. 조사 설계의 정의

조사 설계(research design)는 조사문제에 대한 답을 얻기 위해 필요한 계획을 구체화한 것이다. 즉, 연구목적을 수행하여 조사문제에 대한 답을 얻기 위해 자료수집방법을 비롯하여 변수의 조작화, 표본추출, 측정도구 작성, 자료수집, 분석방법 선택 등 조사방법의 전 과정을 포괄하는 모든 활동에 대한 계획을 구체적으로 제시하는 것이다. 조사방법은 연구문제와 조사의 종류에 따라 달라진다(정영숙, 2009).

1) 광의의 조사 설계

과학적 연구수행을 위해 조사연구의 계획, 구조, 전략 등을 포괄하는 것으로서 조사의 전반적인 과정을 의미한다.

2) 협의의 조사 설계

사회복지조사의 절차 가운데 선정된 연구문제 또는 가설에 대한 해답을 얻기 위해 필요한 논리적 틀을 만드는 단계 즉, 연구목적에 맞는 논리체계, 대상선정,

자료수집방법 등에 대한 전반적인 계획을 세우는 단계를 의미한다.

연구문제, 가설을 경험적으로 검증하기 위한 일종의 틀을 설계하는 실질적인 조사계획 수립의 과정이며 실천계획이다.

2. 조사 설계의 목적

① 타당성이 있고 객관적이며 정확하고 경제적으로 조사문제의 해답을 제공한다. 즉, 연구문제의 해답을 얻기 위해 논리적인 틀을 만들며, 이를 통해 연구문제 및 가설에 포함된 변수간의 관계 구조를 밝히는 것이다.

② 조사연구가 계획적이고 체계적으로 수행될 수 있도록 청사진을 제공한다.

③ 관찰이나 분석의 방향을 제시한다.

④ 통계분석의 방법을 제시한다.

제2절 조사 설계의 기준

어떤 조사 설계가 적합한가는 측정결과가 과연 타당성이 있는가의 여부에 달려있다. 타당성(validity)은 측정하고자 하는 개념을 얼마나 정확하게 반영하여 측정하였는가를 의미한다. 또는 측정한 값과 대상의 진정한 값과의 일치정도를 의미한다. 예를 들면, 어떤 학생이 친구의 지능을 알아보기 위해 줄자로 친구의 머리 둘레를 재었다면 이 학생이 친구의 지능을 잘 측정하였다고 생각할 사람은 아무도 없을 것이다. 타당도가 높은 측정은 측정된 결과가 시초에 측정하고자 했던 개념에 최대한 접근하여 그 개념을 정확하게 반영해야 하는 것이다. 조사 설계의 타당성을 판단하는 기준으로는 내적 타당성과 외적 타당성으로 구분된다. 내적 타당성과 외적타당성은 상충관계(trade−off)를 가지므로 두 유형의 타당성을 동시에 높일 수는 없고, 내적 타당성을 높이려면 외적 타당성이 낮아질 수밖에 없고 역으로 외적 타당성을 높이려면 내적 타당성에 문제가 있을 수 있다는 점을 알아야 한다. 연구자는 연구목적과 내용 및 방법에 따라 두 유형의 타당성 중 어느 타당성이 더 고려되어야 하는지를 판단해야 한다(정영숙, 2009).

1. 내적 타당성과 외적 타당성

1) 내적 타당성(internal validity)

내적 타당성은 측정한 결과가 관련변수의 변화로 인해 일어난 것인가의 여부에 의해 결정된다. 즉, 독립변수의 영향으로 인해 종속변수의 변화가 나타난 것인지를 정확하게 보여주고 있다고 확신할 수 있는 정도를 의미한다.

측정결과인 종속변수의 변화가 독립변수의 변화에 의해 일어난 것이라면 그러한 결과는 내적타당도가 높다고 할 수 있다. 일반적으로 인과관계 성립조건 세 가지(공변성, 시간의 우선성, 통제성)를 모두 충족시키고 있다면 내적 타당성이 있는 것으로 판단한다. 예를 들면, 교육비와 소득과의 관계를 검증할 때 교육비(종속변수)의 변화가 소득(독립변수)의 변화에 의해 일어난 것이라면 내적 타당도가 높은 결과라고 확신할 수 있다 하지만 부모의 자녀교육에 대한 열망이 영향을 미쳐 변화가 된 것이라면 내적타당도를 의심하게 된다.

2) 외적타당성(external validity)

외적타당성은 어떤 연구에서 서술된 인과관계가 해당 연구의 조건을 넘어서 연구대상의 모집단으로 일반화될 수 있는 정도를 의미한다. 종속변수의 변화가 다른 상황이나 대상에게도 적용 될 수 있는가에 대한 문제 즉, 측정결과의 일반화와 관련된 적용범위 문제이다. 예를 들면, 모자가구의 최저생계비를 측정한 결과가 부자가구, 노인 가구, 장애인가구 등에도 적용되면 외적타당도가 높은 측정결과라 할 수 있다. 외적타당도를 높이기 위한 가장 좋은 방법은 조사 설계 전 탐색조사나 전문가조사 등을 통해 현실에 맞는 조건에서 조사가 이루어져야 한다.

2. 내적 타당성에 영향을 주는 요인

연구자가 측정하고자 하는 내용이 정확히 측정되었을 때 연구의 의의는 인정된다. 내 · 외적 타당성은 조사 설계 유형에 관계없이 모든 연구에서 중요하다. 특히 실험설계를 할 경우 내적 타당성이 결여되면 실험결과의 해석 자체가 불가능해진다. 조사 설계의 내적 타당성을 저해하는 요인을 특성별로 구분하면 내재적요인과 외재적 요인으로 구분할 수 있다(강종수, 2024; 홍봉수 외, 2024).

1) 내재적요인

내재적요인은 조사기간 동안 조사대상자 및 측정도구와 관련한 변화 등으로 실험과정에서 영향이 개입되어 내적타당성을 저해하는 요소를 의미한다. 아래의 요인의 영향이 개입된 소지가 있는 경우 이를 통제할 수 있는 방안을 강구함으로써 내적 타당성을 높여야 한다.

(1) 외적 사건(우연한 사건, history)

조사과정에서 어떤 외부적인 사건들이 발생하면 연구결과에 영향을 미칠 수 있다. 외부사건이란 조사 기간 중에 연구자의 의도와는 관계없이 일어난 사건으로 결과에 영향을 미칠 수 있는 사건을 말한다. 외부사건은 역사적인 사건 뿐만 아니라 외재적으로 발생하는 모든 상황을 포함한다. 외부사건이 발생하면 조사대상 집단의 특성이 변할 수 있다.

예를 들면 노인생활시설에서 노인들의 생활의욕을 향상시키기 위한 6개월간의 프로그램을 도입하면서 사전과 사후를 비교 조사하였다. 그러나 그 사이에 제주도 단체 여행을 다녀왔거나 대폭적인 시설 개선이 이루어졌다면 프로그램의 개입효과와는 무관하게 이러한 외부사건이 결과에 영향을 미칠 수 있다.

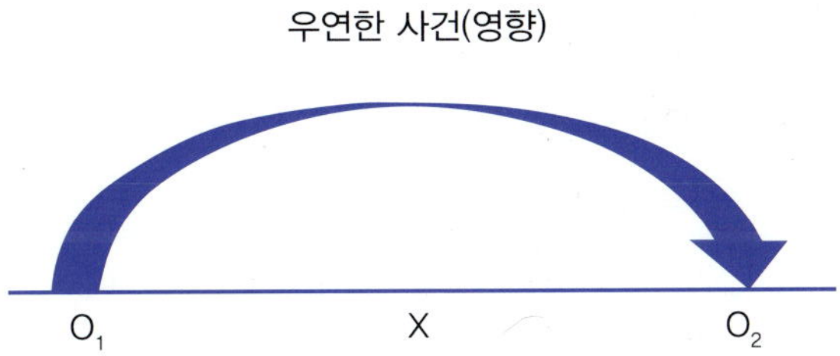

출처: 강종수(2024).

(2) **성숙효과**(maturation)

성숙효과는 순전히 시간의 경과 때문에 발생하는 조사대상자 집단의 생물학적 또는 심리적 특성 변화를 말한다. 인간은 고정되어 있지 않고 시간이 경과함에 따라 자연적으로 성숙해 가는 특성이 있다. 안데르센의 동화『미운 오리새끼』를 생각해 보라. 미운 오리새끼는 그냥 두어도 시간이 지나면 자연적으로 백조로 성장한다. 따라서 이러한 자연적인 성장들이 마치 서비스나 실험적 개입의 효과인 것처럼 여겨지는 경우에 발생한다.

예를 들면 피해자에게 상담서비스를 제공하고 그 효과를 알아보기 위해 사전과 사후를 비교 조사하였다면, 프로그램의 개입효과와는 무관하게 피해자의 자연적인 성숙에 따라 사후의 조사결과는 달라진다.

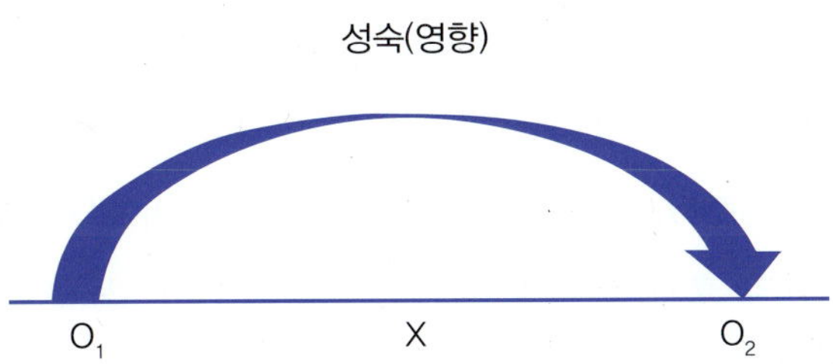

출처: 강종수(2024).

(3) 테스트 효과(testing effect)

동일한 설문지나 측정도구를 사전검사와 사후검사에 사용하게 되면 연구대상자는 테스트에 익숙해져 측정값에 영향을 미치게 된다. 연구대상자는 질문에 어떻게 대답해야 하는지, 연구자가 무엇을 요구하는지를 미리 알아차리게 된다. 원인변수의 개입 여부에 관계없이 테스트를 하는 자체만으로도 학습효과로 인해 결과에 영향을 미칠 수 있다. 이 경우 사전검사를 생략하거나, 서로 다른 검사를 실시하거나, 솔로몬의 4집단설계와 같은 방법을 사용해야 한다.

예를 들면 만일 IQ검사를 하루 간격으로 동일한 검사지를 사용하여 측정하면 두 번째는 IQ가 높아지는 현상이 나타난다.

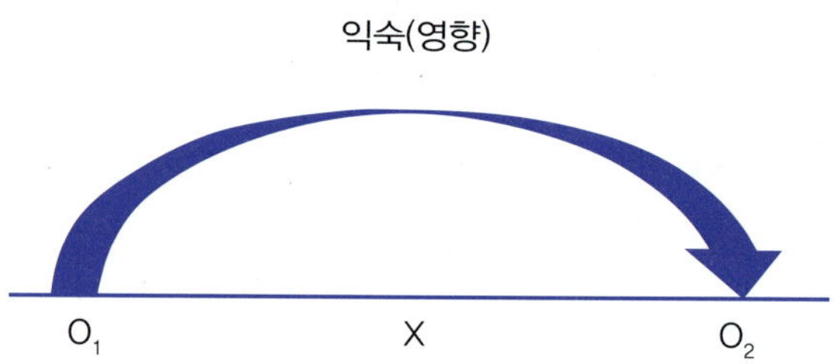

출처: 강종수(2024).

(4) 도구효과(instrumentation)

사전과 사후의 테스트를 각각 다른 도구를 사용하여 측정할 경우에 발생하는 것으로, 결과의 차이가 프로그램의 개입효과인지 아니면 측정도구의 차이 때문인지 구분하기 힘들어진다. 즉, 도구효과는 측정기준이 달라지거나 측정도구가 변화함에 따라 개입의 효과가 왜곡되는 현상을 말한다. 도구효과를 통제하려면 측정도구를 표준화하여 측정도구의 동등성을 확보해야 한다.

예를 들면 IQ검사를 하면서 사전과 사후에 다른 검사지를 사용하였다면 그 결과를 서로 직접적으로 비교하기 곤란하다.

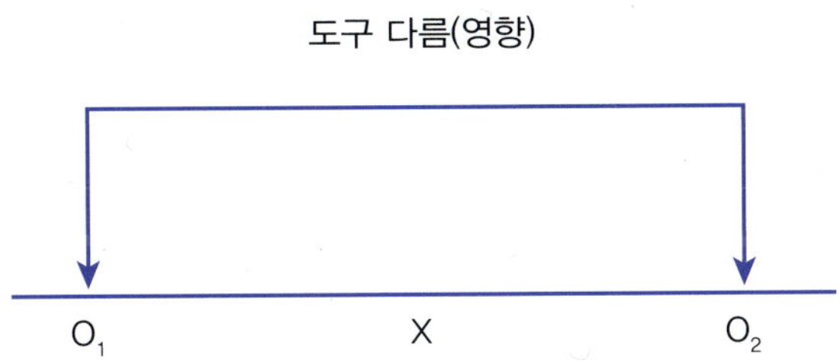

출처: 강종수(2024).

(5) 통계적 회귀(statistical regression)

사전검사에서 평균값보다 지나치게 높거나 낮게 나타난 사람들은 프로그램의 개입효과와는 관계없이 사후검사에서는 평균값에 근접하려는 경향을 보이는 현상을 말한다. 이 경우 사전검사에서 극단값(최고치 혹은 최저치)을 보이는 대상자뿐만 아니라 다양한 유형의 대상자를 포함해서 측정해야 한다.

예를 들면 지능이 낮은 아동만 선별해 지능향상훈련을 실시하였다면 지능향상은 훈련의 영향일 수도 있지만 더 이상 지능이 낮아질 수 없는 아동이기 때문에 향상된 것으로 나타날 수도 있다.

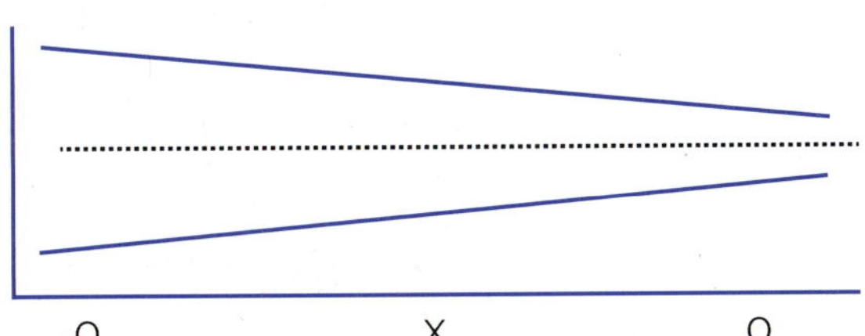

출처: 강종수(2024)

(6) 편향된 선발(selection biases)

유사하지 않은 성격을 갖는 집단들을 대상으로 프로그램의 개입효과를 측정하려고 할 때 종종 발생한다. 비교되는 집단들이 애초부터 비교 될 수 없는 성격들을 가지고 있을 경우 이들을 서로 비교하는 것은 아무런 의미가 없다. 비교되는 집단 간에 동질성 여부를 검증해야 한다.

예를 들면 자원봉사론 과목을 수강하는 대학생들의 자원봉사 참가율이 그렇지 않은 대학생들보다 높게 나타났다. 그러나 이런 차이가 자원봉사론 과목 수강 때문인지, 아니면 원래 자원봉사활동에 참여하는 대학생들이 이 과목을 수강 신청했기 때문인지 알 수 없다.

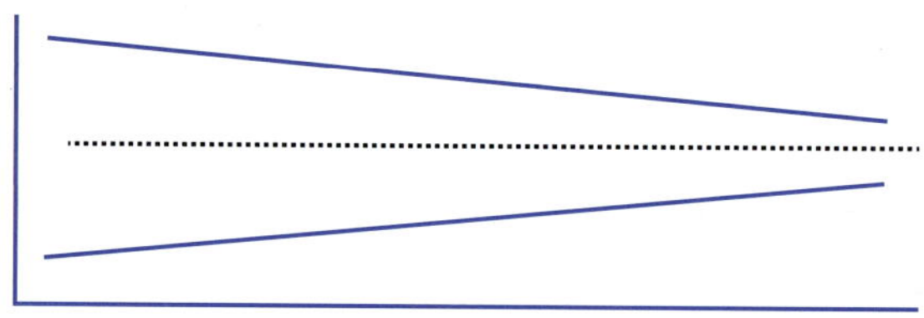

출처: 강종수(2024).

(7) 실험 도중 탈락(mortality)

연구대상자들이 이런저런 이유로 연구 도중에 탈락할 가능성이 있다. 시험 도중에 탈락하는 사람들은 나름대로의 특성을 가지고 있으므로 그것을 배제한 상태에서 사전과 사후를 비교하는 것은 문제가 될 수 있다. 예산이 허락하는 범위 내에서 실제로 필요한 수보다 더 많은 대상자를 선정하는 것이 바람직하다.

예를 들면 가출소년들을 대상으로 집단상담을 실시하면서 사전과 사후측정을 통해 그 효과를 검증하였다. 그러나 프로그램 중간에 절반가량이 집으로 돌아갔다면 잔류한 나머지를 대상으로 사후검사를 실시하여 사전과 비교하는 것은 바람직하지 않다.

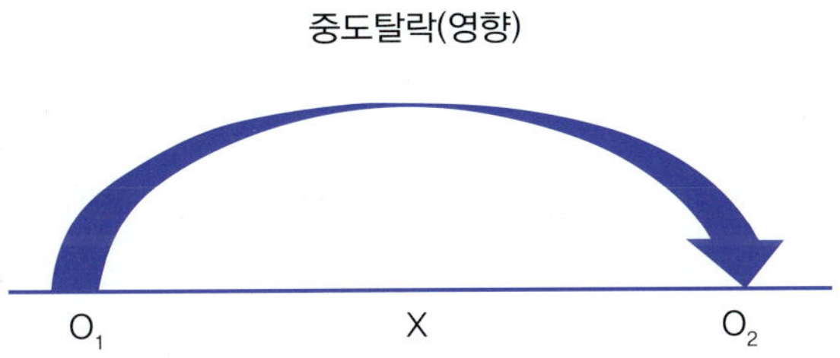

출처: 강종수(2024).

(8) 인과적 시간순위(casual time-order)

원인과 결과 간에 시간적인 우선성에 대한 불확실성으로 인해 인과관계가 곤란하게 되는 것을 의미한다. 연구결과가 독립변수보다는 종속변수의 효과에서 기인하는 것일 수 있다.

예를 들면 지능이 낮은 아동만 선별해 지능향상훈련을 실시하였다면 지능향상은 훈련의 영향일 수도 있지만 더 이상 지능이 낮아질 수 없는 아동이기 때문에 향상된 것으로 나타날 수도 있다.

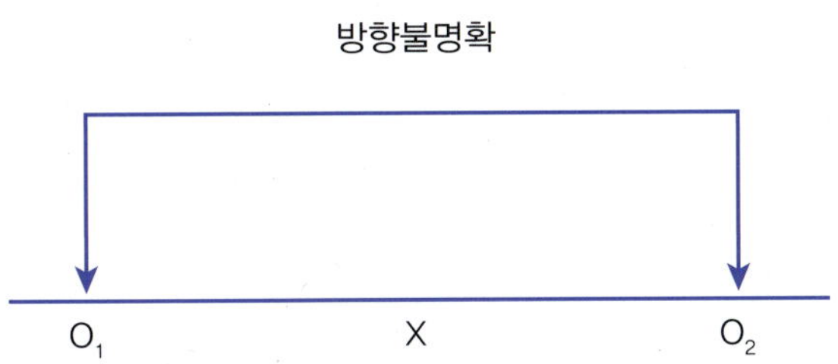

출처: 강종수(2024).

(9) 개입효과의 확산 혹은 모방(diffusion or imitation treatments)

실험집단과 통제집단에 속하는 사람들이 서로 대화하거나 만날 수 있다면 실험집단에 대한 프로그램의 개입효과가 통제집단까지 확산되거나 모방될 수 있다. 이 경우 실험집단에 대한 개입효과를 통제집단과의 비교를 통해 알아보고자 한다면 통제집단에서도 이미 실험집단의 성격을 띠고 있기 때문에 비교가 어렵다. 분리된 집단들을 비교하는 조사에서 적절하게 통제하지 못할 경우 잘 나타난다.

예를 들면 경로당에서 일부 노인에게 매일 오전에 활동적 노화를 위한 집단 프로그램을 실시하였는데, 프로그램에 참여하지 않은 통제집단도 매일 오후에 참여자들과 함께 프로그램 내용을 즐기게 되면 두 집단 간에 별다른 차이가 발생하지 않을 수도 있다.

2) 내적 타당도를 높이는 방법

내적 타당도를 높이기 위해서는 내적 타당도를 저해하는 요인들이 실험과정에 개입되지 않도록 적절히 통제되어야 한다. 따라서 내적 타당도를 높이기 위한 방법으로 내적 요인 통제방법, 외적 요인 통제방법으로 구분하여 살펴보면 다음과 같다(홍봉수 외, 2024).

(1) 내적 요인 통제방법

내적 타당도를 저해하는 내적 요인들은 대부분 실험집단과 병행해서 통제집단을 설정함으로써 발생할 수 있다. 통제집단을 실험집단과 유사한 속성으로 무작위배정을 하면 내적 요인의 영향을 두 집단이 비슷하게 받음으로써 역사, 성장, 검사, 도구, 통계적 회귀 등의 영향을 같은 정도로 받게 된다.

(2) 외적 요인 통제방법

내적 타당도를 저해하는 외적 요인들을 무작위할당, 배합/균형화, 상쇄, 사후에 통계적으로 통제하는 방법 등을 통해 통제할 수 있다.

① 무작위할당

어떠한 외생변수들이 작용할지 모르는 경우에는 실험집단과 통제집단을 조사대상 모집단에서 무작위로 추출함으로써 조사자가 조작하는 독립변수 이외의 모든 변수에 대한 영향을 동일하게 만든다.

② 배합/균형화

통제집단과 실험집단을 동일하게 만들기 위한 방법으로 종속변수에 영향을 미칠 외생변수를 단계별로 적용하여 단계적으로 조사대상자를 분류하고 이들을 실험집단과 통제집단에 무작위로 배정하는 방법이다.

균형화에는 정밀균형하 방법과 빈도분포균형화 방법이 있다. 정밀균형화 방법은 한 가지 이상의 변수에 있어서는 같은 값을 가지는 조사대상을 둘씩 골라서 하나는 실험집단에, 다른 하나는 통제집단에 배치함으로써 특정 변수의 영향을 같게 하는 것이다. 빈도분포균형화 방법은 통제하려는 변수값의 평균치를 실험집단과 통제집단에 있어 동일하게 만드는 방법이다.

균형화는 무작위할당과 병행해서 사용될 경우 실험 내적 타당도를 더욱 높일 수 있다.

③ 상쇄

외생변수가 작용하는 강도가 다른 상황에 대해서 다른 실험을 실시하여 비교함으로써 외생변수의 영향을 제거하는 방법이다.

④ 통계적 통제

일종의 사후통제 방법으로 실험이 이루어진 후에 통제를 시도한다. 통제해야 할 변수들을 독립변수로 간주하여 실험설계에 포함시키고 실험을 실시한 후 결과를 분석하면서 통계적으로 그 영향을 통제한다.

배합과 무작위할당과는 달리 실험설계에서 통제를 시도하는 것이 아니라 통계적 방법으로 외부요인을 배제하는 방법이다. 실험설계에서는 배합과 무작위할당으로 해결할 수 없는 외부요인들의 가능성을 통계적 방법을 사용하여 통제한다.

3) 외재적 요인

외재적요인은 실험집단과 통제집단에 조사대상이 상이하게 배치됨으로써 나타날 수 있는 요인으로 실험이전의 상황 등이 조사결과에 영향을 미쳐 내적타당성을 저해하는 요소를 의미한다(강종수, 2024).

(1) 연구표본, 환경, 절차 등의 대표성

대부분의 연구조사들이 전수조사를 할 수 없으므로 비용이나 시간 등을 고려하여 표본조사를 하게 된다. 따라서 전체 연구 대상자들 중에서 일부만을 뽑아 조사를 하게 되므로 이 표본(sample)들이 반드시 모집단을 적절하게 대표하는 것이어야 한다. 또한 표본뿐만 아니라 연구환경이나 절차 등도 모집단을 대표할 수 있어야 한다.

(2) 연구 반응성(research reactivity)

조사대상자들이 자신들이 특정한 조사연구의 대상이 되고 있음을 인식한다면 그에 따른 특별한 반응이 나타날 수 있다. 주로 실험 환경에서 연구대상자들은 연구자의 의도를 파악하려 하고, 그에 적절한 반응을 보이려 한다. 이러한 반응을 보이는 집단에서 나타난 결과들은 그렇지 않은 일반 연구들에서 나타나는 결과들과 다를 가능성이 높다. 따라서 연구대상자들이 갖는 심리적 반응성의 문제가 실험결과의 일반화에 지장을 초래할 수 있다. 연구 반응성은 다음의 세 가지가 있다.

① 호손 효과

연구대상이 연구목적을 알고 있거나 알게 될 때 평상시와는 다르게 행동함으로써 연구결과에 영향을 미치게 되는 것을 의미한다. 호손 실험(Hawthorne experiment)은 하버드대학의 메이(G. F. Mayo) 교수 등이 서부전기 회사에서 1927년 조명실험부터 1932년 관찰실험까지 네 차례에 걸쳐 실시한 실험조사를 말한다. 당시 근로자들이 실험 중임을 알고 평상시보다 더욱 열심히 일을 해 사실과 다른 결과를 나타냈다.

② 존 헨리 효과

호손 효과와는 반대되는 현상으로 통제집단에 있는 연구대상들이 실험집단에 있는 연구대상자들보다 더 나은 결과가 나타나도록 노력하는 현상을 의미한다.

존 헨리는 기계보다 사람이 더 우수함을 보이기 위해 재래식 망치만 가지고 증기드릴과 시합해 승리했지만 너무 무리한 나머지 곧 사망했다는 미국의 전설적인 흑인 노동자이다.

③ 연구자 효과

연구자가 연구결과에 영향을 미치는 말이나 행동을 함으로써 연구대상이 평상시와 다르게 행동하는 것을 의미한다. 연구자 효과를 줄이기 위해서는 실험을 당담하는 사람이나 실험대상자 모두에게 연구의 목적에 대하여 알리지 않고 연구를 진행시키는 방법이 필요하다.

(4) 플라시보(placebo) 효과

실제로 처치나 개입이 이루어지지 않았는데도 불구하고 그것을 받은 것과 유사한 효과가 나타나는 경우를 말한다. 예를 들어 가짜 약을 먹은 집단에서 마치 진짜 약을 먹은 집단에서 나타나는 효과를 보이는 경우를 말한다.

위약을 뜻하는 플라시보(placebo)는 '나는 즐거워질 거야'라는 라틴어에서 유래된 말로서, 약학적으로 통제집단 참가자를 속이기 위해 제공되는 설탕으로 만든 가짜약을 말한다. 대부분 심리적인 반응에 의해 나타나는 효과이므로 구분되어야 한다.

4) 외적 타당도를 높이는 방법

외적 타당도를 높이기 위해서는 확률표집방법으로 조사대상을 선정하거나 또는 표본의 크기를 크게 함으로써 표본의 대표성을 높이는 방법과 플라시보 효과를 제거하기 위해 가실험통제집단 설계 등의 방법을 사용할 수 있다(홍봉수 외, 2024).

제3절 실험설계 조사의 의의와 설계의 요소

1. 의의

복잡한 현상을 보다 정확하게 이해하고 예측하기 위해 도안된 과학적 연구방법이다.

첫째, 연구의 초점이 되는 현상과 관련된 것만을 집중적으로 관찰, 분석하는 방법으로 복잡한 현상 중에서 연구목적상 관심이 있는 요소만을 선택하여 그들 간의 인과관계를 밝히는데 사용되는 방법이다.

둘째, 독립변수와 종속변수에 영향을 미칠 가능성이 있는 다른 변수들의 영향을 통제하여 주 변수사이의 인과관계를 규명함으로써 조사문제를 해결하는데 필요한 자료를 획득하는 과학적 방법이다.

셋째, 심리학이나 사회복지분야에서 서비스나 실천방법의 효과성을 평가하는 경우에 가장 활발하게 사용된다.

〈표 13-1〉 실험과 실험조사 설계

구분	내용
실험	• 이론이나 현상을 관찰하고 측정하는 방법으로 연구자가 인위적으로 원하는 조건을 만들어 기대했던 현상이 일어나는지 또는 어떤 현상이 일어나는지를 조사하는 것
	• 실험에서 말하는 인위적인 조건이란 자연현상을 인위적으로 실험실 안에 재현해 놓은 것
	• 사회복지분야이 실험: 사회복지실천의 효과를 검증하기 위해 사회복지 실천 치료를 받은 집단(실험집단)과 그렇지 않은 집단(통제집단)을 비교 · 분석하는 것
실험조사설계	• 연구자가 하나 또는 그 이상의 독립변수를 조작하고 독립변수의 영향을 받을 것으로 생각되는 종속변수를 관찰 또는 측정할 수 있는 방안을 강구하는 것
	• 실험집단과 통제집단을 구성해 실험을 실시하고 그 결과를 비교(비교조사설계)하는 일련의 과정을 거침

출처: 원석조(2012).

2. 실험조사 설계의 요소

1) 인과관계

(1) 인과관계의 성립요건

인과관계란 어떤 변수가 원인으로 작용해서 다른 변수의 변화나 발생이 결과로서 나타나는 관계를 의미한다. 즉, 두 변수가 변화할 때 한 변수가 원인이 되어 다른 변수를 변화시키는 관계를 말한다. 여기서 원인이란 특정 현상을 발생시키는 변수를 말한다.

인과관계의 성립요건은 어떠한 원인과 결과 또는 연구문제와 가설에 제시되어 있는 독립변수와 종속변수 사이에 인과관계가 성립하기 위한 조건들을 제시하면 다음과 같다.

① 공변성: 원인변수와 결과변수는 경험적으로 상관관계가 있어야 한다. 즉, 하나의 변수가 변할 때마다 다른 변수도 변화를 나타내야 한다.

예를 들면, 일반적으로 사회복지기관에서 직원의 자아존중감 정도와 직무만족도 수준에는 어떤 관련성이 있다고 알려져 있다. 즉, 자아존중감이 높은 직원은 대체로 직무만족도가 높고, 반대로 자아존중감이 낮은 직원은 직무만족도가 대체로 낮은 것으로 나타났다. 이때 자아존중감과 직무만족도 간에는 공변성이 있음을 알 수 있다(황성동, 2012).

② 시간적 우선성: 독립변수는 시간상으로 종속변수보다 선행되어 발생해야 한다.

예를 들면, 청소년의 자아존중감을 향상시키기 위해 자아존중감 프로그램을 복지관에서 실시하였다고 하자, 그리고 그 결과로 프로그램에 참여한 청소년의 자아존중감이 참여 이전보다 향상된 것으로 나타났다. 이 경우 청소년의 자아존중감이 향상되기 위해서 자아존중감 프로그램에 참여한다는 사건(변수)이 먼저 발생해야 하는 것이다(황성동, 2012).

③ 통제성: 독립변수와 종속변수 사이에 측정된 관계는 두 변수와 관련되어 있는 제3의 변수에 의한 영향으로 설명되어서는 안 된다. 이러한 경우 조사 설계에서는 제3의 변수에 대한 통제방법을 고려해야 한다.

④ 비대칭관계: 두 변수는 비대칭 관계를 가지고 있어야 한다. 비대칭관계란 독립변수는 종속변수에 영향을 미치지만 종속변수는 독립변수에 영향을 미치지 않는 것을 말한다.

예를 들면,

소득수준 → 교육비(O), 소득수준 ← 교육비(X), 소득수준 ↔ 교육비(X)

2) 인과관계의 유형

필요조건: A변수가 발생하지 않을 경우 B변수가 결코 발생하지 않는다.

충분조건: A변수가 발생할 때마다 B변수가 발생한다.

① A가 B의 필요조건이지만 충분조건은 아니다.

예를 들면, 흡연한 사람만 폐암에 걸린다. 흡연(A)과 폐암(B)의 관계는 필수적이다.

② A가 B의 충분조건이지만 필요조건은 아니다.

예를 들면, 폐암의 원인은 흡연도 될 수 있지만 스모그와 같은 공기오염도 될 수 있다. 흡연이나 스모그는 폐암 발생에 충분하지만 어느 것도 필수적이지는 않다.

③ A가 B는 필요조건이면서 충분조건이다.

A가 B의 유일한 원인(완전한 원인)이므로 이를 단일 인과관계라 한다. 결과 B를 설명하는데 있어 A가 필요조건인 동시에 충분조건인 경우이다. 이 조건은 가장 이상적인 인과관계이다.

예를 들면, 가장 강력한 이상적인 형태로서 만일 흡연이 폐암에 필요충분조건이라면 모든 흡연자는 폐암에 걸려야 하고 비흡연자는 폐암에 걸리지 않을 것이다.

3) 실험설계 조사의 요소

(1) 비교

비교집단(통제집단)을 설정하여 두 집단을 비교하거나 전후 차이를 비교하는 방법을 통해 두 변수 사이에 공변성이 존재하는지 확인할 수 있음. 집단 간 비교와 전후 비교를 동시에 고려하는 것이 이상적이다.

(2) 조작

독립변수를 의도적으로 도입하거나 변화시켜 종속변수의 변화를 관찰하는 것으로 이를 통해 종속변수보다 선행하는 독립변수의 변화를 확보함으로써 인과관계를 성립조건 중 하나인 시간적 우선성을 또는 두 변수 사이의 시간적 차이를 성립시킨다. 따라서 실험조사 설계에서 독립변수의 의도적인 조작은 필수적이다.

(3) 통제

조사 설계의 타당도를 확보하기 위해서는 내적 타당도와 외적타당도를 저해할 수 있는 요인들을 정확히 이해하고 이들을 통제하기 위해 사용할 수 있는 다양한 방법들을 동원함으로써 체계적으로 영향을 미칠 가능성이 있는 제3의 변수에 의한 가식적 관계를 배제 시켜야 한다.

제4절 실험조사 설계의 형태

1. 실험설계(순수 실험설계)

1) 통제집단 전후비교설계(pretest-posttest control group design)

연구대상을 실험집단과 통제집단으로 무작위 할당하여 종속변수를 측정(사전검사)하고 통제집단에는 아무런 개입을 하지 않고 실험집단에만 개입을 실시한 후에 종속변수를 재측정(사후검사)하는 구조이다.

무작위로 선정된 두 집단에 대해 한 집단에는 실험변수를 가하고 나머지 집단에 대해서는 실험변수를 가하지 않으며, 전자를 실험집단, 후자를 통제집단이라고 한다.

통제집단에 대해서는 설험변수(개입)의 영향이 전혀 미치지 않도록 실험집단과 엄격히 격리시켜야 한다. 〈그림 13-1〉은 통제집단 전후비교설계의 구성을 보여주고 있는 것이다(양정하 외, 2011).

(1) 실험설계에 사용되는 기호

X: 실험 대상에 대한 처치, 개입의 조작

R: 무작위 할당

0: 관찰 혹은 측정

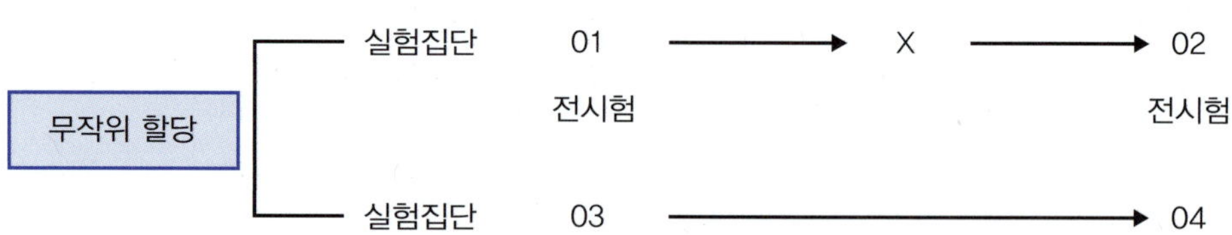

[그림 13-1] 통제집단 전후 비교설계

(2) 실험효과 계산 방법

① 실험집단에서의 전후 차이 = 02 − 01

② 통제집단에서의 전후 차이 = 04 − 03

③ 개입효과= 실험집단에서의 전후 차이−통제집단에서의 전후 차이

예를 들면, 만성 신부전증 환자를 위한 신장투식 클리닉에시 환자의 불인감 완화를 위한 지지프로그램을 실시하기로 할 경우, 투석 클리닉을 이용하는 신장투석 환자를 대상으로 실험집단에 25명, 통제집단에 25명을 무작위 배정한다. 개입을 시작하기 전에 두 집단의 불안감 정도를 측정하기 위하여 불안감척도와 같은 표준화된 측정도구로 사전검사를 실시한ㄷ, 그리고 실험집단에는 6~8주 정도의 개입이 전개되고, 개입 종료 후에 다시 표준화된 측정도구로 사후검사를 실시하여 두 집단의 전후 차이를 비교한다. 이때 실험집단의 불안감 평균이 현저히 감소한 반면 통제집단의 불안감 평균은 거의 변화가 없다면, 지지 프로그램의 개입이 효과적이었다는 결론을 내릴 수 있다(황성동, 2012).

2) 통제집단 후 비교설계(pretest-oniy control group design)

통제집단 후 비교설계는 앞의 통제집단 전후 비교설계의 변형된 형태로 사전측정을 하지 않는다는 형태이다.

실험집단의 결과변수는 실험처치와 외생변수의 효과가 작용하고 있으며 통제집단의 경우는 외생변수의 효과만이 작용하므로 두 집단 간의 차이를 계상함으로써 순수한 개입의 효과를 측정할 수 있다는 논리적 구조를 가진다.

종속변수의 효과가 측정결과가 단지 독립변수의 영향에 의한 것으로 단정할 수 없다. 〈그림 13-2〉는 통제집단 후 비교설계를 구성하는 요소들을 보여주는 것이다.

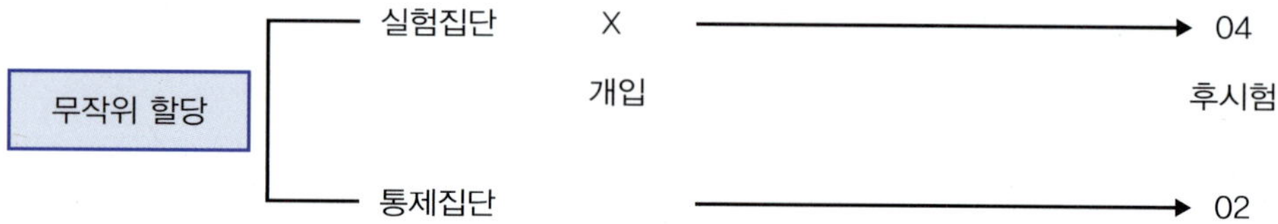

[그림 13-2] 통제집단 후 비교설계

(1) 개입효과 계산방법

① 개입효과 = 04 − 02

예를 들면, 지역사회복지관의 무료법률상담을 신청한 클라이언트가 상담 예약을 하고도 상담 시간이 임박해서 취소하거나 법률상담에 참가하지 않는 경우로 말미암아 다른 많은 클라이언트가 법률상담 프로그램을 이용할 수 없다고 불평하고 있다. 따라서 법률상담 담당 사회복지사가 원활한 프로그램 운영을 위해 법률상담일 바로 전날에 예약자에게 확인 전화를 하면 예약 취소율을 줄일 수 있다는 가설을 세웠다. 이때 예약 확인 전화를 한 집단은 실험집단으로 구성하고 예약 확인 전화를 하지 않은 집단은 통제집단으로 구성하며, 실험집단과 통제집단의 구성원은 무작위로 배정하였다. 이렇게 하여 예약 확인 전화를 받은 집단과 받지 않은 집단 간의 예약 취소율를 비교하면, 예약 확인 전화(독립변수)가 예약 취소율(종속변수)에 미친 효과를 검증할 수 있다(황성동, 2012).

3) 솔로몬 4집단설계

통제집단 전후 비교설계와 통제집단 후 비교설계를 결합한 형태이다.

가능한 모든 외생변수를 통제하기 위해 A, B, C, D 4개 집단을 모두 무작위로 선정하여 A, B집단에 대해서는 사전조사를 실시(통제집단 전후 비교설계)하고 C, D집단에 대해서는 실시하지 않는다(통제집단 후 비교설계).

또한 A, C집단은 실험집단으로 실험처치를 가하고 B, C집단은 통제집단의 성격으로 실험처치를 가하지 않는다. 〈그림 13-3〉은 솔로몬 4집단설계에서 실험개입의 구성을 보여주는 것이다.

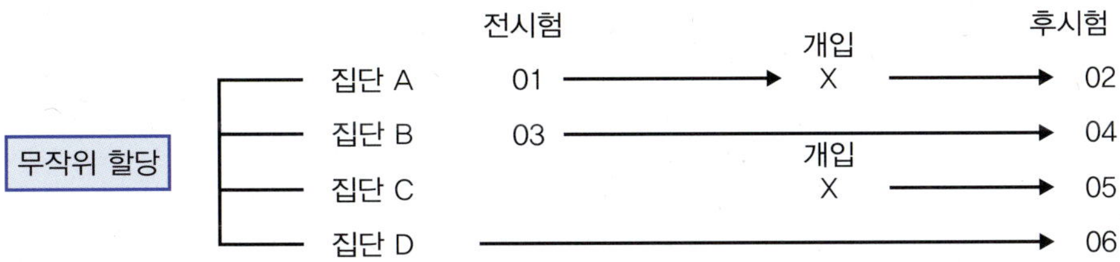

[그림 13-3] 솔로몬 4집단설계

(1) 개입효과 계산방법

① 집단 A의 변화 = O2−01

② 집단 B의 변화 = O4−03

③ 집단 C의 변화 = O5−(01+03)/2

④ 집단 D의 변화 = O6−(01+03)/2

⑥ 상호작용 효과 = Dg1−(Dg2+Dg3−Dg4)

⑦ 개입의 효과 = Dg1−Dg2− I

예를 들면, Reid와 Finchilescu(1995)는 영화 속에 투영된 여성에 대한 폭력이 여대생의 무력감에 미치는 영향을 측정하기 위하여, (집단 1)의 여대생에게는 무력감척도로 사전검사를 마친 후에, 'The Burning Bed'란 영화에서 남편에 의해 여성이 폭행당하는 장면을 보여 주었다. 그리고 사후검사를 실시하였다. (집단 2)의 여대생에게는(Point Break)와 같은 영화에서 남성에 대한 폭력 장면을 보여주는 것을 제외하고는 (집단 1)과 같은 과정을 마쳤다. (집단 3)은 사전검사 없이 여성에 대한 폭력 장면을 골라서 보여주고 사후검사를 실시하였고, (집단 4)는 남성에 대한 폭력장면을 골라 보여주고 사후검사를 실시하였다. 여기서 연구자는 사전검사가 무력감 측정에 별다른 영향을 주지 않았음을 발견하였고, 실험집단에서는 남성에 대한 폭력장면을 보여 준 통제집단보다 무력감이 현저히 높게 나타났다는 점도 알 수 있었다. 다시 말하면, 여대생은 사전검사의 영향 없이 폭력의 희생자로서 여성을 묘사한 영화를 보고 난 이후에 무력감이 커진다는 것을 알 수 있었다(황성동, 2012).

2. 유사 실험 설계

실험실이 아닌 현장에서 실험하는 것으로 실험상황은 아니더라도 실험실 상황과 유사한 효과를 얻을 수 있는 경우에 주로 실시한다.

유사 실험 설계는 시계열설계, 복수집단 시계열 설계, 비동일 통제집단설계, 분리표본 전후 비교설계 등이 있다.

1) 시계열설계

시계열설계는 비교집단을 설정하기 곤란한 경우에 한 집단을 선택해거 독립변수의 조작이나 독립변수에는 노출 전에 몇 번 이상씩(보통 3번 이상) 관찰(검사)하고 독립변수 도입 후에 몇 번 이상씩(3번 이상을 관찰하여 전후의 점수 또는 경향)을 비교하는 설계 형태이다. 〈그림 13-4〉는 시계열 설계의 구성을 보여주는 것이다.

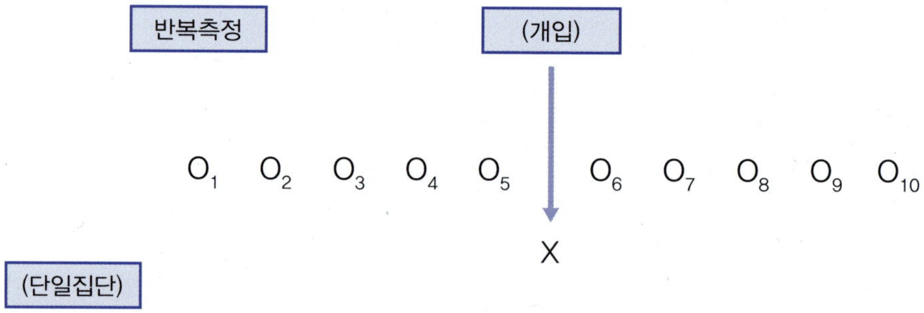

[그림 13-4] 시계열설계

독립변수 도입 이전에 종속변수의 상태를 일정한 시간 간격을 두고 몇 번 관찰함으로써 독립변수 도입 이전의 일상적인 종속변수의 상태를 알 수 있다. 독립변수 도입 이후의 종속변수의 상태를 일정한 시간 간격을 두고 몇 번 관찰함으로써 독립변수 도입 이후의 일상적인 종속변수의 상태를 알 수 있다. 이를 바탕으로 독립변수 도입 전후의 상태를 비교함으로써 변화가 나타났다면 이를 독립변수의 영향에 의한 것으로 간주하는 것이다.

예를 들면, 최근 운전 중 휴대전화 사용으로 말미암아 교통사고의 발생 건수가 증가함에 따라 T시에서는 2010년부터 운전 중 휴대전화 사용을 엄격 단속하기 시작하였다. 단속 후 1년간 교통사고 건수는 월평균 320건에서 280건으로 감소되어 집중단속을 시작한 2010년에는 전년도에 비해 월평균 40건의 사고가 줄어들고, 사고 건수는 12.5%가 감소하였음을 알 수 있다. 따라서 이 프로그램은 매우 효과적인 것이라고 말할 수 있다(황성동, 2012).

2) 복수집단 시계열 설계

비슷한 특성을 지닌 다른 집단(통제집단)을 설정하여 시계열설계의 구조를 추가적으로 정용한 것으로 시계열설계를 보완하기 위한 설계형태이다.

실험집단과 통제집단을 구성하여 한 집단에 대해서는 독립변수 도입전후에 3번 이상씩 관찰하고 다른 한 집단에 대해서는 독립변수의 도입(실험집단)없이 계속 관찰하여 종속변수의 변화 상태를 비교하는 구조이다. 〈그림 13-5〉는 복수집단 시계열 설계의 구성을 보여주는 것이다.

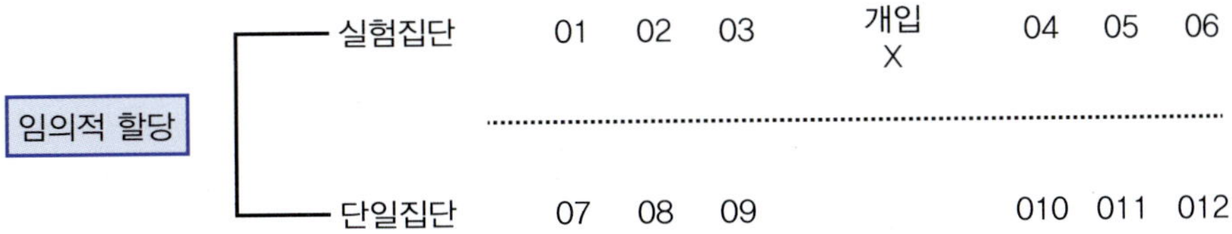

[그림 13-5] 복수집단 시계열설계

예를 들면, T시에 대한 시계열 자료는 인근에 있는 P시에서 나온 유사한 자료와 비교 가능하다. 만약, P시에서도 T시와 비슷한 교통사고 발생 건수가 나타났는데, T시에서는 경찰의 엄중 단속이 있은 후 엄중 단속을 실시하지 않은 P시와는 대조적으로 교통사고가 감소하는 추세로 나타났다면, 교통사고 발생 건수의 감소는 경찰의 엄중 단속에 의한 것이라는 결론이 확고해 질수 있다.

3) 비동일 통제집단 설계

실험 조사 설계의 통제집단 전후 비교설계와 유사하며 단 지 비교집단이 무작위로 선택되지 않고 임의적인 방법에 의해 선정되는 설계형태이다.

무작위 이외의 방법으로 실험 및 통제집단을 선정하여 양 집단에 대해서 사전조사를 실시하고 실험집단에는 독립변수를 도입하고 통제집단에는 도입하지 않고서 두 집단에 대해 사후조사를 실시하여 그 결과를 비교하는 구조이다. 〈그림 13-6〉는 비동일 통제집단설계의 구성을 보여주는 것이다.

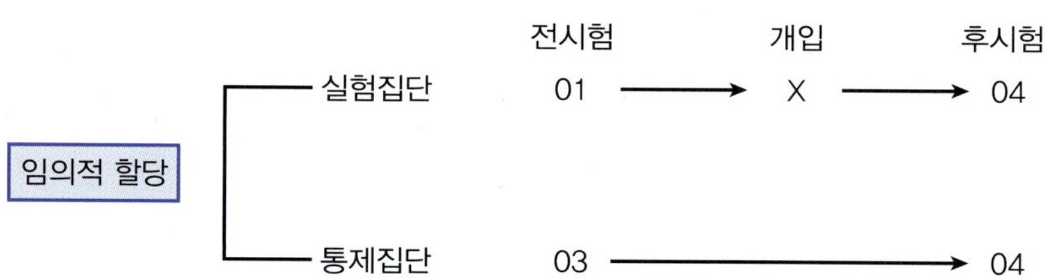

[그림 13-6] 비동일 통제집단설계

예를 들면, 노인 복지관에서 재가노인의 우울증 예방프로그램의 효과성을 검토하고자 노인을 대상으로 우울증 검사를 실시하였다. 검사 후 우울증 경계선에 있는 노인을 선정하여 프로그램에 우선적으로 참여하고자 하는 노인은 실험집단에 배정하고, 우울증 점수는 비슷하면서 프로그램 대기자 명단에 있는 비슷한 수의 노인은 통제집단으로 선정하였다. 3개월 동안 실험집단에 우울증 예방프로그램을 실시한 후 우울증 점수를 비교해 본 결과 실험집단 노인의 우울증 점수는 상당 수준 낮아진 것으로 나타나 프로그램이 효과적이었음을 알 수 있었다(황성동, 2012).

4) 분리표본 전후 비교설계

분리표본 전후 비교설계는 난선화(무작위) 방법으로 두 집단을 설정하지만 사전조사와 사후조사가 동시에 이루어지지 않고 독립변수를 조작할 수 없다는 점에서 실험 조사 설계와 다르다.

전 실험 조사 설계의 단일집단 전후비교설계와 유사한 점이 많지만 검사효과 및 검사와 독립변수와 상호작용 효과를 배제할 수 있다는 점에서 단일집단 전후비교설계보다 우세하다. 〈그림 13-7〉는 분리표본 전후비교설계의 구성을 보여주는 것이다.

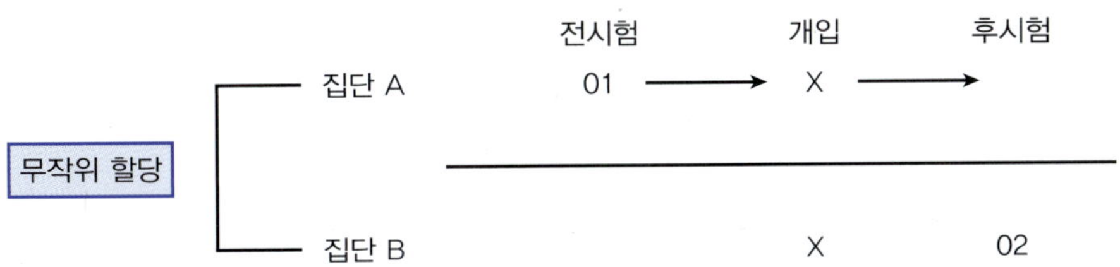

[그림 13-7] 분리표본 전후비교설계

◆ 개입효과 = 02 - 01

3. 비실험조사 설계

비실험조사 설계는 실험적인 조사방법을 사용하지 못하는 상황에서 이용되기는 하지만 사전조사나 사후조사 같은 시간적 우선성의 문제도 해결하기 어렵고 외생변수 통제 등도 할 수 없는 설계이다. 따라서 실험조사 설계가 인과관계 규명을 위한 좋은 방법이기는 하지만 실험조사 설계를 사용하기란 쉬운 일은 아니다. 그러므로 실험요소가 개입되지 않은 상황에서는 비실험조사 설계를 사용할 수 밖에 없다. 비실험 설계의 좋은 예는 횡단조사(서베이조사)라고 할 수 있다. 따라서 비실험조사 설계는 일원적 설계, 상관관계 설계, 종단적 조사설계 등의 세 가지로 구분하여 살펴보면 다음과 같다(홍봉수 외, 2024).

1) 일원적 설계

일원적 설계란 특정 사건이나 현상의 발생, 인구집단의 특성, 개인적 · 집단적 경험 등을 기술할 때 사용되는 설계로 단 한 번의 관찰로써 조사하여 관찰값을 파악하는 데 이용된다.

2) 상관관계 설계

상관관계 설계는 교차분석적 설계라고도 하는데 독립변수로 간주될 수 있는 하나의 변수와 종속변수로 간주될 수 있는 하나의 변수의 속성을 분류하거나 교차시켜 통계적 기법을 통하여 상관관계를 추정하는 방법을 말한다.

3) 종단적 조사설계

위에서 언급한 일원적 설계와 상관관계 설계는 한 시점을 관찰하는 횡단적 조사에 속하지만, 경향조사 설계, 동년배집단조사 설계, 패널조사 설계 등은 여러 시점에 걸쳐 관찰하는 종단적 설계이다.

연습 문제

1. 다음의 연구에서 활용한 연구설계에 관한 설명으로 옳은 것은? (21회 기출)

> 청소년의 자원봉사 의식 향상 프로그램의 효과성을 검증하기 위하여 청소년 200명을 무작위로 두 개의 집단으로 나눈 후 A측정도구를 활용하여 사전 검사를 실시하였다. 하나의 집단에만 프로그램을 실시한 후 두 개의 집단 모두를 대상으로 A측정도구를 활용하여 사후 검사를 실시하였다.

① 테스트 효과의 발생가능성이 낮다.
② 집단 간 동질성의 확인 가능성이 낮다.
③ 사전 검사와 프로그램의 상호작용 통제가 가능하다.
④ 자연적 성숙에 따른 효과의 통제가 가능하다.
⑤ 실험집단의 개입효과가 통제집단으로 전이된다.

해설: 제시된 사례의 설계유형은 통제집단 사전사후 검사설계이다. 이 설계는 사전검사로 인해 발생하는 문제(검사효과, 검사와 개입 간 상호작용 효과)를 제외한 다양한 내적 타당도 저해요인을 통제할 수 있다.

2. 인과관계를 검증하는 데 가장 적합한 조사설계는?
① 비동일 통제집단 비교 설계
② 단일사례설계
③ 단일집단 사전사후비교 설계
④ 패널조사 설계
⑤ 통제집단 사후비교 설계

해설: 인과관계 검증력이 가장 좋은 조사설계는 순수실험 설계, 유사실험 설계, 선실험 설계 비실험 설계 순서이다. 제시된 보기 중 순수실험 설계에 해당하는 것은 통제집단 사후비교 설계이다.

3. 시계열 설계에 관한 설명으로 옳은 것을 모두 고른 것은?

A. 개입 후 측정 점수들은 통제집단의 역할을 한다.
B. 단일집단 사전사후 설계보다 내적 타당도가 높다.
C. 우연한 사건을 통제할 수 있다.
D. 연구 목적과 성격에 따라 자료수집 시점과 횟수는 달라질 수 있다.

① A. B. C ② A. C. D ③ B. D ④ A. B. D ⑤ A. B. C. D

✍ 해설: B: 유사실험 설계에 속하는 시계열 설계는 원시실험 설계(선실험 설계, 전실험 설계)에 속하는 단일집단 사전사후 설계보다 내적 타당도가 높다. D: 연구의 목적과 성격에 따라 자료수집 시점과 횟수는 달라질 수 있는데 변화를 충분히 확인할 수 있을 만큼 충분한 수의 자료수집 시점이 확보되어야 한다.

4. 실험에서 고려해야 할 반응효과 중 연구자가 원하는 긍정적인 영향으로 실험 참여자가 행동하려고 하는 효과는?

① 후광효과 ② 위약효과 ③ 존 헨리 효과
④ 조사원 기대효과 ⑤ 호손효과

✍ 해설: 자신이 연구대상으로 정해진 것에 대해서 좀 더 긍정적인 방향으로 행동하려고 하는 효과는 호손효과이다.

정답: 1. ④ 2. ⑤ 3. ③ 4. ⑤

제13장 질적연구

제1절 질적연구의 개념 및 특징과 장단점

1. 질적연구의 개념

질적연구방법이란 사회 문화 현상과 관련된 내부자의 목소리나 사회적 행위자의 관점, 하나의 현상이 발생하는 총체적인 맥락 속에서 그 현상을 파악하려는 연구방법을 말한다. 질적연구방법은 19세기 말 문화인류학 중 문화기술학의 영향에서 비롯되었으며, 제2차 세계대전 말엽에는 시카고 사회학파 중심의 심층관찰에 기반을 둔 풍부한 질적연구가 이루어졌다.

질적연구를 주장하는 사람들은 사회 문화현상 연구에 대해 자연현상과 같은 연구방법의 사용을 주장하는 실증주의 전통을 비판하면서 사회 문화현상은 자연형 상과 다른 방법으로 연구해야 한다고 주장하는 입장이다. 이와 같은 방법론적 이원론의 관점에서 보면 사회 문화현상 연구는 사람들의 사회적 행위를 연구하는 것인데 주요 연구대상인 사회적 행위에 담긴 인간의 행위 동기나 목적은 자연현상과는 다르다는 것이다.

인간이 사회적 행위를 하는 동기나 목적을 깊이 있게 이해하기 위해서는 인간 행위의 계량화가 아니라 그 행위 이면의 의미에 대한 해석적인 이해가 필요하다고 본다. 이처럼 연구에서 인간 행위의 해석과 의미화를 강조하므로 이 연구방법을 해석적연구방법 또는 질적연구방법이라고 한다.

질적연구방법으로 사회 문화현상을 연구하기 위해서는 먼저 연구문제를 제시해야 한다. 그 다음에는 연구주제와 관련된 대상 집단을 선정하고 그 집단의 행위를 이해하기 위한 연구 설계를 한다. 다음으로 자료수집과정에서는 참여관찰법이나 면접법, 문헌연구법 등을 주로 사용한다. 이를 통해 수집된 자료를 바탕으로 행위의 이면에 어떤 의미가 담겨 있는지를 해석하는 과정을 거친다. 마지막으로 자료의 해석에 기초하여 발견한 의미를 중심으로 결론을 내린다.

질적연구에서는 양적연구와는 달리 가설을 설정하지 않기에 일반적인 법칙을 발견하기 쉽지 않고 가설을 설정하면 오히려 연구의 폭을 제한할 수 있다고 보기 때문이다.

질적연구방법은 현상에 대한 깊이 있는 의미를 발견하거나 행위자가 만들어내는 주관적 세계와 관련한 내용을 파악하는 데에 유용하다. 그러나 연구자의 주관 개입이 염려되어 연구의 객관성에 대한 문제 제기를 받을 수 있으며, 연구결과의 일반화에 어려움이 있는 한계를 가진다(최세영 외, 2017).

2. 질적연구의 특징

질적연구방법은 자연과학이나 사회과학에서 양적연구와는 명확히 구분되는데 구체적인 내용을 살펴보면 다음과 같다(김태성 외, 2005).

1) 주관성

질적연구에서는 연구자가 자신의 주관이 배제된 객관적 실재를 파악하는 것이 불가능하며 세계는 그것을 관찰하고 인지하는 주체에 의해 주관적으로 파악된다고 본다. 이러한 맥락에서 질적연구자들은 사람들이 자신의 삶을 주관적으로 바라보는가에 관심을 두게 된다. 즉, 연구 참여자들이 어떤 경험을 하고, 그러한 경험을 어떻 게 해석하는가, 자신들의 세계 속에서 이러한 경험들을 어떻게 구조화해 나가는가 등의 대한 상세한 자료를 수집하고 묘사한다. 또한 연구자 역시 자신의 주관적 인식으로부터 자유로울 수 없음을 인정하고 연구자의 주관적인지나 느낌, 해석 등을 적극적으로 활용하여 자료로 분석해 낸다.

2) 기술적·탐색적

질적연구는 현상에 대한 탐색과 기술이 주된 관심이 된다. 무슨 일이 일어나고 있는지, 연구 참여자들의 생활상, 그들의 생각 등을 묘사하고 보다 심도 있게 이해할 수 있도록 기술하는 것이 질적연구의 특성이라 할 수 있다.

3) 총제적

질적연구에서 자료의 수집은 몇몇 특정 변수나 범주에 국한되지 않고 연구대상 현상의 다양한 측면을 최대한 포괄하도록 관련된 다양한 사람들로부터 다양한 자료들을 수집하게 된다. 또한 연구 참여자들의 행동이나 언어적 의사소통이 이루어지는 상황이나 맥락 등을 강조하고 서로 연결되어 있는 다양한 상황적 맥락들을 묘사한다. 따라서 이렇게 이루어진 질적연구의 결과는 연구대상 현상에 대한 총체적인 관점을 제공하게 된다.

4) 자연적

질적연구는 연구 참여자의 상황적 맥락 안에서 이루어진다는 점에서 자연적이다. 질적연구에서 행동은 그 상황적 환경적 맥락 안에서 관찰되어야 가장 잘 이해할 수 있다고 본다. 따라서 질적연구자는 연구 참여자의 자연적인 상태를 있는 그대로 이해하고 묘사하고자 하며, 이를 위해 연구 참여자들과 오랫동안 지속적인 관계를 맺으면서 신뢰를 쌓고 이러한 신뢰를 바탕으로 연구 참여자들의 자연스러운 생활 상태에 근접하여 자료를 수집한다. 이러한 점에서 질적연구는 양적조사에서는 쉽게 알아내기 어려운 관행이나 관습 지속적인 상호작용, 그리고 기타 상황적 맥락을 이해할 수 있다는 강점이 있다.

5) 귀납적

질적연구는 귀납적 속성을 지닌다. 양적연구에서 주로 이론에서 출발하여 가설을 세우고 자료를 통해 이를 검증하는 연역적 방법을 사용하는 반면, 질적연구에서는 현실에서 일어나는 경험적 자료 등을 수집하고 분석함으로써 이로부터 이론을 도출 하는 귀납적방법을 사용한다.

6) 연구도구로서의 연구자

질적연구에서는 자료수집의 중요한 도구로서 연구자 자신을 활용한다. 질적연구에서는 연구자의 관찰과 통찰 등을 통해 자료를 수집하고 분석하게 된다. 따라서 질적연구자는 자료수집도구로서 자신이 가지는 중요성을 인식하고 민감한 관찰도 구로서 자신을 활용하기 위해 주의를 기울여야 한다. 또한 질적연구자는 수집된 원자료부터 의미 있는 범주나 주제를 도출할 수 있는 역량을 갖추어야 한다. 이러한 점에서 볼 때 질적연구에서는 특히 연구자의 자질이 매우 중요함을 알 수 있다.

7) 연구절차의 유연성

질적연구는 양적연구에 비해 연구절차가 덜 구조화되어 있고 자료수집 및 분석 과정이 유연하고 직관적이다. 연구절차나 단계 등은 연구자들의 경험이나 직감 등 에 의존하여 조사단계나 절차들을 결정하고 자료를 수집하며, 자료수집과 분석 단계가 동시에 상호작용하면서 이루어지는 경우가 많다.

〈표 14-1〉 질적연구와 양적연구의 비교

구분	질적연구	양적연구
분석 목표	• 변수의 기술 • 관계의 기술과 설명 • 개인적 경험의 기술 • 집단 규범의 기술	• 변수의 계량화 • 인과관계의 예측 • 연구 대상 인구의 특성 기술
일반적 틀	• 현상의 탐구 추구 • 도구는 탄력적(질문에서 융통성 발휘 가능) • 반 구조화된 방법 사용(심층면접, 참여관찰 등)	• 현상에 관한 확실한 가정의 설정 • 질문에 대한 답의 논리화 및 범주화 등 고정된 도구의 사용 • 고도로 구조화된 방법 사용(질문자, 구조화된 관찰 등)
질문의 형식	• 개방적	• 폐쇄적
자료의 형식	• 텍스트	• 숫자
산출된 자료	• 글자, 그림, 물체로 된 자료	• 숫자와 통계로 된 자료
연구설계	• 탄력적 • 참여자의 반응이 연구에 영향을 미침 • 연구 진행 과정 중 자료수집과 연구 문제 조정 가능	• 시종일관 안정적 • 참여자(연구 대상자)의 반응이 연구에 영향을 주어서는 안 됨 • 연구 설계는 통계적 가정과 조건에 따름
표본	• 소수의 연구 대상, 연구자의 경험에 의거해 선정	• 대규모 표본, 무작위 표집
객관성과 주관성	• 주관적, 개인적 해석이 중요	• 객관적, 정확한 측정과 분석
연구자의 역할	• 연구자는 연구 문제에 주관적으로 몰입	• 연구자는 연구 문제로부터 분리되어 객관적인 입장에 있음
분석 방법	• 이해적 방법	• 통계적 방법

출처: 원석조(2023).

3. 질적연구의 장점과 단점

질적연구의 장점과 단점을 살펴보면 다음과 같다(황성동, 2007).

1) 질적연구의 장점

① 심층적이고 풍부하고 자세한 사실의 발견이 가능하다.
② 문제에 대한 새로운 시작(통찰력)을 제공한다.
③ 조사 설계나 자료수집에 융통성이 있다.
④ 저비용으로 쉽게 시작할 수 있으며, 작은 집단이나 표본으로 가능하다.

2) 질적연구의 단점

① 주관적이라는 인상을 주기 쉽다. 즉, 결과에 대한 주관적인 이해가 반드시 현실이나 경험적 검증 결과와 일치하지는 않는다.
② 재정 지원을 받는 것과 출간에 어려움이 있다(일반적으로 재정 지원기관과 학술지 심사위원들은 주로 양적 조사를 오리엔테이션에 더 강하다).
③ 조사 결과를 일반화하는데 어려움이 있으며, 재정지원기관에서는 'hard' 데이터를 'soft' 데이터보다 선호하는 경향이 있다.
④ 조사 결과의 효율성을 입증하거나 실천적 적용을 이끌어 내기에는 미흡하다.

제2절 질적연구의 종류

1. 현실기반이론

1) 개념

현실기반이론(grounded theory)은 근거이론이라고도 하며, 1967년 사회학자인 Glaser 와 Strauss에 의해 발전된 방법으로 그 이전의 많은 사회과학적 연구가 가설의 검증을 지나치게 강조하여 사회 상황으로부터 경험적인 자료를 이용해 이론을 도출하는 행위의 중요성을 간과해왔음을 주장하였다. 이론, 개념, 가설을 찾기 위해 이미 존재하는 이론적인 개념의 틀이나 선험적인 가정을 사용하기보다는 지속적인 자료수집과 분석을 사용하는 방법이다.

이 이론은 처음에는 사회학에서 주로 사용되었지만 현재에는 말기질환, 만성정신질환, 약물중독, 병원의 운영, 공공부조 프로그램과 같은 다양한 휴먼 서비스 분야에서도 많이 사용되고 있다.

2) 연구의 관점

현실기반이론의 목적은 사람이나 사건, 현상들에 대한 이론을 발전시키는데 있기 때문에 자료들에서부터 이론을 도출해 내는 데 주된 관심을 갖는다. 따라서 기반이 갖추어지지 않은 분야들을 연구하는데 주된 관심을 갖는다. 비록 이론들이 있으나 수정되거나 명확화 되어야 할 필요성이 있는 분야들에도 현실기반이론은 적절하게 사용될 수 있다.

3) 자료수집 방법

현실기반이론은 실제 삶의 현장에서 심도 있는 자료들을 수집하기 위해 인터뷰나 관찰과 같은 방법들을 중요시하고 있다. 그리고 조사방법이나 절차들을 표준화하거나 제한하지 않는다. 오히려 여러 가지 종류의 통계자료, 기록물, 신문기사, 편지, 자서전 등 가능한 모든 자료들이 수집과 해석의 대상이 된다.

(1) 지속적 비교

현실기반이론 조사연구들은 주로 인터뷰나 관찰 그리고 다양한 기록물들을 수집하여 조사연구를 하기 때문에 먼저 이 자료로부터 잠정적인 개념이나 범주를 만들어 내어야 한다. 도출된 잠정적인 개념이나 범주를 사용하여 계속해서 검토를 하여야 한다. 이러한 작업은 더 이상 발전된 개념이 발견되지 않을 때까지 계속되어야 한다. 그렇게 하여 개발된 개념을 사용하여 새로운 자료들을 수집 · 분석하여 개념들의 정확성과 적합성을 확인한다.

조사연구자가 개발된 이론적 설명들이 연구 대상으로 설정된 전체 환경에 적용 가능한 것처럼 보이고, 더 이상 수정될 것이 없다고 간주될 때에 조사연구는 중단된다.

(2) 이론적 표본추출

연구 결과의 일반화를 극대화하기 위해 현실기반이론에서는 의도적 표본 추출 방법을 택한다. 즉 특정한 개인이나 집단이 연구의 전형적인 현상을 가지고 있다고 판단하여 표본을 선택한다.

4) 자료분석

현실기반이론 조사연구자들은 자신들의 자료들을 설명하기 위해서 범주나 설명적인 부호 같은 것을 사용한다. 범주나 부호들은 점차 다듬어져 이론의 근거를 형 성할 가설을 만드는 데 사용되게 된다. 따라서 현실기반이론에서 사용하는 자료 분석은 일련의 독특한 과정을 거친다. 특히 체계적인 코딩을 중시하여 개방코딩과 축 코딩, 선택코딩 그리고 조건 매트릭스 단계를 거친다(김영종, 2000).

(1) 개방코딩

정보의 범주를 창출하는 것을 의미한다. 조사연구자는 원자료로부터 개념들을 추출하여 범주로 묶어낸다. 각각의 범주들은 속성과 차원으로 이루어지며, 이렇게 만들어진 범주들은 지속적 비교를 통해 수정된다.

(2) 축코딩

범주들 간의 관계를 설정하는 작업이다. 조사연구자는 중심개념이 되는 범주를 확인하고 중심현상에 영향을 주는 인과조건들과 현상을 설명하는 전략들, 전략을 형성하는 맥락과 중재조건, 그리고 전략을 수행한 결과를 설정하여 찾아낸다. 이 단계에서 범주들 간의 관계에 대한 이론적 모형이 만들어지게 된다.

(3) 선택코딩

범주들을 연결하는 이야기를 구성하는 것을 의미한다. 즉 이론을 통합하고 정교화하는 과정이다. 광범위한 수준을 분석하면서 조사연구자는 중심현상과 관련된 조건들과 그 결과를 시각화하는 조건적 매트릭스를 발전시킬 수 있다. 그러나 현실기반이론에서 이렇게 광범위한 수준의 범위를 찾아보기는 어렵다고 한다. 현실기반이론의 연구결과는 이론적 모델의 제시로 나타나게 된다. 이때 시각적으로 범주들 간의 관계를 나타내는 모형이 제시되기도 하며 명제들을 제시하기도 한다.

(4) 조건 매트릭스

현실기반이론에서는 조사연구자가 자료의 선택, 선별, 해석 전 과정에 개입되어 있다. 따라서 조사연구자의 관점과 해석이 조사연구의 중요한 요소가 된다. 이것은 조사에 자신의 관점만이 개입될 수 있음을 유의하여야 한다. 그러나 외형상 동일한 현상일지라도 출신배경, 학문적 배경 등에 따라 전적으로 다른 해석을 할 수 있음으로 다양한 관점들에 대하여 민감하여야 한다. 그래서 조사연구자의 주관적인 관점의 한계를 극복하기 위하여 다수의 관점을 포함시키지만,

연구결과에 대한 것에 있어서 조사연구자의 관점이 어느 정도 희석되었는지를 적극적이고 의도적으로 공개하여야 한다.

그리고 조사에서 연구대상자와 조사연구자들은 서로 상호작용하게 되어 있어 서로 간에 상당한 영향을 주게 된다. 즉, 조사연구자의 질문이나 설명이 조사대상자들의 생각이나 행동에 영향을 미칠 수 있다. 그러나 양적연구와 달리 질적연구에서는 이 러한 영향이 불가피하다고 인정하여 그것을 조사과정에 반영토록 한다. 따라서 조사연구자는 자신의 생각을 사용해서 상호작용 과정에서 일어나는 변화들을 중요한 자료들로 고려할 수 있어야 한다.

2. 현상학적 연구

1) 개념

현상학적 연구(phenomenology research)는 어떤 현상에 대한 경험의 본질을 이해 하기 위하여 수행되며, 세계에 대한 사람의 주관적 경험과 해석을 강조하는 것으로 모든 질적연구 방법에 적용될 수 있는 철학적 근거가 되는 이론이다. 특히 사회학, 심리학, 간호학, 의학 그리고 교육학 등에서 많이 활용되고 있다.

현상학 연구에서는 어떤 하나의 경험이 그 경험을 한 사람에게는 주는 의미가 무엇인가를 탐구한다. 연구대상의 바람, 견해, 의미 등 그들의 견해로 조사연구자가 관찰해 이해하려고 하는 것이라 볼 수 있으며 크게 발전적 연구방법(Heuristic research)과 해석학(Hermeneutics)의 방법이 있다.

2) 자료수집

조사연구자는 연구문제를 쓰고 연구 참여자에게 자신들의 체험과 그 의미에 대해 묻고 자료를 수집한다. 현상학적 연구에서 자료수집은 통상 심층면접을 통해 이루어진다. 연구하고자 하는 현상을 경험한 사람들만을 연구에 포함시킨다는 점에서 기준 표집이라고 할 수 있다. 통상 10명에서 25명 정도의 연구 참여자와 면접하면서 면접 내용을 모두 녹취하여 원자료로 사용하는 것이 바람직하다.

3) 자료분석

현상학적 연구의 자료분석 단계는 일반적으로 개인들의 진술들을 나열하는 수평화 단계에서 시작된다. 나열된 진술들은 의미로 통합되고, 의미들은 다시 의미주제로 묶이게 된다. 이때 무엇이 경험되었는가에 대한 조직적 기술과 그것이 어떻게 경험되었는가에 대한 구조적 기술을 발전시킨다. 이를 통해 경험적 본질적 구조에 대한 일반적 기술을 형성하게 된다.

현상학적 연구의 결과물은 연구 참여자들의 경험에 단일한 통합적 의미가 존재한다는 것을 발견하면서, 경험의 본질적 불변구조에 대하여 타인들이 더 잘 이해하는 것으로 끝난다(김태성 외, 2005).

3. 민속지학 연구

1) 개념

민속지학 연구(ethnographic research)는 어떤 문화 속에서 생활하는 사람들의 관점에서 문화를 연구하는 것이다. 즉, 민속지학은 연구자가 오랜 기간 한 장소에서 대상자와 자연스럽게 함께 생활하면서 관찰하는 방법이다(이창희 외, 2011).

2) 자료수집

조사연구자들은 의미(meaning)를 알아내기 위해 문화 공유 집단의 자연스러운 생활 현장으로 들어가서 상당 기간 동안 생활하는 것이 일반적이다. 조사연구자는 연구 참여자들과 함께 생활하면서 주로 관찰과 면접을 통해 자료를 수집하며, 부수적으로는 인공물 등을 활용하기도 한다.

전형적인 자료의 형태는 참여관찰, 면접, 인공물, 문서 등을 수집하게 되고 현장노트나 면접, 관찰지침서 등을 통해 정보가 기록된다. 그리고 자료수집에는 그 문화 속에서 생활하고 있는 중요한 정보제공자(key informant)에 의존하게 된다. 이 정보제공자는 연구대상 집단에 소개하고 연구 참여를 도와주고, 조사연구자들이 집단을 잘 이해할 수 있도록 도와준다.

민속지학 연구는 특히 조사연구자가 오랜 시간 동안 현장에 머물면서 연구대상자 들과 생활을 하기 때문에 반영성, 반응성, 호혜성, 현지화 문제, 사적 정보의 누설, 속임수 등이 제기된다. 따라서 민속지학 조사연구자는 자료수집과정에서 나타나는 조사연구자와 대상자 간의 상호작용, 그리고 조사연구자가 조사대상자에게 미치는 영향 등을 고려하여야 한다(김태성 외, 2005).

예를 들면, 아동복지시설의 문화를 그 기관의 생활지도교사나 시설아동의 관점에서 연구한다든지, 또는 장애근로자들의 노동문화를 장애인이면서 근로자의 관점에 서 연구하는 것이다(이창희 외, 2011).

3) 자료분석

민속지학 조사연구자는 사회적 배경과 행위자들 그리고 일어난 사건을 기술하고 현장의 그림을 그리게 된다. 이렇게 수집된 다양한 자료들은 문화적 주제 및 유형화된 규칙을 찾기 위해서 조사연구자가 분석하게 되며, 그렇게 나타난 결과를 해석한다. 연구결과의 기술 형식은 집단 혹은 개인의 문화적 행동을 기술하는 방식으로 이루어지며, 이야기와 함께 표나 그림, 스케치 등을 곁들이기도 한다.

4. 사례연구

사례연구(case research)는 어떤 개인이나 집단 조직, 지역사회 등 사례에 대해 깊이 있게 탐색하고 연구하는 것이다. 사례연구는 맥락 속에서 풍부한 여러 가지 정보원들을 포함하는 세부적이고 심층적인 자료수집을 통해 시간의 경과에 따라 하나의 경계 지어진 체계나 사례를 탐색하는 것이다.

관찰, 면접, 기존문서나 보고서 등 다양한 자료들을 활용하고 수집하여 사례에 대한 세부적인 기술과 해석을 하고 조사문제나 주제에 대해 분석한다. 사례를 대상으로 그 안에서 나타나는 현상을 맥락과 상황, 과정 등 집중적 연구가 이루어진다. 각 개별 사례에서 나타나는 특수성과 다른 사례와의 공통점을 검토한다(박병금 외, 2017).

사례연구의 장점으로는 새로운 사실을 발견하기 위해 사용되며 본 연구를 위한 예비조사로 사용되는 점과, 깊고 넓게 연구하는 경향 등이 있다. 단점으로는 사례의 수가 한정되어 있어 그 조사결과의 일반화가 문제시되는 것과 신뢰성이 문제가 되고 시간과 비용이 많이 든다는 점이 있다(서정민 외, 2015).

5. 역사연구

역사연구(history research)는 어느 특정 시대나 특별한 소그룹이나 하나의 국가에 대한 관심을 넘어서 사회적 형태의 발전을 추적하고, 그러한 문화 간의 발전적 과정을 비교하는 연구이다. 역사연구는 어떤 현상의 변화, 발전과정을 고찰하면서 과거의 시대적 상황과 현상과의 관계를 설명하면서 그 현상에 대한 이론을 체계화하는 데 그 목적이 있다.

역사연구를 크게 네 가지 영역으로 나누어 살펴보면 다음과 같다(김치영 외, 2011).

① 특정 시대의 인물에 관한 전기적 연구이다. 한 개인의 생애, 성격, 업적, 논저 등에 대해 연구하는 것이다.

② 기관, 단체, 제도에 관한 역사적 연구이다.

③ 특정 사조, 사상에 관한 역사적 연구이다.

④ 지역별 역사 또는 이들 간의 비교사 연구이다.

6. 심층면접

심층면접(intensive interview)은 응답의 이유, 의견, 가치, 동기 경험 등 언어적인 표현뿐만 아니라 몸짓, 표정 등 비언어적 반응까지 관찰이 가능하다. 개인면접과 달리 면접시간이 많이 걸리고 내용도 깊어져 매우 상세한 정보를 얻을 수 있다. 또한 심층면접은 무작위 표집방법을 사용하지 않고 표본의 수도 작기 때문에 면접의 결과를 일반화시키는데 무리가 있고, 조사과정에서 면접원의 편견의 개입 등이 문제가 된다.

질적연구에서 활용되는 면접은 개방형이며 구조화되어 있지 않은 경우가 많다. 심층면접의 세부적인 사항에 대해 살펴보면 다음과 같다(사회복지교육연구센터, 2017).

1) 비공식 대화면접

가장 개방적인 면접 형태로서 관찰과정 중에서 면접자와 응답자 사이에 계획되지 않고 예측되지 않은 상호작용이다.

2) 면접지침 접근법

면접에 대해 미리 계획하여 개방적이지만 비공식 대화 면접보다 더 구조화된 면접지침을 가지고 관찰하는 면접법이다. 이 방법은 사전에 계획되어 있으므로 면접 자의 편견을 줄일 수 있고, 면접 후 자료의 분석이나 보고서 작성에 더 효과적이다.

면접지침 접근법은 고도로 구조화된 면접법의 경우, 면접이 부자연스럽고 면접자가 예상하지 못했던 상황에 대한 질문의 준비 등 융통성이 없다는 단점과 완전히 구조화되어 있지 않은 비공식 대화면접의 단점을 보완한 형태라고 볼 수 있다.

3) 표준화 개방형 면접

면접상의 질문을 미리 정확하게 써놓고 순서와 표현에 주의를 기울이면서 면접하는 방법이다. 면접자의 영향과 편견을 최소화 하면서 일관성을 유지하고 자원이 부족하여 응답자와 포괄적으로 면접을 추구할 시간이 없을 때 유용한 방법이다.

제3절 질적연구의 과정

질적연구 과정은 질적연구의 유형, 종류에 따라 약간은 다르다고 할 수 있다. 그러나 질적연구에서 유형에 관계없이 가장 일반적인 것은 준비단계, 자료수집단계, 분석단계, 보고서 작성단계로 볼 수 있다. 이러한 단계에 대한 설명은 최옥채(2008) 의 사회복지사를 위한 질적연구에서 요약 및 발취한 내용을 중심으로 구체적인 내용과 질적연구과정을 살펴보면 다음과 같다.

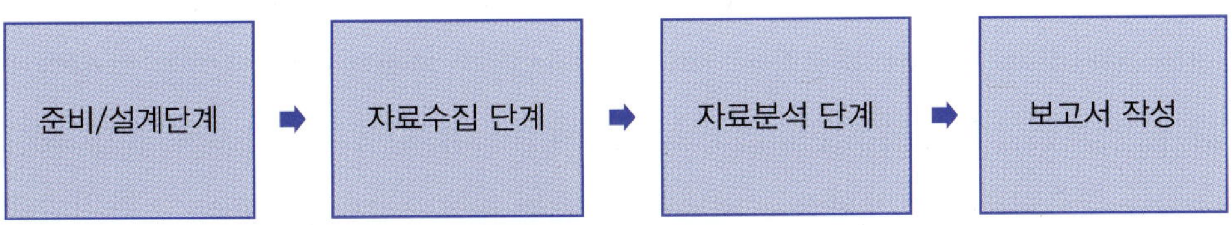

[그림 14-1] 질적연구의 과정

1. 준비/설계단계

질적연구에서 준비와 설계단계는 매우 중요하다. 준비단계에서는 연구주제의 확정 및 이해, 주제관련 사회복지현장의 이해, 그리고 연구방법에 대한 이해와 시간과 경비의 확보, 협력자 및 협력기관 확보 등이 중요한데, 이들은 대부분 문헌고찰 또는 전문가와의 면담을 통하여 이루어진다.

설계단계에서는 무엇보다도 일정계획, 연구방법 및 진행계획, 자료수집계획, 자료분석방법 설계가 구체화되어야 한다. 즉 연구문제에 대하여 어떻게 답을 하여야 하는지에 대한 설계가 무엇보다 매우 중요하다.

2. 자료수집단계

자료수집은 연구주제와 관련된 단순한 주변의 자료를 수집하는 것이 아니라, 연구문제를 해결하기 위한 자료를 적절한 방법으로 적격한 자료를 수집하는 것이 중요하다. 설계단계에서 제시된 자료수집 방법을 적용하기 위하여 자료수집을 위한 현장을 정확히 점검하고, 연구참여자를 접촉하여 참여 동의서를 받은 후에 자료수집을 수행한다.

질적연구에서 적용되는 자료수집 방법은 참여, 관찰, 면접, 좌담, 문헌, 문건, 영상 자료 등을 이용하여 기록, 메모, 녹음 · 녹취, 촬영 등으로 자료화한다.

3. 자료분석단계

자료분석단계는 질적연구에서 핵심적인 단계라고 할 수 있다. 자료분석은 수집된 자료를 체계화된 분석틀에 의하여 분석되고 분석결과에 의미를 부여하게 된다. 자료분석을 위한 기본작업으로 수집된 자료의 단어, 문장, 단락 등의 핵심용어를 정리하여 주요개념을 끌어낸다. 도출된 주요개념을 범주화하고 하위범주로 세분화하여 핵심주제를 만들어 낸다.

자료분석 과정에서는 관련 전문가의 도움과 추가적인 자료수집 및 확인 과정을 포함한다. 구체적인 자료분석 요령은 첫째, 원자료의 초벌 읽기를 통하여 전체적인 흐름을 파악한다. 둘째, 가로 읽기와 세로 읽기를 시도한다. 가로 읽기는 자료의 내용을 시간의 흐름에 따라 읽어 내려가는 것이고, 세로 읽기는 일정 시점별로 구체적인 내용을 파악하는 것이다. 셋째, 겹갈이를 시도한다. 한 번에 읽기를 끝내는 것이 아니고 반복하여 읽으며 분석의 깊이를 더한다. 넷째, 솎음질을 한다. 원자료에서 특정자료를 골라내고 그것을 설명하는 주요개념을 골라내는 작업이다. 다섯째, 분리 및 채질을 한다. 분리는 원자료를 몇 개로 나누어 각각의 개념을 도출하는 것이고, 채질은 분석내용의 완성도를 높이기 위하여 자료를 전제하는 작업이다.

자료분석이 마무리되면 해석과정으로 들어간다. 해석은 분석된 결과를 재창조하는 작업으로 상세하게 진술한다. 해석은 이해와 관련하여 두 가지로 설명이 가능하다. 하나는 텍스트의 이해로 연구하고자 하는 현상 또는 사건에 무엇이 포함되어 있는가에 대한 문제이고, 다른 하나는 실존적인 의미에 있어서 이해 자체란 무엇인가 하는 문제이다(양해림, 2007).

4. 보고서 작성단계

보고서는 연구자료의 분석 및 해석 내용을 정리하는 작업이다. 설계단계에서 제시된 보고서 양식에 맞추어 정리한다. 일반적인 양식은 서론(문제제기 또는 연구의 필요성), 연구방법, 문헌고찰, 연구결과, 결론, 함의 및 제언 순으로 정리한다.

제4절 질적연구의 한계점

질적연구를 수행하면서 야기될 수 있는 문제점은 윤리적 문제와 과학적 엄격성 문제이다. 따라서 가능한 이 문제들을 극복할 수 있는 방안을 찾아보는 것은 좋은 해결방법일 뿐만 아니라 앞으로 연구방향을 설정하는 데 도움이 될 것이다(김치영 외, 2011).

1. 윤리적 문제

질적연구를 수행함에 있어서 발생할 수 있는 윤리적 문제를 방지하기 위하여 연구 대상자 본인의 동의가 반드시 필요하다. 동의를 구하기 위해서는 연구에 대한 정보를 상세히 연구대상자에게 제공하여야 한다. 이때 제공하여야 할 정보는 다음과 같다.

① 연구 및 연구 절차에 관한 소개
② 조사연구자와 연구 후원기관의 신분을 알려줄 수 있는 정보 및 추후 연락을 위한 주소 및 전화번호
③ 연구참여의 자발성 및 언제든지 아무런 제재를 받지 않고 연구참여를 중단할 수 있는 권리에 대한 보장
④ 비밀보장
⑤ 연구 참여에 따르는 위험 부담 및 혜택 등에 대한 설명 등을 들 수 있다. 특히 연구대상자가 아동, 청소년, 노인 및 중증 장애인 등 취약 집단일 경우에는 그 연구대상자의 보호자들로부터도 동의를 반드시 얻어야 한다.

2. 과학적 엄격성

질적연구의 주된 관점은 표준화된 자료의 분석과 분석결과에 대해 일반화하기보다는 다양하고 풍부한 경험을 이해하고자 하는 것이기 때문에 이러한 질적연구의 접근은 조사연구자의 주관적 편견이 배제되었는지 혹은 조사연구자가 도출한 결론 이 과학적 엄격성을 지니고 있는지의 의문을 제기할 수 있다. 특히 질적연구에서는 조사연구자 자신이 자료수집의 도구이기 때문에 조사연구자의 자질에 따라 자료의 질이 영향을 받을 수 있다. 따라서 질적연구에서 과학적 엄격성을 높이기 위한 방법으로는 조사연구자의 반응성과 조사연구자의 편견을 줄이는 것과 관련이 있다.

① 장기간에 걸쳐서 연구 참여자들과의 관계를 형성함으로써 연구대상자의 반응성을 줄일 수 있다.

② 삼각측량을 통해서 조사연구자의 편견을 최소화할 수 있다. 단순히 조사연구자 한 사람의 관찰이나 해석에 의존했을 때 개입될 수 있는 편견을 다양한 자료 수집방법을 통해서 최소화시킬 수 있다.

③ 동료집단의 조언을 구함으로써 현장연구나 자료분석 과정상의 어려움에 대한 지지를 제공받을 수 있을 뿐 아니라 조사연구자가 편견에 빠지지 않도록 하는 데 도움이 된다.

④ 연구의 결과를 연구 참여를 통해서 다시 재확인하는 방법이다. 이는 연구참여의 관점이 존중되어야 철학적 기반을 질적연구가 지니고 있기 때문에 이러한 작업은 반드시 필요하다. 이러한 과정을 통해 조사연구자 자신의 오류를 수정하고 새로운 통찰력을 얻을 수 있을 것이다.

연습 문제

1. 근거이론의 분석방법에서 축코딩(axial coding)에 관한 설명으로 옳은 것은? (20회 기출)

① 추상화시킨 구절에 번호를 부여한다.

② 개념으로 도출된 내용을 가지고 하위범주를 만든다.

③ 발결된 범주의 속성과 차원을 고려하여 유형화를 시도한다.

④ 이론개발을 위해 핵심범주를 중심으로 다른 범주와의 통합과 정교화를 만드는 과정을 진행한다.

⑤ 발견된 범주를 가지고 중심현상을 중심으로 인과적 조건을 만든다.

✍ 해설: 근거이론에서는 범주를 발견하는 작업이 개방코딩에서 이루어지고 나면, 축코딩에서는 발견된 범주를 가지고 중심현상을 중심으로 조건(인과적 조건 포함), 작용/상호작용, 결과를 통합적으로 나타내는 패러다임을 구성한다.

2. 다음의 연구에서 활용한 질적연구방법에 관한 설명으로 옳은 것은? (21회 기출)

A 사회복지사는 가정 밖 청소년들의 범죄피해자와 정신건강의 문제를 당사자의 관점에서 이해하고 주체적으로 해결하기 위해 연구를 시작하였다. 연구에 참여한 가정 밖 청소년들은 A 사회복지사와 함께 범죄피해자와 정신건강과 관련된 사회구조적인 문제를 해결하기 위한 다양한 방안들을 스스로 만들고 수행하였다.

① 개방코딩–축코딩–선택코딩의 방법을 활용하였다.

② 범죄피해와 정신건강을 설명하는 이론 개발에 초점을 둔다.

③ 단일사례에 대한 깊이 있는 분석에 초점을 둔다.

④ 관찰대상의 개인적 설화(narrative)를 만드는 것에 초점을 둔다.

⑤ 사회변화와 임파워먼트에 초점을 둔다.

✍ 해설: 주체적으로 사회복지사와 함께 사회구조적인 문제를 해결하기 위한 스스로 등의 표현을 통해 제시된 사례에서 사용된 질적연구방법이 참여행동연구임을 알 수 있다. 참여행동연구는 사회변화와 임파워먼트에 목적을 둔다. 조사자뿐 아니라 조사대상자도 조사설계를 비롯한 모든 연구 과정에 참여하여 공동으로 책임지는 관계 속에서 연구가 진행된다. ①과 ②는 근거이론, ③은 사례연구, ④는 설화연구(내러티브탐구)에 해당한다.

3. 질적조사의 특징에 관한 설명으로 옳은 것은?
① 관찰자의 존재나 인식과는 무관한 객관적 세상이 존재하고 있다고 본다.
② 조사의 결과보다는 과정에 관심을 둔다.
③ 가치중립적 조사를 강조한다.
④ 표준화된 절차에 따라 연구를 진행한다.
⑤ 현상에 내재하는 법칙을 발견하고자 한다.

✍ 해설: 일반적으로 양적조사는 산출 결과를 중시하지만, 질적조사는 산출 과정을 중시한다. 따라서 ①, ②, ③, ④는 논리실증주의를 따르는 양적조사의 특징이다. 질적조사에서는 관찰자로부터 독립된 세계는 존재하지 않는다고 본다. 그러므로 연구자의 주관이 개입되지 않는 완전히 객관적 관찰이라는 것을 믿지 않으며, 현상을 관찰하는 행위 자체가 연구 대상인 현상에도 영향을 준다고 본다.

정답: 1. ⑤ 2. ⑤ 3. ②

제15장

욕구조사

제1절 욕구의 개념과 유형

1. 욕구의 개념

1) 욕구

욕구(need)란 '인간의 생존과 성장 · 발전을 위해 필요로 하여 구하는 것'으로 정의된다. 즉, 욕구는 한 시점에서 개인이나 집단이 사회구성원으로서 원활한 기능을 하기 위해 신체적, 사회 심리적, 경제적 필요에 의해 구하는 것, 예를 들면 적절한 음식, 주택, 소득, 지식, 사회참여, 개인의 자유 등이다(양정하 외, 2011). 이러한 욕구가 특정 개인 또는 소수의 개인에게 국한될 때에는 개인적 욕구가 되며, 사회의 대다수에게 확대되면 사회적 욕구가 된다. 욕구는 충족(해결)되어야 하는 문제로서, 대개 문제와 같은 의미로 사용되고 있다(남세진 외, 2001). 사회적 욕구란, 개개인이 사회에서 충족되기를 바라는 것이 결핍되어 있는 상태라 할 수 있으며, 사회적 욕구는 사회문제로 간주된다. 개인적 욕구를 바탕으로 한 사회적 욕구의 충족이 사회복지의 기본전제가 된다.

2) 욕구의 주체와 객체

욕구를 분배의 개념으로 해석하고 객관적으로 평가하기 위해서는 두 가지 차원에 대한 이해가 선행되어야 한다. 누가, 무엇을 필요로 하는가를 결정하는 부문 주체와 객체 규명된다(정영숙, 2009).

- 누가(주체): 자연적 또는 인위적으로 발생하는 취약계층.
- 무엇을(객체)

욕구의 주체는 장애인, 노인, 아동, 여성, 빈민 등과 같이 자연발생적 혹은 인위적 의존 인구 소외 · 결핍 · 박탈 등을 경험하는 특정 개인 또는 집단, 지역이다.

욕구의 객체는 의식주, 취업, 의료재활, 보육, 양로 등과 같은 재화나 서비스이다.

2. 욕구의 유형

1) Bradshaw의 욕구유형

욕구유형을 Bradshaw(1977)는 다음의 네 가지로 유형화하였다.

〈표 15-1〉 Bradshaw의 4가지 욕구유형

구분	진단	처방	장점	단정
규범적 욕구 (normative need)	• 전문가 판단으로 충족되지 않은 욕구 진단	• 전문가 판단으로 최선의 서비스 규정	• 기준설정으로 욕구를 갖는 집단의 규모 파악 • 계량화와 측정	• 전문가의 견해 차에 따른 차이 발생 • 지식, 기술, 가치관, 변화에 비탄력적

구분	진단	처방	장점	단정
인지적 욕구 (felt need)	• 잠재적 클라이언트가 문제와 욕구를 진단	• 욕구를 갖는 당사가 필요하다고 생각하는 서비스	• 당사자의 정확한 욕구 파악 • 필요한 서비스 내용과 정도에 대한 정보	• 개인차 조정의 문제 • 조사는 대표성 문제 • 과대추정될 가능성이 있음
표현된 욕구 (expressed need)	• 잠재적 클라이언트가 직접 자신의 문제를 진단	• 수요에 나타난 서비스	• 수요에 따른 공급 규모 결정 • 대상자 확보 수월	• 표현하지 않은 잠재적 대상 무시 • 전달체계상 장애가 있는 대상 배제
비교적 욕구 (comparative need)	• 전문가나 사회가 각종 사회지표의 비교로 진단	• 서비스 이용률 비교로 유사한 서비스 필요성 인정	• 각종 지표로 쉽사리 욕구의 규모와 내용 파악	• 유사 또는 비교집단의 욕구가 실제 욕구와는 다를 수 있음 • 비교집단 선정과 대표성 문제

출처: 황성철,(2005)

이와 같은 욕구 중에서 사회복지의 대상이 되는 것은 주로 표현된 욕구이며, 요구자의 집단적 행동이 가능한 사회에서 나타나게 된다. 대표적인 사회적 욕구로는 의식주와 교육, 보건의료와 사회 환경, 오락과 인간관계, 주택과 고용 등을 들 수 있을 것이다(양정하 외, 2011).

2) 매슬로우의 욕구유형

매슬로우(Maslow, 1954)는 인간의 욕구를 초기에는 5단계, 후기에는 8단계로 분류하였다. 매슬로우는 인간의 욕구를 크게 결핍욕구(defici- ency needs)와 성장욕구(growth needs)로 나누어 구분하였으며. 매슬로우는 결핍욕구 내에서는 상층욕구로 이동하기 위해선 반드시 하층욕구가 충족되어야 하며, 일단 어느 한 욕구가 충족되면 사람들은 그 욕구를 벗어나게 된다. 결핍욕구는 생리적 욕구, 안전의 욕구, 소속과 사랑의 욕구, 그리고 자아존중의 욕구로 구성되어 있다. 성장욕구는 자아실현의 욕구이며, 나중에 매슬로우는 성장욕구를 인식적 욕구, 심미적 욕구, 자아실현의 욕구, 초월욕구로 다시 표현하였다.

〈표 15-2〉 매슬로우(Maslow)의 욕구유형

구분	내용
자아실현의 욕구	• 가장 상위 차원의 욕구로서 4가지 욕구가 충족된 후 일어남 • 인간의 잠재적인 능력에 대한 실현의 욕구
자아존중의 욕구	• 다른 사람으로부터 인정받고, 존중받고 싶어하는 욕구 • 충족되면 자신감이 생기지만 결핍되면 열등감이 생기는 욕구
소속과 애정에 대한 욕구	• 정서적인 만족을 얻고 싶어하는 욕구 • 집단에 소속되어 관계를 맺고, 사랑받고 싶어하는 욕구
안전에 대한 욕구	• 신체적으로 안정을 유지하려는 욕구 • 외부의 위험으로부터 안전을 보호받으려는 욕구
생리적/신체적 욕구	• 인간의 가장 기본적이고 필수적인 욕구 • 의식주와 관련된 생존의 욕구

출처: 사회복지교육연구센터(2017).

〈표 15-3〉는 매슬로우의 욕구유형에 따라 노인문제 해결과 노인이 갖는 욕구의 충족을 위한 전형적 사회복지 프로그램과 서비스는 어떤 것이 있는지를 보여주고, 특정복지기관이 현시점에서 제공하고 있는 프로그램과 향후 필요한 프로그램과 서비스는 무엇인지를 보여준다(황성철, 2005).

〈표 15-3〉 욕구유형에 따른 프로그램과 서비스 종류

욕구의 유형	특징	전형적 프로그램/서비스	A복지기관의 프로그램/서비스	향후 필요한 프로그램/서비스
생리적 욕구 (physiological needs)	가장 기본적이고 강하며, 분명한 것	• 식사배달서비스 • 가사 서비스 • 가정간호서비스 • 의료 서비스 • 이동목욕서비스 • 주거환경개선 서비스	• 식사배달서비스 • 가사간병서비스 • 이동목욕서비스	• 가정간호서비스 • 주택개량서비스 • 병원의뢰서비스
안전의 욕구 (safety needs)	모든 개인이 확실하고, 잘 정돈되고, 조직화되고 예측할 수 있는 환경 내에서 생활하고 싶음	• 노인의집 프로그램 • 집단노인거주 프로그램 • 안부전화점검 서비스 • 노인학대예방 서비스	• 노인 그룹홈 • 경로당 순회 지원 서비스	• 재가노인안부 전화 서비스 • 노인학대예방 프로그램
사회적 욕구 (belongingness and love needs)	타인과의 애정관계를 형성하고 인생의 동반자와 가족이나 집단에 소속되고 싶음	• 노인여가선용 프로그램 • 노인학교운영 프로그램 • 가정봉사원 정서 서비스	• 노인대학 운영 • 가정봉사원파견 사업	• 노인건강교실 프로그램 • 노인노래교실 프로그램
존경의 욕구 (esteen needs)	자기존중과 다른 사람으로 부터의 존경을 받으려고 함	• 심리사회상담 서비스 • 정신건강 프로그램 • 취업알선 프로그램	• 노인문제상담 서비스 • 노인건강강좌 프로그램	• 노년기적응 프로그램 • 노인취업 프로그램 • 노인자립작업장 운영
자아실현의 욕구(self-actualization needs)	자신이 원하는 종류의 사람이 되고, 자기가 성취할 수 있는 모든 것(잠재적 능력)을 성취하려 함	• 서예, 미술 등 교육 프로그램 • 노인일자리 봉사활동	• 노인취미교실 운영	• 은빛자원봉사단 조직

출처: 황성철(2005).

제2절 욕구조사의 개념 및 목적과 필요성

1. 욕구조사의 개념

욕구조사(needs assessment)란, "사회복지 분야에서 많이 활용되고 있는 조사 방법으로, 특정 지역사회 또는 특정 집단의 사회문제를 해소하기 위한 서비스의 개발이나 기존 서비스의 보완에 앞서 지역사회 주민 또는 대상 집단의 욕구를 정확히 파악하기 위해 실시하는 조사"를 의미한다(채구묵, 2011).

욕구조사의 주요 부분은 조사대상이 어떠한 욕구를 갖고 있는가를 파악하고, 그 욕구의 수준과 서로 다른 욕구간의 우선순위를 파악하는 것이다. 사회복지 분야에서 대표적인 욕구조사 가운데 하나는 지역사회 주민을 대상으로 한 욕구조사이다. 욕구조사의 목적과 세부 목표는 먼저 욕구조사를 실시하는 목적은 대상 집단의 욕구를 충족시키며, 사회문제를 해결하고 예방하기 위한 정책대안이나 프로그램을 개발하고 수정한다. 기관운영에 도움이 되는 기초자료를 제공한다. 그리고 욕구조사의 세부적인 목표는 다음과 같다(김기원, 2001).

① 욕구의 유형을 파악함으로써 어떠한 정책대안이나 프로그램이 필요한지를 파악한다.

② 욕구의 우선순위를 파악함으로써 정책대안이나 프로그램의 상대적 중요성을 파악한다.

③ 프로그램의 상대적 중요성에 따라 인적 자원과 물적 자원을 할당할 기준을 수립한다.

④ 현재 수행 중인 프로그램이나 정책의 타당성을 평가할 수 있는 기초자료를 파악한다.

⑤ 기관들이 실시하고 있는 프로그램이나 서비스들의 중복을 방지하고, 상호 연계할 수 있는 방안을 강구한다.

⑥ 욕구조사를 통해 조직 내에서 기관의 정체성을 확인한다.
⑦ 욕구조사를 통해 기관의 활동과 프로그램을 대상 집단이나 지역사회에 홍보한다.

2. 욕구조사의 목적

욕구조사는 여러 가지 목적을 추구하고 있다. 특히 자원이 부족한 상황에서는 욕구조사에서 다음과 같은 목적을 추구하는 경우가 많다(Chow & Peng, 2015).

① 지역사회에서 어떤 문제에 특히 주목하여야 하는지에 관한 자료를 수지한다.
② 해당 문제가 얼마나 심각한지를 파악한다.
③ 해당 문제를 해결하는 데 필요한 자원의 양을 파악한다.

3. 욕구조사의 필요성

욕구조사의 필요성을 정리하면 다음과 같다(김기원, 2001).

① 기관 중심적인 프로그램이나 정책의 운영에서 벗어나, 수혜자의 욕구를 바탕으로 한 수혜자 중심적인 프로그램이나 정책을 운영하기 위해 욕구 조사를 수행할 필요가 있다.
② 기관운영을 체계적이고 전문적으로 수행하기 위해 욕구조사가 필요하다.
③ 기관자원을 효율적으로 운영하고, 체계적인 조직화를 이룩하기 위해 욕구조사가 필요하다.
④ 역동적인 환경변화에 적극적으로 대응하기 위해 욕구조사가 필요하다.
⑤ 프로그램이나 정책대안 상호간의 연계성을 향상시키고, 관련기관과의 협력체계를 구축하기 위해서 욕구조사 결과 나타난 유익한 정보를 공유 할 필요가 있다.

⑥ 프로그램이나 정책대안의 필요성을 적극적으로 옹호하기 위해 필요가 있다.

⑦ 기관의 정체성을 확립하고 존립근거를 마련해야 할 필요성이 있다.

제3절 욕구조사의 주요 내용

욕구조사에 포함될 내용은 조사대상과 조사목적에 따라 달라질 수 있다.

예를 들면, 노인이나 청소년을 대상으로 하여 욕구조사를 할 경우 조사내용이 노인이나 청소년 문제 또는 서비스 개발에 맞추어져야 할 것이다.

일반적으로 욕구조사에 포함되는 주요 내용들은 기초자료, 욕구파악을 위한 자료, 활용자원에 관한 자료 등 크게 3가지 범주로 구분된다(채구묵, 2011).

1. 기초자료

욕구조사의 기초자료는 조사대상 지역사회의 인구학적, 구조적 특징 등 일반 사항에 관한 개략적인 정보를 제공해 줄 수 있는 자료를 의미한다. 즉, 포함될 내용은 연령, 가족원 수, 가구주 연령, 거주기간, 직업구성, 소득수준, 빈곤율, 주택보급률, 범죄율, 공공부조 수혜자 수 등이 포함되며, 이들 특성들은 자료 분석 시 독립변수 및 통제변수로 사용될 수 있다.

잠재적 서비스 수혜자가 집중적으로 거주하고 있는 지역의 특성을 파악하는 데 사용될 수 있으며, 대상지역 및 집단 내 하위지역의 인구학적, 구조적 특징을 파악할 수 있도록 해준다.

예를 들면 아동들이 많으면 아동복지 프로그램의 필요성, 노인이 많으면 노인복지 프로그램의 필요성을 인식할 수 있다.

2. 욕구파악을 위한 자료

기존에 제공되고 있는 서비스의 평가 및 새로운 서비스 개발에 필요한 자료로서, 욕구조사의 핵심적인 내용을 이루는 부분이다. 욕구파악을 위한 자료는 생활 영역의 현재 상태 파악을 위한 자료, 기존 서비스 평가를 위한 자료, 새로운 서비스 개발에 필요한 자료 등 3가지 분야로 분류할 수 있다.

1) 생활 영역에 관한 현재 상태 파악을 위한 자료

욕구조사는 일반적으로 대상 집단의 사회적 현황과 문제에 대한 자료를 제공해 줄 수 있는 내용을 포함해야 한다. 해당 지역 주민들의 다양한 생활 영역에서의 실제 상태를 확인하고, 현재 상태와 바람직한 상태간의 차이, 즉 욕구 또는 문제를 파악하는 데 이용한다.

새로운 서비스 개발 및 기존 서비스 보완을 위한 기초자료로도 활용할 수 있으며, 조사내용은 경제상태(소득수준, 지출수준, 신용상태 등), 고용상태(직업, 경력, 취업욕구 등), 가정생활(부모-자녀관계, 부부관계 등), 교육상태(교육수준 및 욕구, 아동의 학교적응, 학교성적 등), 주거(주택형태 등), 건강상태(만성장애, 질병 발생률 등), 가정관리(영양상태, 아동양육 및 보호 등), 여가(여가활동, 문화활동 등), 생활만족도 등이 있다, 사용목적은 새로운 서비스 개발 및 기존 서비스 보완을 위한 기초자료로 활용이다.

2) 기존 서비스 평가를 위한 자료

서비스에 대한인지도 및 활용에 대한 내용, 서비스 인지 및 활용에 대한 구체적인 장애요인 등으로 기존에 운영되고 있는 서비스를 적절하게 보완 혹은 수정하는데 있어서 중요한 자료를 제공한다. 조사내용은 다음과 같다.

- 욕구가 있는 사람들에게 서비스가 잘 알려져 있는가?
- 욕구가 있는 사람들에 의해 서비스가 잘 활용되고 있는가?

- 서비스를 찾거나 이용하는데 장애를 주는 요인들이 있는가?
- 향후 서비스의 확대가 요구되는가?
- 클라이언트나 잠재적 클라이언트가 직원에 대해 부정적 태도를 가지고 있는가?
- 서비스 이용의 비용에 대한 과중한 부담
- 자격기준 제한으로 인한 이용 불가능 여부
- 적절한 프로그램의 부족
- 서비스 존재에 대한 홍보 부족

3) 새로운 서비스 개발에 필요한 자료

욕구조사를 통해 지역주민들이 심각하다고 생각하는 문제나 지역주민들이 추가로 필요로 하는 서비스가 무엇인지 파악할 필요가 있다.

지역사회에 대한 문제나 이를 해소하기 위한 서비스는 지역주민들이 가장 잘 알고 있으며, 지역주민들의 의사가 반영된 상태에서 서비스가 개발되어야 서비스의 효과가 높아질 수 있기 때문에 지역주민들의 의사를 파악할 필요가 있다. 서비스를 제공하는 사람의 입장이 아니라, 서비스를 받는 지역주민들의 입장에서 파악되므로 수혜자들이 원하는 서비스를 개발하는데 좋은 자료를 제공해 줄 수 있으며. 조사내용은 다음과 같다.

- 대상지역에서 심각하다고 생각되는 문제들(예: 육아문제, 청소년 비행, 빈곤, 실직, 범죄, 성폭행, 알코올 중독, 약물남용 등)
- 현재 필요한 서비스의 종류 및 우선순위
- 장기적으로 지역주민에게 필요한 서비스
- 대상지역의 하위집단(아동, 청소년, 노인, 장애인, 여성 등)에게 필요한 서비스

3. 활용자원에 관한 자료

서비스를 개발하고자 할 경우 실행가능성도 함께 고려되어야 하며, 이를 위해서 서비스를 개발 및 실행하는데 필요한 사항으로 지역사회 정보체제, 지역사회 서비스 자원, 정치적 자원 등 3가지가 욕구조사의 내용에 포함되어야 한다.

1) 지역사회 정보체제

서비스가 잘 활용되기 위해서는 서비스의 수혜자 또는 잠재적 수혜자들이 서비스의 존재 및 관련된 정보를 잘 알고 있어야 한다. 이를 위해 지역사회의 정보체제로서 생활정보지, 언론매체, 전단지, 아파트 단지별 소식지, 인터넷 등 의사소통 매체를 효과적이고 능률적으로 개발 · 유지해야 한다. 보다 효과적인 서비스 제공을 위해서 욕구조사를 통해서 지역사회 내 정보체계와 관련된 자원에 대한 파악이 필요하다.

2) 지역사회 서비스 자원

프로그램 계획은 욕구와 자원 양 측면을 고려한 상태에서 이루어져야만 실용적일 수 있기 때문에 욕구조사에 있어서 가용자원에 대한 파악은 필수적이다.

프로그램 개발 계획이나 자원배분 결정이 이루어지기 전에 활용 가능한 물적 · 인적 자원에 대한 파악이 이루어져야 하며. 조사내용은 다음과 같다.

- 특별한 문제의 해결을 위해 동원될 수 있는 공 · 사적 재정자원
- 기존 직원들의 전문성을 제고시키거나 새로운 직원들을 개발, 훈련하는데 필요한 인적 · 물적 자원
- 새로운 프로그램이나 확장된 프로그램을 실행할 수 있는 물리적 자원
- 자원봉사 활용을 위한 인적 자원

3) 정치적 자원

프로그램 및 자원배분에 대한 계획은 정치적 과정이다. 계획을 성공적으로 하려면 지역사회의 지지를 항상 감안해야 한다.

- 지역사회 내 프로그램 개발과 자원배분은 다양한 지지자와 반대자들의 의견을 종합해서 결정되어야 한다.
  정치 지도자나 지역사회 지도자들의 지지를 얻어내는 것은 서비스를 개발하는데 중요한 절차이다.
- 정치적 권력이 지역사회의 문제나 욕구를 중요한 문제라고 인식하는 것은 간과할 수 없는 부분이다.
  정치적 상황에 대한 고려 없이 종합적인 프로그램이나 서비스 계획을 수립하는 경우 여러 가지 어려움에 직면할 수 있다.

조사내용은 다음과 같다.

- 지역사회 주민의 여론
- 지방자치단체 행정 관료의 성향 및 지원
- 지방의회 의원의 성향 및 지원
- 종교지도자, 교육자 등 지역사회 지도자들의 지원
- 지역사회 언론기관 및 시민단체의 지원

제4절 욕구조사의 종류

욕구조사는 조사를 실시하는 사회복지기관의 형태나 프로그램의 형태에 따라 달리 구분된다. 여기에서는 수혜자 중심적 욕구조사, 서비스 중심적 욕구조사, 지역사회 중심적 욕구조사로 구분하기로 한다.

1. 수급자 중심적 욕구조사

수급자 중심적(client-oriented) 욕구조사는 특정 인구집단(아동, 청소년, 노인, 장애인, 여성)을 위한 서비스나 프로그램을 제공하는 기관에 의해 실시하는 조사이다.

특정집단 내에서 발생하는 욕구발견, 문제해결을 위한 어느 정도의 서비스를 제공해야 하는가를 추정하게 된다. 예를 들면, 지역사회복지관에서 관내 장애인들을 대상으로 그들의 욕구와 생활상의 문제를 조사하는 것이다.

2. 서비스 중심적 욕구조사

서비스 중심적(service-oriented) 욕구조사는 특정서비스를 제공하는 기관에서 행해지는 조사이다. 특정집단의 문제해결을 위한 시설과 기술 인력을 갖추어야 한다. 예를 들면, 정신병원에서는 의료서비스를 장애인직업전문학교에서는 직업훈련서비스를, 장애인재활시설에서는 재활훈련서비스를 제공할 수 있다.

3. 지역사회 중심적 욕구조사

지역사회 중심적(community-based) 욕구조사는 수급자 중심의 욕구조사와 서비스중심의 욕구조사를 통합한 것이다.

지역사회전반적인 문제를 확인하여 문제해결의 우선순위를 파악한 후 서비스의 대상과 그 수준을 파악하는 조사이다.

제5절 욕구조사의 자료수집방법

욕구조사를 수행하기 위한 자료수집방법은 일반집단 서베이, 표적집단 서베이, 정보제공자 서베이, 2차 자료 분석, 사회지표 조사, 지역사회 공청회, 델파이기법, 통합적 방법으로 구분할 수 있다(김기원, 2001; 남세진 외, 2001; 채구묵, 2011; 김영종, 1999).

1. 일반집단 조사(general population survey)

대상지역의 주민들로부터 추출된 표본에 대해 질문조사를 실시하여 필요한 자료를 얻어내는 방법이다. 일정 지역 내 주민이나 대상 집단 가운데 이들을 대표할 수 있는 표본을 선정하여 이들의 욕구나 문제를 설문지나 면접을 통해 조사하고, 이 자료를 기초로 모집단인 지역사회 주민이나 대상 집단 전체의 욕구와 문제를 추정하는 방법이다.

일반집단 조사는 자료를 수집하는 절차에 따라 면접조사, 집합조사, 배포조사, 우편조사, 전화조사 등으로 구분되며, 면접조사가 가장 많이 이용된다.

1) 장점

실제적인 서비스 수혜자 또는 잠정적인 수혜자가 인식하는 욕구를 직접 파악할 수 있고, 표본을 통하여 대상자 전체의 요구를 파악할 수 있다.

2) 단점

비용이 많이 들며, 우편조사의 경우 회수율이 낮고, 사회적으로 바람직한 응답만을 얻게 되는 문제가 발생할 수 있다.

2. 표적집단 조사(target population survey)

일반인구 가운데 일정한 특성을 가진 사람들(예: 노인, 청소년, 장애인, 여성, 기관의 서비스를 받은 경험이 있거나 받고 있는 사람 또는 받을 필요가 있는 사람 등)만을 선정하여 이들의 욕구를 조사하는 방법이다.

표적 집단 조사의 절차는 일반집단 조사의 방법과 거의 비슷하다.

1) 장점

유사한 조사에서 사용된 조사방법과 조사도구를 활용할 수 있으며, 조사결과의 타당성이 상대적으로 높다.

2) 단점

표적인구로부터 얻은 정보를 그 집단 이외에는 적용할 수 없다.

3. 주요 정보제공자 조사(key informant method)

지역사회 문제에 대해 직접적으로 잘 알고 있다고 생각되는 사람들로부터 욕구조사에 필요한 의견을 수집하는 방법이다. 주요 정보제공자에는 지역사회의 종교지도자, 관련 직종의 전문직 종사자, 지역사회복지기관 종사자, 지역사회나 관련분야의 공직자, 자문위원 등이 포함된다.

1) 장점

비용이 적게 들고, 표본을 쉽게 선정할 수 있으며, 지역의 전반적인 문제를 쉽게 파악할 수 있다.

2) 단점

주요 정보제공자를 선정하는 과정이 인위적이 되기 쉬우며, 이들이 지적하는 문제들이 일반주민들의 욕구와는 다른 특수집단의 욕구가 될 가능성도 있다.

4. 프로그램 운영자 또는 서비스 제공자 조사

프로그램 운영자나 서비스 제공자로부터 지역사회 주민이나 대상 집단의 욕구에 관해 조사하는 방법이다.

1) 장점

약물 중독자나 학대아동, 미혼모 등과 같이 사회적으로 드러내기 어려운 대상 집단의 욕구나 문제에 관한 정보를 얻을 수 있으며, 대상 집단의 욕구나 문제를 현장 경험이 있는 전문가들의 판단을 바탕으로 파악할 수 있다.

2) 단점

이들이 제공한 욕구내용이 제공자의 계급적 편견에 의해 영향을 받을 수 있으며, 전문가의 좁은 식견으로 판단된 내용일 수도 있다.

5. 2차적 자료 분석(secondary data analysis)

2차적 자료 분석은 지역사회 내의 사회복지기관의 서비스 수혜자에 관련된 기록을 검토하여 클라이언트의 욕구, 빈번한 사회문제 등을 파악하는 방법이다. 2차적 자료가 될 수 있는 것은 최초면접(인테이크) 자료, 면접상황 기록표(face sheet), 기관의 각 부서별 업무일지, 면접 기록표(case record), 서비스 대기자 명단(waiting list) 등이다.

예를 들면, 가정복지기관의 기록을 분석한 결과 이혼문제상담이 많이 늘어나는 경향이 발견되었다면 부부문제의 심각성을 알 수 있고, 부부문제 치료서비스의 수요를 산정할 수 있다.

1) 장점

비용이 적게 들고, 조사에 신축성을 기할 수 있으며, 다른 욕구조사 방법을 보완할 수 있다.

2) 단점

자료의 비밀보장 필요성 때문에 기관 외부에서의 접근이 어렵고, 기관간의 자료 분석의 기회가 주어진다 하더라도 자료의 기록양식 등이 통일되어 있지 않아 필요한 자료를 일관성 있게 정리하기 어려움. 또한, 2차적 자료 분석은 서비스 이용자 중심의 분석이므로 그 결과를 전체에 대해 적용시키기 곤란하다.

6. 사회지표 조사(social indicator analysis)

사회지표란 개인의 집합체의 어떤 면에 대한 계량적 측정치를 말한다.

예를 들면, 소득수준, 빈곤율, 실업률, 영아사망률, 주택보급률, 범죄율 등 사회 지표는 지리적 범위에 따라 전국지표, 특정 지역지표 등으로 나누어질 수 있으며, 대상에 따라 장애인, 아동, 청소년, 노인 등에 관한 지표로 구분될 수 있다. 사회지표 조사는 일정한 지역이나 대상 집단의 생활 상태나 문제에 관한 공공기록 문서와 보고서에 기록된 통계자료를 바탕으로 욕구를 추정하는 방법이다.

7. 지역사회 공개토론회(community forum): 공청회

지역사회에 거주하거나 활동하는 사람들이 그 지역사회의 욕구나 문제를 파악하기 위하여 공개적으로 의견을 제시하고 수렴하는 방법이다.

지역사회 주민들이 누구보다도 자신들의 욕구나 문제를 잘 알고 있다는 전제하에서 주민들의 직접적인 의견을 들어보는데 그 의의가 있다.

1) 장점

첫째, 적은 비용으로 광범위한 계층 및 집단들의 의견을 들을 수 있다.

둘째, 자료수집에 소요되는 시간도 상대적으로 적게 들어 시간상으로도 경제적이다.

셋째, 광범위한 지역, 계층 및 집단들의 의견을 수렴할 수 있다.

넷째, 서베이 조사를 준비하는 탐색적인 기회가 될 수 있다.

다섯째, 프로그램이나 정책시행에 있어서 주민의 지지나 협조를 얻을 수 있다.

2) 단점

첫째, 의견을 발표하는 사람의 수가 적고, 주민이 모두 참석할 수 없을 뿐만 아니라 참석했다고 하더라도 모두 의견을 발표할 수 있는 기회를 갖기 어려움이다.

둘째, 관심 있는 사람들만 참석하기 때문에 이들의 욕구만이 반영되는 편의(bias) 현상이 나타나 표본의 대표성을 확보하기 어려움 있다.

셋째, 자기선택(self selection)으로 인한 표본의 편의(bias) 현상이 나타나며, 참석자의 소수만이 의견을 발표하게 된다.

8. 델파이 기법(delphi technique)

델파이 기법은 어떤 문제에 대해 전문가들의 합의점을 찾는 방법이다. 델파이 기법의 구체적인 절차: 전문가 집단 선정 → 주요 관심사에 관한 설문지 작성 → 설문지 우송 → 회수된 응답내용을 합의된 부분과 합의되지 않은 부분으로 나누어서 집계(우선순위, 빈도, 평균치 등 이용) → 1차 분석의 결과에서 합의도가 낮으면 그 결과를 다시 응답자들에게 보내어 1차 분석의 결과를 참조한 각자의 의견을 질문 → 회수된 응답을 재분석 → 이러한 절차를 일정한 정도의 합의점에 도달할 때까지 반복한다.

1) 장점

익명성으로 인하여 특정인의 영향을 줄일 수 있고, 집단의 의견에 개인을 순종시키려는 집단의 압력을 줄일 수 있으며, 응답자의 시간을 효율적으로 이용할 수 있다.

2) 단점

반복적인 과정을 거치므로 시간이 많이 걸리고, 극단적인 의견은 판단의 합의를 얻기 위해서 제외되는 문제가 있다.

9. 통합적 방법

통합적 방법은 여러 가지 욕구조사방법을 각각 별도로 시행한 다음, 그 결과를 종합하여 지역사회 주민이나 대상 집단의 욕구를 파악하는 방법이다.

1) 장점

타당성과 신뢰도가 있는 유용한 욕구자료를 얻을 수 있음.

2) 단점

시간과 비용이 많이 들고 조사결과가 상충되게 나올 경우 판단이 어려움 있다. 욕구조사가 끝나고 이를 기초로 구체적인 프로그램이 필요하다고 인정되었다면, 지역사회가 이 새로운 프로그램을 채택하는데 대해 어떤 반응을 보이는가, 즉, 프로그램 채택에 대한 준비가 되어있는가 하는 점에 연결된다. 예를 들면 어떤 지역에서 정신보건 서비스에 대한 욕구가 높은 것으로 파악되었고, 기존의 서비스는 부족하거나 결여되어 있다고 한다면 정신보건서비스 도입에 대한 정당성은 인정된다, 그러나 지역주민이 새로운 정신보건 서비스 채택에 대한 어떤 반응을 보이느냐 하는 것은 프로그램의 성패에 중요한 영향을 준다. 따라서 새로운 프로그램이 채택되기 전에 지역사회가 이에 대해 얼마나 수용적인가 하는 것은 매우 중요하다. 새로운 프로그램을 채택하는데 여론 주도층인 주요 지역 인사 및 지도자를 포함하는 것은 옹호자로서 역할을 수행할 수 있기 때문이다(황성동, 2012).

연습 문제

1. 델파이조사에 관한 설명으로 옳지 않은 것은? (21회 기출)
① 전문가 패널을 대상으로 견해를 파악한다.
② 되풀이 되는 조사과정을 통해 합의를 도출한다.
③ 반대 의견에 대한 패널 참가자들의 감정적 충돌을 줄일 수 있다.
④ 패널 참가자의 익명성 보장에 어려움이 있다.
⑤ 조사 자료의 정리에 연구자의 편향이 발생할 수 있다.

해설: 델파이조사는 전문가 대상의 자료수집, 익명성 보장, 반복적 우편조사, 합의의 도출을 핵심 특징으로 한다. 델파이조사의 참여자들은 서로 한 자리에 모이지 않으며 자신 외에 누가 이 조사에 참여하고 있는지를 모르는 상태로 조사에 참여하게 된다.

2. 욕구조사를 위한 자료수집 방법에 관한 설명으로 옳지 않은 것은? (15회 기출)
① 지역의 통반장을 통해 자료를 수집한다.
② 지역사회 공청회를 통해 자료를 수집한다.
③ 지역주민에게 서베이를 실시한다.
④ 정부기관에서 발표하는 사회지표를 활용한다.
⑤ 일반인을 대상으로 델파이 기법을 활용한다.

해설: 델파이 기법은 전문가를 대상으로 활용되는 방법이다.

3. 욕구조사를 위해 일반적으로 활용되는 자료수집 방법이 아닌 것은?
① 지역사회 공청회 ② 단일사례조사 ③ 서비스 제공자 조사
④ 지역주민을 대상으로 하는 서베이 조사 ⑤ 주요 정보 제공자 조사

해설: 단일사례조사는 사회복지 실천가의 개입이 클라이언트의 표적 행동을 의도한 대로 변화시켰는지 평가하기 위해 사용된다. 따라서 평가조사 방법에 해당한다.

4. 매슬로우(Maslow)의 욕구단계를 하위욕구에서 상위욕구로 순서대로 바르게 정리된 것은?
① 안전의 욕구-생리적 욕구-소속과 사랑의 욕구-자아존중의 욕구-자아실현의 욕구
② 생리적 욕구- 안전의 욕구-소속과 사랑의 욕구-자아존중의 욕구-자아실현의 욕구
③ 생리적 욕구-소속과 사랑의 욕구-안전의 욕구-자아존중의 욕구-자아실현의 욕구
④ 자아존중의 욕구-안전의 욕구-소속과 사랑의 욕구-자아실현의 욕구-생리적 욕구
⑤ 자아실현의 욕구-안전의 욕구-소속과 사랑의 욕구-생리적 욕구-자아존중의 욕구

✍ 해설: 인간의 기본적인 5가지 욕구는 생리적 욕구, 안전의 욕구, 사회적 욕구 및 사랑의 욕구, 자아존중의 욕구, 자아실현의 욕구 등의 순으로 나타난다.

정답: 1. ④ 2. ⑤ 3. ② 4. ②

제16장

프로그램 평가 조사

제1절 프로그램 평가

1. 프로그램 평가의 개념

1) 프로그램

최근 사회복지현장에서는 프로그램 평가에 대한 관심이 점차 고조되며, 그 중요성에 대한 논의가 활발하게 전개되고 있다. 사회복지실천 분야에 대한 국민들의 인식이 높아지고 사회복지에 대한 권리의식이 증진되어 가며, 사회적으로 소중한 인적 자원과 물적 자원이 정부기관이나 민간으로부터 사회복지실천 프로그램이 많이 유입되면서, 사회복지프로그램에 대한 평가의 중요성이 사회복지기관의 책임성의 문제와 함께 나타나고 있다(김기원, 2001).

프로그램(program)이란 '목적을 달성하기 위한 일련의 상호 의존적인 활동들'(York, 1982) 혹은 '의도된 계획에 따라 어떤 목적을 달성하기 위해서 인적 · 물적 자원을 활용하는 일련의 집합적인 행동들'이라고 정의할 수 있다(박경일, 2000).

평가(evaluation)는 '정책이나 프로그램에 관한 의사결정을 목적으로 사회과학적 조사방법을 원용하여 정책 또는 프로그램의 수행과정과 결과를 측정하는 일련의 절차'(Rutman, 1984). 즉, '프로그램의 특성 및 활동과 결과에 관한 체계적인 정보 수집을 통해서 불확실성을 제거하거나 프로그램의 진행상황과 영향에 관한 의사결정을 위한 과정'이다(Patton, 1986).

프로그램 평가란 프로그램의 효과성, 효율성, 적절성, 만족도 등을 체계적으로 분석하여 결정권자로 하여금 합리적인 결정을 내릴 수 있도록 정보를 산출하는 사회적 과정이라 할 수 있다.

이러한 프로그램 평가는 일반적으로 다음과 같은 특징을 갖는다(양정하 외, 2011).

첫째, 효과성, 효율성, 이용자 만족도, 접근 가능성, 노력성 등을 기준으로 프로그램 진행결과를 체계적으로 분석하는 행위이다.

둘째, 프로그램 전반에 관한 결정을 하기 위한 총괄적인 정보수집과정이다.

셋째, 프로그램의 가치, 양과 질, 장 · 단점 등에 관해 체계적으로 분석하는 연구 활동이다.

2. 프로그램 평가의 목적과 중요성

1) 프로그램 평가의 목적

프로그램 평가의 목적은 무엇인가? 이에 대한 다음과 같이 살펴볼 수 있다(최일섭 외, 1998).

첫째는 프로그램 운영의 성공여부에 대한 반응, 환류를 통해 프로그램의 중단, 축소, 유지, 확대 여부 등 정책을 결정하도록 하기 위한 것이고, 둘째는 자금사용의 효율성 및 효과성 등을 내보이는 책임성의 이행을 위해, 셋째는 프로그램 속에 내재된 변수간의 인과관계를 검증하여 이론 형성에 기여하기 위해서 라고 한다.

루빈과 바비는 프로그램 평가를 통해서 궁극적으로 알고자 하는 것을 중심으로 '첫째, 프로그램의 궁극적인 성공 여부, 둘째, 프로그램을 진행하는 데의 문제점들, 셋째, 프로그램 기획 및 개발에 필요한 정보 획득'이라고 언급하고 있다(성숙진 · 유태균 · 이선우 공역(A. 루빈 · E 바비), 2001).

프로그램 평가의 목적을 다음과 같이 종합하여 나타낼 수 있다.

첫째, 프로그램 과정상의 환류: 프로그램 성공 여부에 대해 평가를 실시하고 평가결과를 환류(feedback)시킴으로써 프로그램의 유지, 축소, 확대, 중단 여부에 대해 합리적인 판단한다.

둘째, 기관운영의 책임성 이행: 책임성은 특정 업무에 대한 책임 이외에도 집단이나 개인에 대한 책임의 의미를 포함하며, 평가를 통해 프로그램 담당자로 하여금 프로그램 과정에서 행하는 활동에 대하여 사회적 책임을 가지게 하며, 효율성 및 효과성 등에 대한 평가를 통해 책임성을 이행한다.

셋째, 이론을 형성할 목적: 프로그램 실시 이전에 표적 집단의 표적행동을 관찰하고, 프로그램을 실시한 이후에 다시 관찰하여 프로그램 실시 전후의 표적행동의 차이를 측정한 후, 이 프로그램의 실시가 표적 집단의 표적행동에 어떠한 영향을 미쳤는지를 논리적으로 검증함으로써 이론 형성에 기여 할 수 있다.

넷째, 프로그램 기획 및 개발에 필요한 지식이나 정보를 획득할 목적: 기관의 성과에 대한 평가라는 의미로 이해되며 평가에 사용되는 방법들은 기관의 개인 활동과 성과간의 관계에 대한 지식과 프로그램을 개발하는데 필요한 정보를 획득하는데 활용된다.

다섯째, 합리적인 자원배분: 프로그램의 평가결과에 따라 자원을 할당함으로써 자원배분이 합리적으로 이루어질 수 있으며, 이러한 평가를 통해 지역사회나 정부로부터 지원 혹은 지지를 획득할 수 있는 정보를 제공한다.

2) 프로그램 평가의 중요성

프로그램 평가는 그 자체에 목적이 있는 것이 아니라 오히려 목적 달성을 위한 수단이라는 점을 이해하는 것도 중요하다. 이러한 프로그램 평가의 중요성은 다음과 같다(김기원, 2001).

① 사회복지 책임성에 대한 사회적 요구가 심각히 제기되는 시기에 프로그램 평가는 중요하다.

② 사회복지기관이 기관의 정체성을 확립하는데 프로그램 평가가 중요하다.

③ 사회복지프로그램이 내부적인 기관운영을 효과적이고 효율적으로 수행하기 위해서 프로그램 평가가 중요하다.

④ 사회복지기관의 전문성을 형성하는데 프로그램 평가가 중요하다.

⑤ 프로그램 운영이 수혜자 중심적으로 이루어지도록 하는데 있어서 프로그램 평가가 중요하다.

⑥ 프로그램의 운영방향을 일관성 있게 설정해 주고 혼란을 방지하는데 있어서 프로그램 평가가 중요하다.

⑦ 사회복지 프로그램과 관련해서 객관적인 이론을 정립하는데 있어서도 프로그램 평가가 중요하다.

〈표 16-1〉 프로그램 평가의 목적과 사전 고려사항

구분	내용
프로그램 평가의 목적	• 프로그램의 궁극적인 성공 여부의 확인, 프로그램 진행상의 문제점 발견, 프로그램 기술 및 개발에 필요한 정보의 제공에 있음 • 사회복지기관 매니저의 합리적 의사결정을 위해, 사회복지실천에 관한 지식기반을 확대하기 위해, 기관의 책임성을 입증하기 위해, 기관의 책임성을 입증하기 위해 반드시 필요
사전 고려사항	• 사회복지기관에 프로그램 평가에 필요한 시간이 있는가? • 프로그램 평가에 필요한 직원과 재원이 확보되어 있는가? • 프로그램 평가결과를 클라이언트에게 제공할 것인가 아니면 일반 대중에게 제공할 것인가 • 평가의 목적은 무엇인가

출처: 원석조(2023).

제2절 프로그램 평가의 종류 및 모델

1. 프로그램 평가의 종류

프로그램 평가는 분류방식에 따라 그 종류가 다양하게 나타난다. 평가를 실시하는 목적, 주체, 규범을 중심으로 나타내 보면 다음과 같다(채구묵, 2011).

1) 프로그램 목적에 따른 분류

평가를 실시하는 목적에 따라 형성평가, 총괄평가, 통합평가로 분류할 수 있다.

(1) 형성평가(formative evaluation)

형성평가는 프로그램을 형성하는데 초점을 맞춘 평가로서 프로그램의 개발이나 시행중인 프로그램을 개선하기 위해 프로그램 운영 도중에 이루어지는 평가로, 서비스 전달체계를 향상시키거나 서비스의 효율성을 증진시키기 위해 실시한다.

(2) 총괄평가(summative evaluation)

총괄평가는 프로그램이 종료된 이후 행해지는 평가로서, 어느 프로그램을 시작할 것인지, 지속할 것인지, 종결할 것인지, 또는 여러 개의 대안적인 프로그램들 가운데 어느 것을 선택할 것인지 등 총괄적인 의사결정을 할 경우 실시하는 평가이다.

(3) 통합평가(integrative evaluation)

통합평가는 형성평가와 총괄평가를 통합한 평가로서, 통상적으로는 총괄평가적 접근으로 평가를 실시한 후, 과정평가적 접근을 통해서 프로그램 운영과정의 타당성과 인과관계를 정밀하게 검사함으로써 총괄평가에서 얻은 정보의 타당성과 신뢰도를 평가한다. 즉 단일사례연구가 그 한 예가 된다.

2) 평가주체에 따른 분류

평가는 그 주체에 따라 자체평가, 내부평가, 외부평가로 분류할 수 있다.

(1) **자체평가**(self-evaluation)

자체평가는 프로그램 담당자 스스로 행하는 평가로, 많은 정보를 얻을 수 있고 평가비용을 절약하며 장기적으로 계속할 수 있으나 공정성을 확보하는데 문제가 있다.

(2) **내부평가**(in-house evaluation)

내부평가는 프로그램을 직접 담당한 사람이 아닌 기관 내부의 책임자나 동료에 의해 이루어지는 평가이다.

(3) **외부평가**(consultant evaluation)

외부평가는 프로그램을 담당하는 기관의 외부에 속한 전문가에 의해 행해지는 평가이다.

3) 평가규범에 따른 분류

평가규범에 따라서 효과성 평가, 효율성 평가, 공평성 평가로 분류할 수 있다.

(1) **효과성 평가**(effectiveness evaluation)

효과성 평가는 프로그램이 의도한 목적을 얼마나 달성하였느냐를 평가한다. 즉, 프로그램의 공식목표에 중점을 둔 접근방법이다.

(2) **효율성 평가**(efficiency evaluation)

효율성 평가는 투입과 산출을 상호 비교하여 평가한다. 즉, 프로그램의 결과가 적절한 수준의 비용에서 얻어진 것인지를 평가하며, 회계지식을 이용하여 비용을 산정하고 이를 토대로 프로그램 편익 대 비용의 비율을 계산한다(예: 가격

대비 품질이 높은 상품), 그러나 사회복지 프로그램의 편익을 화폐단위로 계산하기는 어렵다.

(3) **공평성 평가**(equity evaluation)

공평성 평가는 프로그램의 효과와 비용이 사회집단 간 또는 지역 간에 공평하게 배분되었는지를 평가한다.

4) 자료형태와 조사방법에 따른 분류

평가를 위해 수집되는 자료 형태와 조사방법에 따라 양적 평가와 질적 평가로 분류할 수 있다.

(1) **양적 평가**(qualitative evaluation)

양적 평가는 자료가 주로 계량화되어 연역적 방법으로 분석되며, 주로 결과 내지 성과에 초점을 맞춘다.

(2) **질적 평가**(qualitive evaluation)

질적 평가는 자연스러운 상황에서 수량화되지 않은 자료를 수집해 귀납적으로 자료를 분석하며 주로 과정에 초점을 맞춘다.

2. 평가모델

프로그램을 평가하는 데에 사용되는 모델로는 목표달성 평가모델, CIPP평가모델, 판단지향 평가모델, 제4세대 평가모델, 논리모델 등이 있다(황성철, 2005).

1) 목표달성 평가모델

목표달성 평가모델(objective–oriented evaluation model)은 고전적 모델로서 설정된 프로그램의 목표와 실제 성취된 결과를 비교하여 그 성공여부를 판단한다.

평가는 그 자체가 목적이 아니라 프로그램을 합리적으로 판단하기 위한 수단이다. 목표치 대비성과로 평가하기 때문에 달성 가능한 목표를 수립하는 것이 매우 중요하다. 그리고 목표와 성취의 합치도로 평가하기 때문에 평가가 간단하고 설득력이 있다. 그러나 프로그램 성과만 중시하여 정치적, 윤리적, 심리사회적 측면과 부수적 결과를 무시하게 된다.

2) CIPP 평가모델

CIPP는 상황평가, 투입평가, 과정평가, 산출평가로 구성되어 있다.

(1) **상황평가**(Context evaluation)

상황평가는 프로그램 목표를 결정하는 상황과 이론적 근거를 검토, 평가하는 것이다, 프로그램의 외부환경, 문제, 욕구, 기회를 확인하는데 필요한 경험적 자료를 수집하는 데 사용되며, 기획과 의사결정에 필요한 정보를 제공한다.

(2) **투입평가**(Input evaluation)

투입평가는 목표달성에 필요한 자원과 절차에 관한 정보를 제공한다. 목표달성까지의 절차를 설계하는 구조적 의사결정에서 필요하다.

(3) **과정평가**(Process evaluation)

과정평가는 프로그램 목표달성을 위한 제반활동의 효율성에 관한 정보를 제공한다. 프로그램의 절차, 전략, 방법에 관한 집행의 의사결정에 필요한 정보를 얻을 수 있다.

(4) **산출평가**(Product evaluation)

산출평가는 프로그램이 성취한 결과를 측정하여 평가하는 것으로 목표달성 평가모델과 동일하다.

3) 판단지향 평가모델

전문가의 전문적인 판단에 의존하는 평가모델이다. 의도된 효과는 물론 의도하지 않은 효과도 평가하고, 프로그램 결과와 질뿐만 아닌 프로그램의 가치까지 판단한다.

4) 제4세대 평가모델

제1세대 평가모델이 목표의 달성정도에 초점을 두었고, 제2세대 평가모델이 개인과 프로그램 전체를 평가대상으로 삼아 프로그램을 개선하는 데 중점을 두었으며, 제3세대 평가모델이 프로그램 기술을 바탕으로 평가대상에 대한 체계적 기술과 판단을 강조했다면, 제4세대 평가모델을 반응적 평가모델과 구성주의 평가모델을 합친 것으로 목표중심의 평가방법과 달리 평가 의뢰자와의 협상을 통해 평가의 근거와 영역을 결정하고(반응적), 평가방법을 사전에 특정하지 않고 적절한 방법을 융통성 있게 구성(구성주의)하는 모델이다. 반응적 구성주의 평가모델은 기존의 계량적 자료의 수집과 분석에 입각한 평가보다는 질적 자료를 해석하는 평가를 중시하고, 평가방법에서의 협상과 합의를 중시한다.

5) 논리모델

논리모델(logic model)은 시스템 이론을 적용한 평가모델이다. 투입–과정–산출–피드백 간의 관계를 논리적으로 설명하는 도식을 이용하여 프로그램의 성과를 체계적으로 평가한다. 논리모델을 목표설정과 투입자원 및 실행과정을 가시적으로 잘 보여준다. 프로그램 수행결과를 합리적으로 평가할 수 있는 유력한 평가모델이다.

〈표 16-2〉 프로그램 평가모델

평가모델	주요내용
목표달성 평가모델	고전적 모델로서 설정된 프로그램의 목표와 실제 성취된 결과를 비교하여 그 성공 여부를 판단한다. 평가는 그 자체가 목적이 아니라 프로그램을 합리적으로 판단하기 위한 수단이다. 목표치 대비 성과로 평가하기 때문에 달성가능한 목표를 수립하는 것이 매우 중요하다
CIPP 평가모델	상황평가(Context evaluation), 투입평가(Input evaluation),과정평가(Process evaluation), 산출평가(Product evaluation)로 구성된다
판단지향 평가모델	전문가의 전문적인 판단에 의존하는 평가모델이다 의도된 효과는 물론 의도하지 않은 효과도 평가하고, 프로그램 결과와 질뿐만이 아닌 프로그램의 가치까지 판단한다.
제4세대 평가모델	목표중심의 평가방법과 달리 평가 의뢰자의 협상을 통해 평가의 근거와 영역을 결정하고(반응적), 평가방법을 사전에 특정하지 않고 적절한 방법을 융통성 있게 구성한다(구성주의)
논리모델	시스템 이론을 적용한 평가모델이다. 투입–과정–산출–피드백 간의 관계를 논리적으로 설명하는 도식을 이용하여 프로그램의 성과를 체계적으로 평가한다.

출처: 원석조(2023).

제3절 프로그램 평가의 기준

프로그램 평가 기준이란 평가를 위한 준거 내지 척도이다. 즉, 프로그램의 성패를 판단하기 위해서 프로그램의 어느 측면을 평가의 초점 내지는 대상으로 삼아야 할 것인가에 대한 기준을 의미한다. York(1982)는 프로그램 평가의 기준은 노력, 효과성, 효율성, 서비스의 질, 영향, 과정, 형평성의 7가지를 제시하였다. 자세한 평가 기준을 프로그램 평가의 대상이 되는 요소를 중심으로 살펴보면 다음과 같다.(원석조, 2023; 황성철, 2005; York, 1982).

1) 노력

노력(effort)은 프로그램에 투입된 자원과 활동의 양을 말한다. 즉, 프로그램에 참여한 클라이언트의 수, 사회복지사의 수, 자원봉사자의 수, 예산규모, 상담 횟수, 가정방문 횟수, 등을 평가하는 것이다. 노력이 사회복지기관의 프로그램 평가에서 잘 이용되는 이유는 사회복지 프로그램의 결과와 효과를 평가하기가 곤란한 경우가 많기 때문이다.

2) 효과성

효과성(effect)은 사회복시기관에서 가상 중요시 되는 프로그램에서의 기준이다. 의뢰했던 정책목표가 얼마나 달성했는가를 확인하는 작업이다, 사회복지기관에서 클라이언트의 변화는 프로그램의 효과이다. 때로는 의도하지 않았던 부수적 효과도 확인 할 수 있다. 이것을 가지고 프로그램의 중단 또는 확대를 판단하고 있다.

3)효율성

효율성(efficiency)은 투입대비 산출의 비율로서 프로그램에 투입된 자원이 얼마나 경제적으로 활용되었는가를 판단하는 기준이다. 효율성 평가란 정책이 어느 정도로 효율적으로 집행되었는가를 수량화하는 작업, 즉 정책의 경제성을 따지는 작업이라 할 수 있다.

4) 서비스의 질

서비스의 결과보다는 서비스 제공자의 자격요건이나 서비스 제공방법을 검토하여 서비스의 질을 평가하는 것이다. 예를 들면 장애인복지관의 장애인심리재활 프로그램을 평가함에 있어 사회복지사나 임상심리사의 자격요건이나 검사도구 등을 점검하여 제대로 된 서비스가 주어졌는지 여부를 판단하는 것이다.

5) 영향

프로그램이 지역사회의 사회문제를 해결에 어떤 영향을 주었는지, 사회문제 해결에 얼마나 기여했는지를 평가하는 것이다. 예를 들면 어떤 지역에 아동학대 예방 센터를 신설했다면 그로 인해 아동학대가 얼마나 감소했는지, 아동학대 예방효과는 얼마나 있었는지 등을 평가하는 것이다.

6) 프로그램 종합평가

프로그램 종합평가는 효율성 평가, 질 평가, 효과성 평가 등을 하나로 통합시킨 케트너(Kettner, 1999)의 프로그램 성과평가기법을 말한다. 이를 설명하면 다음과 같다.

① 효율성 관점은 투입과 산출을 비교하는 것이다.

② 품질 관점은 프로그램이 높은 품질의 서비스를 제공할 때 생산성이 증가하고, 반대로 저질의 서비스가 제공될 때 생산성 감소한다.

③ 효과성 관점은 휴먼서비스 프로그램의 성과측정에서 오랫동안 사용되어온 방법이다. 어떤 형태의 프로그램이 어떤 성과를 달성하는가 하는 것이다. 효과성 평가는 투입 대비 결과가 최대화하는 것이 책임성 있는 프로그램이 된다. 프로그램의 효율성, 질, 효과성에 대한 평가를 통합하면 확장된 시스템 모델이 만들어진다. 사회복지기관의 프로그램을 평가할 때 확장된 시스템 모델을 적용하면 한 번에 종합적인 평가가 가능하다.

〈표 16-3〉 평가의 기준과 평가요소

기 준	정 의	평가 요소
노력성 (effort)	프로그램 활동의 양	• 프로그램의 투입요소와 이의 전환과정 – 단위활동의 수 – 이용자의 수 – 전문지식과 기술의 소유와 활용정도(전문인력의 수) – 프로그램 예산 및 자원 – 프로그램 기간 및 하위 활동들의 단위기간 등 – 프로그램 활동에 대한 전문인력의 투입기간
효과성 (effective ness)	프로그램 목표의 달성 정도	• 목표 달성과 프로그램 노력과의 인과관계 – 이용자의 인지적 · 감정적 변화 – 이용자의 행동상의 변화 – 이용자집단(clientele)의 사회적 변화 등
효율성 (efficiency)	산출 대비 비용 정도	• 서비스 단위 산출당 소요 비용 – 프로그램 노력(위의 요소들)에 대한 비용 – 프로그램 결과에 대한 비용 등
영향 (impact)	사회문제나 이용자 욕구변화에 미친 영향	• 프로그램 노력과 사회적 지표변화 간의 관계 – 위기집단과 표적집단 내에서의 변화 정도 – 사회지표상의 변화에 대한 실증적 기대 정도 등
품질 (quality)	프로그램의 전문성	• 프로그램 제공자의 전문성 – 서비스 인력의 전문자격 소유 여부와 정도 – 프로그램에서 활용하고 있는 전문지식과 기술의 발전상태 등
과정 (process)	프로그램 결과의 경로	• 프로그램 운영상의 매개체 – 세부목표(수단적 목표)들의 달성 정도와 연계성 – 세부목표와 프로그램 결과 사이의 영향 정도 차이
형평성 (equity)	프로그램 배분의 공평성	• 프로그램의 접근성 – 대상집단에게 동일한 접근기회가 주어지는지의 여부와 정도 – 프로그램 활동이 지역 내에 균등하게 배분된 정도

제4절 프로그램 평가조사 개념과 절차 및 사례

1. 프로그램 평가조사의 개념

프로그램 평가조사(program evaluation research)는 평가조사의 일종이다. 평가조사는 개입기술이나 프로그램의 개선이나 또는 계속수행의 여부를 결정짓기 위하여 개별적인 개입기술이나 프로그램이 그 목표하는 바를 어느 정도 달성하였는지를 측정하는 조사이다(남세진 · 최성재 2001).

평가조사는 평가대상에 따라 단일사례연구조사와 프로그램 평가조사로 구분되며, 첫째, 단일사례연구조사는 개인 또는 집단에 대한 개입방법의 효과를 평가하기 위한 조사이다. 둘째, 프로그램 평가조사는 프로그램 및 사회복지조직의 효과를 평가하기 위한 조사이다. 프로그램 평가조사는 평가결과를 환류(feedback)시켜 바람직한 목표를 수립하고, 프로그램 운영을 개선하며, 프로그램의 효과성과 효율성을 제시함으로써 사회적 책임성을 이행하고, 프로그램 평가결과 타당성이 있는 것으로 확인된 검증된 가설들로 이론으로 발전시키기 위해 실시하는 조사이다(김기원, 2001).

2. 프로그램 평가조사의 절차

프로그램 평가조사는 사회복지조직의 프로그램을 특별한 목적으로 평가하는 것이므로 일반적인 조사절차에서와 달리 역동적이고 상호 연관된 과업과 결정사항들이 많이 있다. 프로그램 평가조사는 다음과 같은 10가지의 절차를 거쳐서 이루어진다(남세진 외, 2001).

① 평가목적 및 대상 결정: 비용, 인원, 시간, 평가결과의 실제 이용자 등을 고려

② 프로그램의 책임자 및 담당자의 이해와 협조 요청

③ 프로그램의 목표확인: 누가, 무엇을 누구에게, 어느 정도의 변화를 기대하

는지 등에 관해서 확인

④ 조사대상의 변수 선정: 독립변수, 매개변수 및 종속변수를 확인하고, 사업 평가의 목적 및 내용과 관련하여 변수를 결정

⑤ 이용 가능한 자료 및 측정도구의 결정

⑥ 새로운 측정도구의 개발: 신뢰도와 타당도가 높은 측정도구가 될 수 있도록 개발

⑦ 표본추출 등을 포함하여 적절한 조사 설계 형태의 결정

⑧ 조사 수행: 프로그램 관련자와의 관계 유의

⑨ 결과의 분석 및 해석

⑩ 결과의 보고 및 실제적 이용

3. 프로그램 평가조사의 사례

프로그램 평가조사의 사례는 2000년 실시된 사회복지기관 프로그램 평가를 소개하고자 한다.

사회복지기관의 평가 영역은 크게 4개 영역으로 조직 및 관리, 인력 관리 및 재정, 프로그램, 지역사회관계이다. 이 중 세 번째 영역인 프로그램은 평가문항이 총 6개이며, 그에 따른 평가지표와 가중치가 제시되어 있다. 그리고 각 평가문항에 필요한 관련 서류와 평가방법을 설명하고 있다. 〈표 16-4〉 사회복지기관 평가지표 보면 다음과 같다.

〈표 16-4〉 사회복지기관 평가지표

평가영역(배점)	평가문항	평가지표	가중치	관련 서류 및 평가방법
3. 프로그램 (35)	1) 지역주민 욕구조사의 적절성과 활용성 정도는	① 최근 3년간 욕구조사의 실시여부	1.5	욕구조사 결과보고서
		② 욕구조사의 질적 수월성과 프로그램 반영정도	1.5	욕구조사 계획서 및 결과보고서, 결과보고서에 따른 반영 프로그램
	2) 프로그램 기획과 실행의 전문성 정도는	① 단위사업의 목표 설정과 기획의 전문성	3.0	'99 사업계획서
		② 프로그램 수행과정의 적절성과 기록의 작성 정도	2.0	프로그램 계획서 및 과정 기록지
	3) 전문 프로그램의 수행실적 정도는	① 상담사업의 실적 및 질적 수준	2.0	사업분야별 상담사업의 실적 및 상담일지
		② 특수 전문 프로그램의 수행 실적	2.0	특수전문프로그램 계획서 및 과정 기록지
		③ 장애인, 노인 프로그램 수행 실적	1.0	장애인 및 노인 복지사업 실적
		④ 아동, 청소년 프로그램 실적	1.0	아동 및 청소년 복지사업 실적
	4) 저소득층 대상사업과 지역 특성 사업의 실적	① 저소득층 대상 사업의 수와 질적 수준	2.0	저소득층지원 무료사업 실적 보고서
		② 지역 특성 사업의 수와 질적 수준	3.0	지역특성사업 계획서 및 실적 보고서
	5) 지역주민과 수급자의 프로그램 평가는	① 수급자의 프로그램 만족도	5.0	수급자의 만족도 전화조사
		② 수급자에 의한 서비스 질적 수준 평가	3.0	수급자의 질적수준 평가 전화조사 및 관련 평가설문조사 결과보고서
		③수급자에 의한 복지관 기여도	5.0	전화조사 및 관련 설문조사 결과보고서
	6) 실습교육의 규모와 실적은	① 실습교육의 규모와 실적	3.0	실습지도계획서 및 관련서류

출처: 양정하 외(2011).

제5절 결과의 측정

프로그램 평가를 위한 세 가지 변수, 독립변수, 매개변수, 종속변수 가운데 프로그램 평가에서 가장 중요한 변수는 프로그램 개입 결과인 종속변수이다. 따라서 종속변수의 측정에 관해 좀 더 살펴보고자 한다(최성재 외, 2000).

1. 결과측정의 대상 및 측정방법

1) 프로그램에 참여한 개인의 변화

① 참여자의 인지적, 정서적 상태의 변화: 지능검사와 태도측정 도구

② 참여자의 행동, 건강상태 변화: 관찰 또는 여러 가지 진단절차

③ 지역사회 내에서 서비스를 받은 개인들 전체의 정도

예를 들면 실업률의 변화, 이혼율, 사망률, 소득 등의 변화이며, 이의 측정을 우해 사회지표 등이 이용된다.

2) 서비스 전달체계 운영에서의 변화

서비스의 접근성, 계속성, 통합성 등의 변화, 이를 측정하기 위해 직접관찰, 서비스 기관의 기록 분석, 서비스 이용자들의 주관적인 느낌에 대한 면접, 설문조사, 욕구조사 등이 이용될 수 있다.

2. 결과측정의 기준

1) 절대적 기준

절대적 기준은 규범적인 것으로 이미 정해진 일정한 수준이 기준이 된다. 프로그램에서 미리 예상해 놓은 결과는 목표가 되며, 절대적 기준이 된다. 즉 프로

그램의 목표는 가장 많이 이용되는 절대적 기준이 된다.

목표를 기준으로 하는 결과의 측정은 몇 가지 단점이 있는데, 첫째, 측정 범위가 좁고, 둘째, 예상하지 못한 결과에 대한 관심을 소홀하게 만들며, 셋째, 때때로 목표가 현실성 없이 높게 설정되어 실체의 결과가 상대적으로 저조해지는 문제점이 있다. 이는 프로그램 실천가의 과도한 의욕, 예산확보를 위한 전략적인 이유 등으로 프로그램 목표가 현실성 없이 높게 설정되는 일이 흔히 있기 때문이다.

2) 상대적 기준

상대적 기준은 평가대상 프로그램과 비슷한 기관내의 다른 프로그램 또는 기관외의 다른 프로그램의 결과가 기준이 된다. 즉 평가대상 프로그램의 결과를 특성이 비슷한 다른 프로그램의 결과와 비교해서 상대적 평가를 하는 것이다. 상대적 기준에 의한 평가의 단점으로는 첫째, 비교기준이 될 수 있는 비슷한 프로그램을 찾기가 어렵고, 둘째, 비교의 기준을 어느 것으로 하느냐에 따라 프로그램에 대한 평가결과가 달라질 수 있으면, 셋째, 비슷한 여러 결과를 찾아 평균을 내는 것은 더욱 어려움이 있다.

예를 들어 절대적 기준에 의한 평가와 상대적 기준에 의한 평가를 비교해 보면 다음과 같다. 절대적 기준에 의한 평가의 경우 자폐아 치료 프로그램 서비스 목표를 "6개월간 서비스를 받은 아동들의 60%가 치료되도록 한다"로 설정했는데, 실제의 결과는 30%밖에 치료되지 못했다. 그렇다면 절대적 목표인 60%의 치료율에 비하여 30%의 치료율은 목표의 50%밖에 달성하지 못했으므로 성공하지 못한 것으로 판단할 수 있다. 그러나 비슷한 규모, 자원, 치료방법, 비슷한 자폐상태의 아동이 참여하는 프로그램을 찾아 자폐치료율을 살펴보았더니, 20% 정도인 것으로 나타났다. 그렇다면 30%의 자폐치료율은 성공적인 것으로 판단할 수 있다.

3. 측정 자료의 출처

측정의 대상이 되는 종속변수에 관한 자료를 누구에게서, 어디에서 수집하느냐는 결과를 평가하는 데 영향을 준다. 프로그램 평가의 중심이 되는 종속변수의 출처는 다음과 같다(채구묵, 2011).

1) 클라이언트

대부분의 프로그램 평가조사에서 클라이언트는 자료의 궁극적인 출처이고, 가장 중심적인 출처이다. 자료를 클라이언트로부터 수집은 질문지, 면접, 관찰 등에 의해 이루어진다.

질문지, 면접을 통해 클라이언트로부터 자료를 수집하는 경우 다음과 같은 문제점들이 있다(채구묵, 2011).

첫째, 자료가 클라이언트의 기억이나 판단 의존.

둘째. 프로그램의 효과에 대해 실제보다 호의적으로 판단 경향.

셋째, 프로그램의 효과를 긍정적인 방향으로 평가 경향.

넷째, 자료의 해석을 좀 더 엄격하고 신중하게 할 필요가 있다.

관찰을 통해 클라이언트로부터 자료를 수집하는 경우 관찰자는 클라이언트 자신이 관찰되거나 테스트 당하고 있다는 것에 대해 민감한 반을 보일 수 있다는 점을 유의하며, 실제로 관찰, 테스트에 주의를 기울일 필요가 있다.

2) 프로그램 실천가

프로그램 실천가는 프로그램 실행을 위해 실제로 개입활동을 하는 사람이다. 프로그램 실천가로부터의 자료의 수집은 다음과 같은 문제점이 있다.

첫째, 자기의 개입결과를 긍정적인 방향으로 평가 경향.

둘째, 지식은 클라이언트와의 전반적인 변화내용 인식 부족 경향.

3) 클라이언트 주위 사람

결과에 대한 자료는 클라이언트 주의의 사람들, 즉, 가족, 친구, 친척, 교사 등으로부터 수집될 수도 있다. 예를 들어 클라이언트의 수업시간에서의 활동, 환자의 병동에서의 행동, 클라이언트 가정의 식사시간에서의 행동의 경우 주위 사람들로부터 자료를 수집하는 것이 더 정확한 자료가 된다.

4) 기록된 자료

과거의 클라이언트의 기록에 관한 자료도 그들의 변화를 판단할 수 있는 중요한 자료가 될 수 있다.

5) 판정자

판정자는 전문가의 자격과 실무경험이 있어야 하며, 클라이언트, 실천가, 기록된 자료, 주위 사람 등을 통해 얻은 자료를 종합적인 판단을 할 수 있어야 한다.

연습 문제

1. 프로그램 평가연구에 관한 설명으로 옳지 않은 것은? (15회 기출)

① 종속변수는 프로그램이다.
② 유사실험 설계를 사용하여 효과를 측정할 수 있다.
③ 외생변수에 대한 고려가 필요하다.
④ 투입된 비용에 대한 효과를 평가할 수 있다.
⑤ 결과를 해석할 때 정치적 관점이 개입될 수 있다.

✍ 해설: 프로그램을 평가한다는 것은 개입 · 서비스 · 프로그램 등이 표적문제를 변화시켜 목표한 바를 얼마나 성공적으로 달성했는지를 평가하는 것이다. 따라서 평가연구에서 개입 · 서비스 · 프로그램 등은 독립변수이고, 목표한 바(혹은 표적문제)는 종속변수에 해당한다.

2. 다음 사례의 평가조사 유형은?

독거노인을 위한 여가활동 프로그램을 운영하던 중 참여 인원의 20% 정도가 초기에 중도 탈락한 일이 있었다. 이에 중도 탈락자들을 만나 면접조사를 수행한 결과 프로그램 운영방식이나 운영 시간상의 문제점들이 파악되어 이를 개선함으로써 추후 중도 탈락 가능성을 방지했다.

① 총괄평가　② 형성평가　③ 메타평가
④ 효율성 평가　⑤ 비용효과성 분석

해설: 평가의 목적에 따라 평가조사를 총괄평가와 형성평가로 분류한다. 총괄평가는 프로그램이 그 목적을 효과적으로 달성했는지를 프로그램 종료 후 평가하는 것이며, 총괄평가의 결과는 추후 해당 프로그램을 계속해야 할지 중단할지를 결정하는 기초가 된다. 형성평가는 프로그램 운영 도중에 이루어지는 평가로서 프로그램 수행 과정에서의 문제점을 발견하여 프로그램을 수정 보완하고자 하는 목적으로 이루어진다. 총괄평가가 프로그램의 책임성을 위한 평가라고 한다면, 형성평가는 프로그램의 개선을 위한 평가라고 할 수 있다.
이 사례는 프로그램 운영 도중 발생한 문제의 원인을 파악하여 프로그램이 보다 잘 운영될 수 있도록 개선하기 위해 평가조사가 수행되었으므로 형성평가에 해당한다.

3. 프로그램 평가의 중요성을 설명한 내용이다. 적절한 내용이 아닌 것은?
① 합리적인 자원 배분을 위해 중요하다.
② 기관운영의 효율성을 도모하기 위해 중요하다.
③ 전문가적 입장에서 공급자 중심의 전달체계를 확보하기 위해 중요하다.
④ 사회복지사의 전문성 확보를 위해 중요하다.
⑤ 기관 정체성의 확보를 위해 중요하다.

해설: 공급자중심의 전달체계는 지양해야 하는 것 중 하나이다. 프로그램 운영에 있어 수혜자 친화적 내지 수혜자 중심적인 접근이 필요하다.

정답: 1. ① 2. ② 3. ③

Research Methods for Social Welfare

참고문헌

참고문헌

강영걸 외(2008). 사회복지조사론. 학현사.

강종수(2011). 사회복지조사방법론. 양서원.

강종수(2016). 사회복지조사방법론. 양서원.

강종수(2024). 사회복지조사론. 공동체

고명석 외(2016). 사회복지조사론. 동문사.

권육상 외(2008). 사회복지조사방법론. 청목출판사.

금기윤 외(2012). 사회복지조사방법론. 공동체

김갑용 외(2011). 사회복지조사론. 학현사.

김경동 외(1995). 사회조사연구방법. 박영사.

김기원(2001). 사회복지조사론. 나눔의 집.

김기원(2007). 사회복지조사론. 나눔의 집.

김기태 외(2001). 정신보건복지론. 양서원.

김법종(1988). 사회과학 연구조사 방법론 워크북. 석정.

김병진 외(2006). 사회조사방법론. 법문사.

김영종(1999). 사회복지조사방법론. 학지사.

김영종(2000). 사회복지조사방법론. 학지사.

김영종(2007). 사회복지조사방법론. 학지사.

김영종(2007). 사회복지조사론. 학지사.

김치영 외(2011). 사회복지조사론. 동문사.

김태성 외(2005). 사회복지조사론. 청목출판사.

김태성 외(2006). 사회복지조사론. 청목출판사.

김태성 외(2006). 사회복지조사방법론. 청목출판사.

김환준(2004). 사회복지연구조사방법론. 나남.

김환준(2007). 사회복지연구조사방법론. 나남.

김훈(2006). 사회복지조사방법론. 대왕사.

김강용 외(2011). 사회복지조사론. 학현사.

남궁근(1998). 행정조사방법론. 법문사.

남세진 외(2001). 사회복지조사방법론. 서울대학교출판부.

박경일(2000). 사회복지 프로그램진행과 관리기법. 사회복지평가제도의 진단과 개선방향-2000년도 추계학술발표 및 워크숍자료집. 한국사회복지행정학회.

박명금 외(2017). 사회복지조사론. 정민사.
박창제 외(2010). 사회복지조사론. 창지사.
사회복지교육연구센터(2011). 사회복지조사론. 나눔의 집.
사회복지교육연구센터(2017). 사회복지조사론. 나눔의 집
사회복지사 국가자격시험 연구회(2024), 공감 사회복지조사론. 공동체.
사회복지연구센터(2017). 사회복지조사론. 나눔의 집.
사회복지조사론 공감(2024). 사회복지사 국가자격시험 연구회. 공동체.
생각의마을 기획(2024). 에쎕 사회복지조사론. 공동체.
서정민 외(2015). 사회복지조사론. 동문사.
성숙진 외(2001). 사회복지연구조사방법론. 나남출판.
양성관 외(2014). 사회복지조사론. 정민사.
양정하 외(2010). 사회복지조사방법론. 공동체.
양정하 외(2011). 사회복지조사방법론. 공동체.
양해림(2007). 현대해석학의 강의. 집문당.
오혜경(2005). 사회복지조사론. 창지사.
우수명(2002). TP사회복지조사. 인간과 복지.
원석조(2012). 사회복지조사론. 공동체.
원석조(2023). 사회복지조사론(제4판). 지식터.
이만갑(1976). 사회조사방법론. 진명출판사.
이승현 외(2015). 사회복지조사론. 동문사.
이영철 외(2007). 사회복지학. 양서원.
이창희 외(2007). 사회복지조사론. 창지사.
이창희 외(2011). 사회복지조사론. 창지사.
이팔환 외(2004). 사회복지조사방법론. 신정.
이학식, 김영(2002). SPSS 10.0 매뉴얼. 법문사.
정영숙(2009). 사회복지조사방법론. 공동체.
채구묵(2011). 사회복지조사방법론. 양서원.
채구묵(2012). 사회복지조사방법론. 양서원.
채서일(1998). 사회과학조사방법론. 학현사.
채서일(2002). 사회과학조사방법론. 학현사.
채서일(2003). 사회과학조사방법론. 비앤엠북스.
최성재 외(2000). 사회복지행정론. 나남출판.

최성재(2005). 사회복지조사방법론. 나남.
최세영 외(2017). 사회복지조사론. 어가.
최옥채(2008). 사회복지사를 위한 질적연구. 신정.
최일섭 외(1993). 사회계획론. 나남출판.
최일섭 외(2001). 사회복지조사론. 동인.
한경성(2005). 사회복지조사론. 진영사.
한국사회복지조사연구원(2017). 사회복지조사론. 나눔의 집.
한동우(2000) "사회복지프로그램평가의 방향과 실천" 2000년 추계학술대회 및 워크숍 자료, 한국사회복지행정학회. p. 88.
한승준(2007). 조사방법의 이해와 SPSS 활용. 대영문화사.
홍봉수 외(2024). 사회복지조사론. 공동체.
황성동(2010). 알기 쉬운 사회복지조사방법론. 학지사.
황성동(2012). 알기 쉬운 사회복지조사방법론. 학지사.
황성동(2015). 알기 쉬운 사회복지조사방법론(제2판). 학지사.
황성철(2005). 사회복지 프로그램 개발과 평가. 공동체.
황창순 외(2011). 사회복지조사론. 양서원.

Babbie, E. R.(1990). *The Practice of social Research*(6th ed.). Belmont, CA: Wadsworth Publishing Company.
Babbie, E. R.(2001). *The Practice of Social Research*(9th ed.). Belmont, CA: Wadsworth Publishing Company.
Bradshaw, J.(1977). The concept of social need. In N. Gilbert, & H. Specht(Eds.), Planning for Social Welfare Issues, Models an Tasks Englewood Cliffs, NJ: Prentice Hall.
Chow, J. C. and Peng, C.(2015). Community-needs asscesment. https://www.smartsurvey.co.uk/blog/seven-tips-to-help-with-your-questionnaire-design
Huitt, Willian G.(1998). Maslow's Hierarchy of Needs. valdosta. edu/col/regsys.
Kerlinger, F. N.,(1999). *Foundations of Behavioral Research*, Wadsworth Publishing, 4 Edition.
Kettner, P. M. et al.(1999). Designing and Managing Programs, Thousand Oaks, CA: Sage.
Maslow, A. H.(1954). *Motivation and personality*. NY:Harper & Row.
Miller, D. C.(1991). *Handbook of research design social measurement*. Newbury Park, CA: Sage.
Nachmias, D. & R., Nachrnias, C.,(1981). *Research Methods in Social Science*. St. Martin's Press.

Nachmias, D. & R., Nachmias, C,.(1992). *Research Methods in the Social Sciences*(4th ed.). New York: St. Martin's Press.

Neuman, W. L.(1991). *Social Research Methods*. MA: Needhamm Heights.

Neuman, W. L.(2006). *Social Research Methods*(6th ed.). Allyn & Bacon.

Padgett, D. K.(1998). Qualitative Methods in Social Work Research: Challenge and Reward. Sage Publications, Inc.

Patton, N. Q.(1986). *Utilization-Focused Evaluation*. 2nd ed. Beverly Hills, CA: Sage Publication.

Royse, D.(2004). *Research Methods in Social Work*(4th Ed.). Belmont, CA: Brooks/Cole-Thomson Learning.

Rubin, A, & Babbie, E. R.(2001). *Essential Research Methods for Social Work*. Belmont, CA: Thomson Brooks/Cole.

Rubin, A, & Babbie, E. R.(2001). *Research Methods for Social Work*(4th ed). Wadsworth/Thomson Learning.

Rubin, A. & Babbie, E. R.(2007). *Research Methods for Social Work*(6th ed). Wadsworth Publishing.

Rutman, L.,(1984). *Evaluation Research Methods: A Basic Guide*. 2nd ed. Beverly Hills, CA: Sage Publication.

Selltiz, C., Wrightman, L. S. and Cook, S. W.(1976). *Research Metbods in Social Relations*(3th ed.). New York: Holt Rinehart and Winston.

York, Reginald O.(1982). Human Service Planning: Concepts, Tool, and Metbods. Chapel Hill, N.C ; The University of North Carolina Press.

저자소개

서보준

대구한의대학교 대학원 졸업(사회복지학 박사)
대구가톨릭대학교 대학원 졸업(사회복지학 석사)
現) 경북과학대학교 교수
한국공공사회학회 이사, 칠곡군 성별영향평가위원회 위원

〈주요 논문 및 저서〉
- 출산장려금 지원 정책에 대한 사회적 인식 연구: 빅데이터 및 네트워크 분석을 중심으로(2022).
- 예비사회복지사 만학도의 학습참여동기가 참여지속의도에 미치는 영향에 대한 자기효능감의 매개효과: 사회복지전공 재학생을중심으로(2023).
- 유아 자녀를 둔 다문화가정 어머니의 문화적응스트레스가 사회적 위축에 미치는 영향에 대한 자아탄력성의 조절효과(2024) 外 다수
- 사회복지행정론(2021), 사례관리론(2022), 사회복지정책론(2022), 노인복지론(2023), 사회복지학개론(2023), 사회복지실천기술론(2023), 사회복지실천론(2024) 外 다수

이미영

대구대학교 대학원 졸업(사회복지학 박사)
대구대학교 대학원 졸업(사회복지학 석사)
現) 경북과학대학교 교수
한국사회복지학회 평생회원, 경북사회복지사협회 인권센터 심리지원위원장, 한국에니어그램상담학회 부회장, 남구종합사회복지관 및 대구종합사회복지관 민・관합동사례위원회 위원장, 학생맞춤통합지원 협의체 솔루션자문단 자문위원, 칠곡군 생활보장위원회 위원

〈주요 논문 및 저서〉
- 2021 경북 사회복지시설 종사자의 안전 및 위기대응에 관한 연구(2022)
- 경북형 행복경로당 운영방안(2022)
- "생명의 물"에 대한 분석심리학적 해석(2022)
- 유・사산경험 가족에 대한 지원방안 연구(2024)
- 성북구 50플러스센터 지역사회 욕구조사(2024)
- 가족상담 및 가족치료(2020), 가족복지론(2020), 자원봉사론(2020), 사례중심 가족상담(2022) 사회복지정책론(2024) 外 다수

신옥순

대구한의대학교 대학원 졸업(사회복지학 박사)
現) 대구한의대학교 평생교육융합학부 초빙교수
한국보건복지융합학회 이사(대회협력위원)
푸른나무재단 대구본부운영위원장. (사)부산중증장애인자립재활협회 후원회 이사

〈주요 논문 및 저서〉

- 여성부양자의 심리적 부양부담이 삶의 질에 미치는 영향과 요양서비스 만족도의 매개효과(2020).
- 사회복지전공 대학생의 노인 대상 자원봉사활동 몰입경험이 노인부양의식에 미치는 영향: 치매에 대한 태도의 매개효과(2023) 外 다수
- 사회복지정책론(2022), 사회복지실천기술론(2023) 外 다수

김삼열

조선대학교 대학원 졸업(사회복지학 석사)
現) 서영대학교 사회복지과 교수
광주시 1388 서구 청소년상담복지센터 상담위원, 쌍촌종합사회복지관 자문위원,
광주광역시 서구청 서구의정심의위원회 위원, 광주광역시 서구청 서구민원조정위원회 위원,
귀일향기일굼터 자문위원

〈주요 논문 및 저서〉

- 자활지원사업의 활성화 방안에 관한 연구(2008)

이덕희

신라대학교 대학원 졸업(사회복지학 박사)
現) 부산과학기술대학교 풍수명리복지과 교수

〈주요 논문 및 저서〉

- 다문화가정 청소년들의 스트레스와 학교생활적응과의 관계에서 자아존중감, 사회적지원, 스트레스 대처의 매개효과. 한국산학기술학회(2016)
- 요양원 종사자의 감정노동, 소진이 직무스트레스 및 직무만족에 미치는 영향: 치매환자 돌봄 경험을 중심으로. 한국콘텐츠학회(2018)
- 중학생의 학교폭력 가해경험과 피해경험이 사이버불링 가해경험과 피해경험에 미치는 영향. 학습자중심교과교육학회(2021)
- 사회복지학개론(2014), 지역사회복지론(2014), 사회복지조사론(2015), 사회복지행정론(2015), 건강가정론(2015), 사회복지법제론(2016), 노인복지론(2017), 아동권리와복지(2018), 사회복지현장실습(2018), 사례관리론(2022), 사회복지정책론(2023), 사회복지실천론(2023), 사회복지실천기술론(2023), 가족복지론(2024), 사회복지법제와실천(2024), 사회복지윤리와철학(2024) 外 다수

사회복지조사론

초 판 1쇄 인쇄 2025년 6월 27일
초 판 1쇄 발행 2025년 7월 11일

지 은 이 | 서보준 · 이미영 · 신옥순 · 김삼열 · 이덕희
펴 낸 이 | 김기섭
편 집 인 | 오선율
펴 낸 곳 | 창지사 www.changJisa.com
08589 서울시 금천구 가산디지털 1로 83 파트너스타워 1차 9층
전화 (02)719-2211~3
팩스 (02)701-9386
등 록 | 1977년 4월 28일 · 제1-421호

ISBN 978-89-426-1928-3 (93330)

값 24,000원